统计分析系列

# 统计案例分析

张爱武　孙慧慧　编著

電子工業出版社·

**Publishing House of Electronics Industry**

北京 · BEIJING

## 内 容 简 介

本书主要针对地方高校统计学专业的"统计案例分析"课程编写。全书共 10 章，以案例形式系统介绍了统计分析方法在经济、管理等领域的应用，包括统计调查、统计描述和相关回归分析、曲线回归预测、统计推断、时间序列分析、因素分析、多元统计分析、质量管理统计分析、综合评价、科技进步测定等内容。本书提供电子课件和案例数据，可登录华信教育资源网 www.hxedu.com.cn 免费注册下载。

本书可作为高等院校统计专业和经管类非统计专业的教学用书，也可作为企事业单位统计人员、经济管理人员的培训用书，还可供市场调研和咨询公司的统计工作人员阅读。

**图书在版编目 (CIP) 数据**

统计案例分析 / 张爱武，孙慧慧编著. —北京：电子工业出版社，2017.5
（统计分析系列）
ISBN 978-7-121-31450-6

I. ①统… II. ①张… ②孙… III. ①统计学－高等学校－教材 IV. ①C8

中国版本图书馆 CIP 数据核字 (2017) 第 095306 号

策划编辑：秦淑灵
责任编辑：苏颖杰
印　　刷：北京虎彩文化传播有限公司
装　　订：北京虎彩文化传播有限公司
出版发行：电子工业出版社
　　　　　北京市海淀区万寿路 173 信箱　　邮编：100036
开　　本：720×1000　1/16　印张：11　字数：229 千字
版　　次：2017 年 5 月第 1 版
印　　次：2024 年 7 月第 9 次印刷
定　　价：35.00 元

# 前　　言

　　统计学属于工具学科，最终目的是应用。案例教学生动、直观，理论与实际紧密结合，能激发学生的学习兴趣，是一种很好的教学形式。针对目前高等教育改革的不断深入，为了适应高等教育教学内容和课程体系改革总目标，培养具有创新能力的应用型统计人才，本书将统计理论及方法融入案例，通过案例引导学生把握统计学方法的应用价值、应用方法，培养学生学以致用的技能。

　　为了更好地培养学生学习统计案例的兴趣，书中大部分案例以问题的形式提出，以激发学生思考，其后给出案例分析过程，并以小结结束。本书选取的统计案例基本覆盖了统计学相关课程的知识，包括统计调查、统计描述和相关回归分析、时间序列分析、多元统计分析、质量管理统计分析、科技进步测定等。

　　本书的编写过程中，得到了盐城师范学院数学与统计学院统计系教师的大力支持和热心帮助，在此表示衷心的感谢！

　　由于时间仓促和水平所限，书中错误和不足之处在所难免，敬请专家、读者批评指正。

编　者

# 目 录

# 第1章 统计调查案例

统计调查是按照统计任务的要求，运用科学的调查方法，有组织、有计划地向调查对象搜集各项原始资料和次级资料的过程。统计调查担负着提供基础资料的任务，是统计工作的初始阶段，是决定整个统计工作质量的重要环节，又是统计整理和分析的前提。

因此，调查工作的好坏、取得资料是否完整与正确，将直接影响到以后各个阶段工作的好坏，影响整个统计工作任务的完成。本章介绍的4个案例分别是普查、专项调查和抽样调查在经济活动中的应用。

## 案例 1 第三次全国经济普查方案要点

### 一、普查的目的和基本原则

#### (一)普查目的

摸清我国各类单位的基本情况，全面调查我国第二产业和第三产业的发展规模及布局，系统了解我国产业组织、产业结构的现状及各主要生产要素的构成，进一步查实服务业、战略性新兴产业、文化产业和小微企业的发展状况，全面更新覆盖国民经济各行业的基本单位名录库、基础信息数据库和统计电子地理信息系统，为加强和改善宏观调控，加快经济结构战略性调整，科学制定中长期发展规划，提供全面系统、真实可靠的统计信息支持。

#### (二)普查的基本原则

1. 突出重点

以摸清各类单位基本情况，查实服务业、战略性新兴产业、文化产业和小微企业的底数为主，辅之以其他必要的内容。

2. 优化方式

清查和普查登记一次完成，普查和抽样调查相结合，以提高普查效能，减轻基层负担。

3. 统一组织

在普查机构的集中领导下，统一设计方案、统一布置培训、统一实施调查、统一处理数据、统一发布数据。

### 4. 创新手段

充分运用现代信息技术，全面采用手持电子终端设备和电子地图，实现普查数据的采集、报送、处理等手段的自动化、电子化，提高普查的信息化水平。

## 二、普查范围、对象和时间

### (一)普查范围和对象

第三次全国经济普查对我国境内从事第二产业和第三产业的全部法人单位、产业活动单位和个体经营户进行登记和调查。

根据《三次产业划分规定》(国统字[2012]108 号)，第二产业包括采矿业(不含开采辅助活动)，制造业(不含金属制品、机械和设备修理业)，电力、热力、燃气及水生产和供应业，建筑业；第三产业包括农、林、牧、渔服务业，开采辅助活动，金属制品、机械和设备修理业，批发和零售业，交通运输、仓储和邮政业，住宿和餐饮业，信息传输、软件和信息技术服务业，金融业，房地产业，租赁和商务服务业，科学研究和技术服务业，水利、环境和公共设施管理业，居民服务、修理和其他服务业，教育，卫生和社会工作，文化、体育和娱乐业，公共管理、社会保障和社会组织。

法人单位、产业活动单位和个体经营户按照《统计单位划分及具体办法》和普查规定的单位划分及具体处理规定进行界定。

为保证基本单位的不重不漏，结合第三次全国经济普查，对农业、林业、畜牧业和渔业的法人单位、产业活动单位进行普查登记。

### (二)普查时点和时期

普查标准时点为 2013 年 12 月 31 日，普查时期为 2013 年 1 月 1 日—12 月 31 日。普查登记和数据采集工作从 2014 年 1 月 1 日至 3 月 31 日。

## 三、普查方法

### (一)全面登记

对法人单位、产业活动单位和个体经营户由其主要经营地普查机构负责进行全面登记。多法人联合体不能作为一个普查单位，应分别对每个法人单位进行登记。

### (二)联网直报与手持电子终端设备(PDA)采集相结合

对所有普查对象(除军队、武警系统和保密单位)由普查员使用手持电子终端设备进行定位、底册信息核查和相关证照拍照。联网直报单位[①]普查表通过国家统计

---

[①] 联网直报单位包括：年主营业务收入 2000 万元及以上的工业法人企业、有资质的建筑业法人企业、年主营业务收入 2000 万元及以上的批发法人企业、年主营业务收入 500 万元及以上的零售法人企业、年主营业务收入 200 万元及以上的住宿和餐饮业法人企业、房地产开发经营业法人企业、重点服务业法人企业。

联网直报平台布置给企业填报，非联网直报单位和个体经营户普查表使用手持电子终端设备采集数据。

军队、武警系统的普查登记及数据采集方式分别由中国人民解放军、中国人民武装警察部队经济普查机构确定；保密单位的普查登记及数据采集方式由各地普查机构与相关部门协商确定。

### (三)普查与抽样调查相结合

为取得个体经营户的经营数据，普查后抽取一定比例的个体经营户由国家调查队进行配套抽样调查。

## 四、普查内容和普查表

对联网直报企业、非联网直报单位和个体经营户分别设置普查内容和普查表。

### (一)联网直报企业

普查内容包括单位基本属性、组织结构情况、从业人员及工资总额、财务状况、生产经营情况、能源和水消费情况、科技情况和信息化情况等，分设 7 张普查表。

### (二)非联网直报单位

(1)法人单位的普查内容包括单位基本属性、从业人员、实收资本、资产总计、企业营业收入或非企业支出(费用)、税金、固定资产支出、煤炭消费量(限工业企业)等，设 1 张普查表。

(2)产业活动单位的普查内容包括单位基本属性、从业人员、经营性收入或非经营性支出(费用)等，设 1 张普查表。

### (三)个体经营户

普查内容包括个体经营户基本属性和从业人员，设 1 张普查表。抽样调查内容包括营业收入、营业支出、付给雇员的报酬、缴纳的税费等，设 1 张抽样调查表。

为满足普查公报和年鉴的需要，设置若干普查综合表。

## 五、普查业务流程

第三次全国经济普查的业务流程，主要包括普查区划分与绘图，确定核查单位底册，手持电子终端设备内容加载，普查登记，数据审核、检查和验收，数据汇总，事后质量抽查与数据评估，主要数据发布，普查成果的开发与应用 9 个阶段。

### (一)普查区划分与绘图(2013 年 9～11 月)

(1)布置底图。国务院经济普查办公室统一选定普查用底图，逐级分解下发至县级普查机构。

(2)绘制普查区电子地图。县级普查机构统一组织，根据底图结合现场勘查，划分普查区(或小区,下同)边界,对普查区命名和编码;利用绘图软件,绘制普查区电子地图。

(3)合并普查区电子地图。县级普查机构合并形成县级普查区电子地图,再逐级上报合并形成地、省和国家级电子地图。

**(二)确定核查单位底册(2013年8~10月)**

(1)收集整理部门数据。各级普查机构向同级具有单位审批、登记职能的部门收集法人单位和产业活动单位名录资料,逐级分解下发至县级普查机构。

(2)进行单位比对。以组织机构代码、单位名称和登记注册号为关联,比对部门数据和名录库数据,生成核查数据库。

(3)生成核查单位底册。根据普查登记前联网直报企业年度审核结果,在核查数据库中标注联网直报企业;选取部分字段,生成核查单位底册。

**(三)手持电子终端设备内容加载(2013年11月)**

(1)软件加载。加载内容包括:单位普查表、个体经营户普查表、国民经济行业分类、产品分类目录、指标解释等。

(2)普查区图加载。以乡镇为单位,将普查区地图载入手持电子终端设备。

(3)核查单位底册加载。以县级为单位,将核查单位底册载入手持电子终端设备。

**(四)普查登记(2014年1~3月)**

(1)登记准备。基层普查机构事先告知普查对象有关普查事项,指导和督促普查对象做好基础数据的准备工作。普查告知书由国务院经济普查办公室统一印制。

(2)入户登记。普查员使用手持电子终端设备对所有普查对象(不含军队、武警系统和保密单位)进行入户登记,确定坐标,核实普查对象基本信息、拍摄相关证照。联网直报企业按规定登录国家统计联网直报平台填报普查表,非联网直报单位和个体经营户继续使用手持电子终端设备采集普查表数据。

(3)留档备查。基层普查机构根据本地实际情况,采取必要措施,对普查原始数据、资料留档备查。

(4)数据传输。联网直报企业通过国家统计联网直报平台将普查表数据直接传输到指定服务器;手持电子终端设备数据利用无线网络,或在乡级普查机构通过统计内网报送到指定服务器。

**(五)数据审核、检查和验收(2014年1~4月)**

(1)数据审核。县及县以上各级普查机构在数据采集处理平台上,对普查表数据按专业审核,发现问题逐级退回至企业或普查员修改。

(2)数据检查。县级普查机构有重点地选择部分普查区,每个被抽中的普查区要抽选一定比例的普查表,对其普查数据质量进行检查。

(3)数据验收。各级普查机构按照统一要求组织开展数据验收工作。对于验收不合格的地区，要进行全面复查、验收，直至符合规定的质量要求。

**（六）数据汇总（2014 年 4～6 月）**

(1)快速汇总。根据普查基层表汇总全国及分地区、分行业等分组的法人单位、产业活动单位和个体经营户基本情况数据。

(2)全面汇总。在快速汇总的基础上，分别汇总全国及分地区、分行业等分组的法人单位、产业活动单位主要经济指标数据。

(3)专题汇总。根据普查基层表及相关信息，汇总全国服务业、战略性新兴产业、高技术服务业、文化产业和小微企业单位、从业人员和营业收入等数据及分行业和分地区数据。

(4)推算汇总。根据个体经营户抽样调查表和普查表，推算汇总个体经营户收入及其分行业门类和分地区数据。

## 六、小结

经济普查，是指为了全面掌握我国第二产业、第三产业的发展规模、结构和效益等情况，建立健全基本单位名录库及其数据库系统，为研究制定国民经济和社会发展规划，提高决策和管理水平奠定基础所进行的全面性调查。

国务院发布的《全国经济普查条例》规定经济普查每 5 年进行一次，标准时点为普查年份的 12 月 31 日。除 2004 年条例发布第一次经济普查为 2004 年外，以后逢 3 和逢 8 年份为经济普查年。本案例为第三次经济普查，2014 年 12 月 16 日，第三次全国经济普查结果公布。

# 案例 2　全国范围工业企业生产经营状况及趋势判断专项调查

## 一、调查说明

### （一）调查目的

为深入了解和掌握工业经济运行状况、变化趋势、影响因素及存在问题，研究和把握未来发展趋势，配合现有常规统计调查资料，及时为国务院和宏观经济管理部门判断宏观经济形势、做好经济运行调节工作提供决策依据。

### （二）调查范围

全部实行联网直报的规模以上法人工业企业。因特殊原因暂时无法上网或按有关规定不能与互联网相联的企业，填写纸介质报表，报送至当地统计局，由统计局将数据录入联网直报系统。

**(三)调查内容**

包括生产经营预计及订货、产能利用、出口、盈利、流动资金、产成品库存、应收账款、用工等情况及其变动原因和影响因素；有关"十大产业调整和振兴规划"政策落实情况等。

**(四)调查频率和时间**

本调查为季度调查。企业上报数据截止时间为当季最后一日。

**(五)资料来源**

资料来源于联网直报法人工业企业现有相关资料及对相关问题科学的分析、推算和判断。调查表由企业有关负责人(或责成有关部门)填写。

**(六)组织实施**

本调查由各省、自治区、直辖市统计局负责组织实施，企业通过国家统计局工业企业联网直报系统上报数据，各级统计局在线对本地所属企业数据进行在线审核和汇总。

## 二、调查表式

工业企业生产经营状况及趋势判断专项调查

**(一)生产经营预计及订货情况**

01 企业对下季度所属行业生产经营状况的基本判断是

① 好 ○ ② 一般 ○ ③ 差 ○ ④ 看不清 ○

02 预计下季度企业生产同比增幅比本季度同比增幅

① 加快 ○ ② 持平 ○ ③ 减缓 ○

03 本季度企业接到的产品订货与上季度相比

① 增长 ○ ② 持平 ○ ③ 下降 ○

04 本季度企业接到的产品订货与上年同期相比

① 增长 ○ ② 持平 ○ ③ 下降 ○

05 预计下季度企业订货数量同比增幅比本季度同比增幅

① 加快 ○ ② 持平 ○ ③ 减缓 ○

**(二)生产能力利用情况**

06 本季度企业生产能力是否正常发挥

① 是 ○ ② 否 ○

(报告期)生产能力：是指在报告期内，在既定的组织、技术条件下，在人员、原材料、燃料、动力、辅助工具和运输等保证供给的情况下，在保证生产设备(机械)正常运行的情况下，企业可能实现的，并在一定时期内能够维持的，与报告期内实际生产的产品结构相同的最大工业总产值。

07　本季度企业生产能力利用率大约是__%(填百分数)

生产能力利用率:是指报告期内实际工业总产值与报告期生产能力之比,即生产能力利用率=实际工业总产值/生产能力×100%。

08　如果本季度企业生产能力没有充分发挥,主要原因是(可多选。若选(7),则不应选其他项)

(1)产品需求减少　□　(2)订单已完成　□　(3)生产能力增加　□　(4)生产下降(含计划减产、淡季和非正常停产)□　(5)原材料、燃料、动力等供应不足　□
(6)其他(请注明: )□　(7)企业生产能力得到充分发挥　□

**(三)出口情况**

09　本季度企业接到的产品出口订货与上季度相比
①　增长　○　②　持平　○　③　下降　○　④　产品无出口　○

10　本季度企业接到的产品出口订货与上年同期相比
①　增长　○　②　持平　○　③　下降　○　④　产品无出口　○

11　如果本季度企业产品出口同比增幅减缓,主要原因是(可多选。若选(14)或(15),则不应选其他项)

(1)新增出口订单减少　□　(2)原有出口订单已完成　□　(3)出口交货推迟　□
(4)国内订单增加　□　(5)生产下降(含计划减产、淡季和非正常停产)□　(6)产品结构调整　□　(7)人力资源不足　□　(8)企业内部营销策略　□　(9)人民币升值　□
(10)原材料价格上涨,劳动力成本上升　□　(11)征收出口税,实行出口许可证制度　□
(12)贸易壁垒　□　(13)其他(请注明: )□　(14)出口同比增幅持平或加快　□
(15)产品无出口　□

12　若本季度企业产品出口同比增幅加快,主要影响因素是(可多选。若选(6)或(7),则不应选其他项)

(1)出口订货增加　□　(2)生产扩大(含生产旺季)□　(3)原材料价格下降,成本降低　□　(4)出口退税增加　□　(5)其他(请注明: )□　(6)出口同比增幅持平或减缓　□
(7)产品无出口　□

13　预计下季度企业产品出口同比增幅与本季度同比增幅相比
①　加快　○　②　持平　○　③　减缓　○　④　产品无出口　○

**(四)盈利情况**

14　预计下季度企业累计实现利润比上年同期增减__%(填百分数,若减少,则填负数)

15　如果本季度企业利润增长加快,主要原因是(最多选三项并按重要程度排序。若选(9),则不应选其他项)

(1)产销增长较快 □ (2)产品价格上涨或原材料价格下降 □ (3)管理费用和营业费用控制较好 □ (4)去年同期利润基数较低 □ (5)补贴收入增加 □ (6)利息支出减少或增长较低 □ (7)营业外收支净额增长较快 □ (8)其他(请注明： )□ (9)利润持平或减少 □

重要程度(填已选项序号)

16 如果本季度企业利润增长放缓或下降，主要原因是(最多选三项并按重要程度排序。若选(11)，则不应选其他项)

(1)产销增长放缓或下降(含计划减产、淡季和非正常停产)□ (2)产品价格下降或原材料价格上升较快 □ (3)去年同期利润基数较高 □ (4)管理费用和营业费用增长较快 □ (5)利息支出增长较快 □ (6)提取减值准备 □ (7)投资收益减少 □ (8)劳动力成本上升过快 □ (9)营业外收支净额下降或增幅回落 □ (10)其他(请注明： )□ (11)利润持平或增长 □

重要程度(填已选项序号)

**(五)流动资金、产成品库存、应收账款情况**

17 本季度企业流动资金情况

① 严重紧张(缺口 20%以上)○ ② 明显紧张(缺口 10%～20%)○ ③ 有所紧张(缺口 10%以内)○ ④ 基本正常 ○ ⑤ 资金充裕 ○

18 本季度企业产成品库存情况

① 超出正常水平 20%以上 ○ ② 超出正常水平 10%～20% ○ ③ 超出正常水平 10%以内 ○ ④ 处于正常水平 ○ ⑤ 低于正常水平 ○

19 本季度企业应收账款情况

① 超出正常水平 20%以上 ○ ② 超出正常水平 10%～20% ○ ③ 超出正常水平 10%以内 ○ ④ 处于正常水平 ○ ⑤ 低于正常水平 ○

20 如果本季度企业产成品库存增加，主要原因是(可多选。若选(9)，则不应选其他项)

(1)生产规模扩大 □ (2)产成品价格上升 □ (3)需求减少或销售下降 □ (4)因特殊原因(如节假日、庆典等)提前备货 □ (5)产品铺货推广 □ (6)与产品相关的配套生产能力不足 □ (7)运输能力不足 □ (8)其他(请注明： )□ (9)产成品库存持平或减少 □

21 如果本季度企业产成品库存减少，主要原因是(可多选。若选(8)，则不应选其他项)

(1)生产下降(含计划减产、淡季和非正常停产)□ (2)产成品价格下降 □ (3)需求增加或销售上升 □ (4)消化前期库存 □ (5)与产品相关的配套生产能力提高 □ (6)运输能力提高 □ (7)其他(请注明： )□ (8)产成品库存持平或增加 □

22　如果本季度企业应收账款增加，主要原因是(可多选。若选(7)，则不应选其他项)

(1)为扩大销售 □　(2)为减少库存，降低成本 □　(3)销售策略发生变化，分期付款等业务增加 □　(4)对方失信 □　(5)企业对潜在风险估计不足 □　(6)其他(请注明：)□　(7)应收账款持平或减少 □

23　如果本季度企业应收账款减少，主要原因是(可多选。若选(8)，则不应选其他项)

(1)产品竞争力增强 □　(2)需求增加 □　(3)产品价格可能上涨 □　(4)货款回流加快 □　(5)销售策略发生变化，分期付款等业务减少 □　(6)企业风险意识增强 □　(7)其他(请注明：)□　(8)应收账款持平或增加 □

**(六)用工情况**

24　本季度企业用工需求与去年同期相比

①　上升 ○　②　持平 ○　③　下降 ○

25　与已收到(或可能收到)的订单相比，本季度企业劳动力缺口大约是__%(填百分数，如果没有缺口则填 0)

26　如果本季度企业招工困难，主要原因是(可多选。若选(6)，则不应选其他项)

(1)企业对劳动力需求上升 □　(2)劳动力市场供给减少 □　(3)找不到合适的用工对象 □　(4)用工对象对企业提供的报酬和工作条件不满意 □　(5)其他(请注明：)□　(6)本企业不存在招工困难 □

**(七)关于"十大产业调整和振兴规划"有关政策落实情况**

钢铁、汽车、船舶、石化、纺织、轻工、有色金属、装备制造和电子信息行业的企业请选择除"本企业不属于调整和振兴行业"外的其他选项，其他行业的企业只选择"本企业不属于调整和振兴行业"。

此部分问题很重要，请企业有关负责人协助回答。

"十大产业调整和振兴规划"：为应对国际金融危机的影响，落实党中央、国务院提出保增长、扩内需、调结构的总体要求，2009 年年初，国务院公布了"十大产业调整和振兴规划"，其中涉及工业的有九个行业。

27　"十大产业调整和振兴规划"中有关政策对企业生产、经营的影响是否显著

①　很显著 ○　②　一般 ○　③　效果不明显 ○　④　没有影响 ○　⑤　本企业不属于调整和振兴行业 ○

28　"十大产业调整和振兴规划"中有关政策在哪些方面对企业产生了促进作用(可多选。若选(13)或(14)，则不应选其他项)

(1)开拓国内市场 □　(2)增加产品出口 □　(3)提高销售收入 □　(4)盈利状况好转 □　(5)扩大企业投资 □　(6)促进技术改造 □　(7)提高自主创新能力 □

(8)促进兼并重组 □ (9)淘汰落后产能 □ (10)促进节能减排 □ (11)提高用工人数 □ (12)解决企业其他困难 □ (13)没有作用 □ (14)本企业不属于调整和振兴行业 □

29 企业认为"十大产业调整和振兴规划"中最难落实的任务和措施是(可多选。若选(8)或(9),则不应选其他项)

(1)生产保持稳定增长(或达到正常合理水平)□ (2)税收优惠政策 □ (3)促进兼并重组 □ (4)淘汰落后产能 □ (5)促进节能减排 □ (6)促进技术改造 □ (7)提高自主创新能力 □ (8)无 □ (9)本企业不属于调整和振兴行业 □

30 企业在兼并重组中面临的主要障碍是(可多选。若选(7),则不应选其他项)

(1)市场竞争 □ (2)地方保护 □ (3)资金不足 □ (4)人员安置 □ (5)企业债务 □ (6)其他(请注明: )□ (7)本企业不属于调整和振兴行业 □

单位负责人: 统计负责人: 填表人: 报出日期:20 年 月 日

说明: 1. 本表由全部联网直报工业企业填报。 2. 本表所列问题可能会根据每季工业经济运行情况随时调整,调整范围一般不超过3~5个问题。 3. 主要逻辑审核关系及要求:

第07问所填数值一般应在45~95之间,若根据实际情况确实超出此范围,则应填写理由确认。

第08问(1)至少选择一个选项。(2)若选(6),则"请注明"后必须填写内容。(3)若选(7),则不应选其他项。

第09、10、11、12和13问,只要有一个选"产品无出口",则其他四个均应选"产品无出口"。

第11问(1)至少选择一个选项。(2)若选(13),则"请注明"后必须填写内容。(3)若选(14)或(15),则不应选其他项。

第12问(1)至少选择一个选项。(2)若选(5),则"请注明"后必须填写内容。(3)若选(6)或(7),则不应选其他项。

第15问(1)至少选择一个选项,最多选择三个选项。(2)将已选项的序号按重要程度,填入"重要程度"栏中。(3)若选(8),则"请注明"后必须填写内容。(4)若选(9),则不应选其他项,也不应填"重要程度"。

第16问(1)至少选择一个选项,最多选择三个选项。(2)将已选项的序号按重要程度,填入"重要程度"栏中。(3)若选(10),则"请注明"后必须填写内容。(4)若选(11),则不应选其他项,也不应填"重要程度"。

第20问(1)至少选择一个选项。(2)若选(8),则"请注明"后必须填写内容。(3)若选(9),则不应选其他项。

第21问(1)至少选择一个选项。(2)若选(7),则"请注明"后必须填写内容。(3)若选(8),则不应选其他项。

第 22 问 (1)至少选择一个选项。(2)若选(6)，则"请注明"后必须填写内容。(3)若选(7)，则不应选其他项。

第 23 问 (1)至少选择一个选项。(2)若选(7)，则"请注明"后必须填写内容。(3)若选(8)，则不应选其他项。

第 25 问 所填数值应在 0~100 之间。

第 26 问 (1)至少选择一个选项。(2)若选(5)，则"请注明"后必须填写内容。(3)若选(6)，则不应选其他项。

第 27、28、29 和 30 问，钢铁、汽车、船舶、石化、纺织、轻工、有色金属、装备制造和电子信息行业的企业请选择除"本企业不属于调整和振兴行业"外的其他选项，其他行业的企业只选择"本企业不属于调整和振兴行业"。

第 27、28、29 和 30 问，只要有其中一个选"本企业不属于调整和振兴行业"，则其他三个均应选"本企业不属于调整和振兴行业"。

第 28 问 (1)至少选择一个选项。(2)若选(13)或(14)，则不应选其他项。

第 29 问 (1)至少选择一个选项。(2)若选(8)或(9)，则不应选其他项。

第 30 问 (1)至少选择一个选项。(2)若选(6)，则"请注明"后必须填写内容。(3)若选(7)，则不应选其他项。

## 三、小结

本案例为全国范围工业企业生产经营状况及趋势判断专项调查，通过该案例，可以让学生熟悉：

(1)一个完整的统计调查方案应包括的内容；

(2)实际统计工作的流程；

(3)国家统计调查表的规范格式；

(4)填报统计调查表的要求。

一个完整的统计调查方案应包括的内容如下。

(1)调查的目的。

(2)调查范围和调查单位。调查范围就是调查对象，由若干个性质相同的调查单位组成。调查单位是调查标志的承担者，也就是构成调查对象的各个个体。

(3)拟订调查提纲。

(4)制定调查表。调查表分为单一表和一览表。单一表是在一份调查表上只登记一个调查单位，可以容纳较多的调查项目。本案例采用的就是单一表。一览表是在一份调查表上登记若干个调查单位，调查的项目不宜过多。调查表一般由表头、表体和表脚组成。

(5)确定调查时间和调查期限。调查时间是指调查资料所属的时间，如果调查的是时期现象，就要明确规定资料所属的时间段；如果调查的现象是时点现象，就要明确规定统一的标准时点。调查期限是具体进行调查工作的时间期限，包括搜集数据资料和报送资料的整个工作所需要的时间。

(6) 调查工作的组织实施。

# 案例3　全国电视观众抽样调查抽样方案

自 1987 年起，为及时了解全国电视观众和电视事业发展的基本状况，满足广大电视观众的收视需求，中央电视台每 5 年进行一次"全国电视观众抽样调查"。通过历次调查所形成的一系列分析报告，为电视台的宣传决策、宣传管理、节目制作提供了大量的参考依据。本案例主要介绍 1997 年全国电视观众抽样调查方案设计。

## 一、调查目的、范围和对象

### (一)调查目的

准确获取全国电视观众群体规模、构成及分布情况；获取这些观众的收视习惯，对电视频道和栏目的选择倾向、收视人数、收视率与喜爱程度，为改进电视频道和栏目、开展电视观众行为研究提供新的依据。

### (二)调查范围

全国 31 个省、自治区、直辖市(港澳台除外)中所有电视信号覆盖区域。

### (三)调查对象

全国城乡家庭户中的 13 岁以上可视居民及 4～12 岁的儿童。包括有户籍的正式住户，也包括所有临时的或其他的住户，只要已在本居(村)委会内居住满 6 个月或预计居住 6 个月以上的，都包括在内。不包括住在军营内的现役军人、集体户及无固定住所的人口。

## 二、抽样方案设计的原则与特点

### (一)设计原则

抽样设计按照科学、效率、便利的原则。首先，作为一项全国性抽样调查，整体方案必须是严格的概率抽样，要求样本对全国及某些指定的城市或地区有代表性。其次，抽样方案必须保证有较高的效率，即在相同样本量的条件下，方案设计应使调查精度尽可能高，也即目标量估计的抽样误差尽可能小。第三，方案必须有较强的可操作性，不仅便于具体抽样的实施，也要求便于后期的数据处理。

## (二)需要考虑的具体问题、特殊要求及相应的处理方法

### 1. 城乡区分

城市与农村的电视观众的收视习惯与爱好有很大的区别，理所当然地应分别研究，以便于对比。最方便的处理是将他们作为两个研究域进行独立抽样，这样做的代价是样本点数量较大，调查的地域较为分散，相应的费用也就较高。另一种处理方式是在第一阶抽样中不考虑区分城乡，统一抽取抽样单元(如区、县)，在其后的抽样中再区分城乡。这样做的优点是样本点相对集中，但数据处理较为复杂。综合考虑各种因素，本方案采用第二种处理方式。

在样本区、县中，以居委会的数据代表城市，以村委会的数据代表农村。

### 2. 抽样方案的类型与抽样单元的确定

全国性抽样必须采用多阶抽样，而多阶抽样中设计的关键是各阶抽样单元的选择，其中尤以第一阶抽样单元最为重要。本项调查除个别直辖市及城市外，不要求对省、自治区进行推断，从而可不考虑样本对省的代表性。在这种情况下，选择区、县作为初级抽样单元最为适宜。因为全国区、县的总数量很大，区、县样本量也会比较大，因而第一阶的抽样误差较小。另外，对区、县的分层也可分得更为精细。

本抽样方案采用分层五阶抽样。各阶抽样单元确定为：

第一阶抽样，区(地级市以上城市的市辖区)、县(包括县级市等)；

第二阶抽样，街道、乡、镇；

第三阶抽样，居委会、村委会；

第四阶抽样，家庭户；

第五阶抽样，个人。

为提高抽样效率，减少抽样误差，在第一阶抽样中对区、县采用按地域及类别分层。在每层内，前三阶抽样均采用按与人口成正比的不等概率系统抽样(PPS 系统抽样)，而第四阶抽样采用等概率系统抽样，即等距抽样，第五阶抽样采用简单随机抽样。

### 3. 自我代表层的设立

根据要求，本次调查需要对北京、上海两个直辖市及广州、成都、长沙与西安 4 个省会城市进行独立分析，因而在处理上将这些城市(包括下辖的所有区、县)都作为单独的一层处理。为方便起见，以下把这样的层称为自我代表层。考虑到在这样处理后全国其他区县在分层中的一些具体问题及各地的特殊情况，将天津市也作为自我代表层处理。另外，鉴于西藏情况特殊，所属区县与其他省(自治区)的差别很大，因此也将它作为自我代表层处理。这样自我代表层共有 8 个，包括以下城市与地区：北京市、天津市、上海市；广州市、成都市、长沙市、西安市；西藏自治区。

### 三、样本区、县的抽选方法

#### (一)全国区、县的调查总体

根据 2001 年的全国行政区划资料,全国(港澳台除外)共有 787 个市辖区,此外有 5 个地级市(湖州、东莞、中山、三亚、嘉峪关)不设市辖区,若将它们每个都视同 1 个市辖区,则共有 792 个区;全国共有 1674 个县(包括自治县及旗、自治旗、特区与林区等)、400 个县级市,县级行政单位的总数为 2074 个,这中间包括福建省的金门县,不能对其进行调查,因此除金门县以外的所有 2865 个区、县(792 个区及 2073 个县)构成此次调查的调查总体。

#### (二)区、县分层

为便于调查后的资料分类汇总及提高精度,应将全国区、县进行分层。分层可以按多种标识进行,从理论而言,分层标识应选取与调查指标相关程度较高的那些变量。在本次调查中,应选取与观众收视行为、习惯与爱好等密切相关的变量。关于这方面已有一些相应的研究结果,如观众的年龄、性别、文化程度、职业、居住地的生活习惯与气候等。不过我们不可能按观众的个体来分类,只能按观众居住的区、县来分类,而对于区、县,许多表示人口特征(除人口总数)及经济文化发展指标(除所在省的人文发展指数及县的人均 GPT)的资料都无法得到。经过多方研究,我们对区县的分层按以下两种标识进行。

1. 地域

我国幅员广大,各地经济、社会、文化与气候的地域差异极大,而所有这些因素都与电视观众的收视行为密切相关。我们首先将所有县按所在省(自治区、直辖市)的地理位置分成 3 大层 13 个子层[各省括号内的数字为它们的人文发展指数(Human Development Index,HDI)在全国的排位,参见本案例附表 1]。地域分层见表 1-1。

需要说明的是,以上划分的层还考虑了其他一些因素,各省按联合国制定的标准计算的人文发展指数仅是考虑因素之一。例如,按人文发展指数,广西(第 19 位)实际上可划在第 2 大层(中部地区),但考虑到国家西部大开发将广西划入西部地区,我们的划分与它一致,这样便于资料的汇总发布;又如海南,根据人文发展指数(第 13 位)放在第 1 大层稍为勉强,但是根据它的地理位置及它以旅游为主业,就观众行为而言,与广东、福建划在同一子层内是合理的。

2. 区、县类别

同一大层的各市辖区与所隶属的城市的规模、在城市中的地理位置(市区或郊区)和居民成分构成(非农业人口占总人口的比例)有较大差异,各县的经济文化发达程度有较大差异。我们将各大层中所有的区县除已划为自我代表层的以外(以下称抽样总体)分成以下 5 类,每类组成 1 个小层:一类区、二类区、县级市、一类县、二类县。

**表 1-1 全国区、县的地域分层**

| 大　　层 | 所含省、自治区、直辖市 |
|---|---|
| 第 1 大层<br>（东部地区） | 子层 10：上海（1）、北京（2）、天津（3）（每个都作为自我代表层）；<br>子层 11：辽宁（5）、山东（9）；<br>子层 12：江苏（7）、浙江（6）；<br>子层 13：福建（8）、广东（4）、海南（13） |
| 第 2 大层<br>（中部地区） | 子层 21：黑龙江（10）、吉林（12）；<br>子层 22：河北（11）、河南（18）、山西（16）；<br>子层 23：安徽（20）、江西（23）；<br>子层 24：湖北（14）、湖南（17） |
| 第 3 大层<br>（西部地区） | 子层 31：内蒙古（21）、新疆（15）、宁夏（26）；<br>子层 32：陕西（25）、甘肃（28）、青海（29）；<br>子层 33：重庆（22）、四川（24）；<br>子层 34：广西（19）、云南（27）、贵州（30）；<br>子层 30：西藏（自我代表层） |

全国抽样总体中所有区县共分成 11×5=55 个小层。其中，区的划分标准为区中非农业人口占总人口的比例，比例高于标准的为一类区，比例低于标准的为二类区；县的划分标准为人均国内生产总值，高的为一类县，低的为二类县。区县划分类别的标准在三大层中各不相同，具体标准如下。

（1）区类别的划分标准。东部地区与中部地区：非农业人口在总人口中的比例大于或等于 80% 为一类区，小于 80% 为二类区；西部地区：非农业人口在总人口中的比例大于或等于 70% 为一类区，小于 70% 为二类区。

（2）县类别的划分标准。东部地区：人均 GDP 在 5000 元以上为一类县；5000元以下为二类县。中部地区：人均 GDP 在 4000 元以上为一类县；4000 元以下为二类县。西部地区：人均 GDP 在 3000 元以上为一类县；3000 元以下为二类县。

**（三）自我代表层的区县情况**

根据最新行政区划，自我代表层中的 7 个城市所辖的区县构成情况见表 1-2。

**表 1-2 自我代表层城市的辖区、县构成**

| 城　　市 | 一　类　区 | 二　类　区 | 直辖市中的县<br>及其他县级市 | 县 | 总　　计 |
|---|---|---|---|---|---|
| 北京市 | 8 | 5 | 5 | — | 18 |
| 天津市 | 7 | 7 | 4 | — | 18 |
| 上海市 | 9 | 7 | 3 | — | 19 |
| 广州市 | 5 | 5 | 2 | — | 12 |
| 成都市 | 5 | 2 | 4 | 8 | 19 |
| 长沙市 | 2 | 3 | 1 | 3 | 9 |
| 西安市 | 4 | 4 | 0 | 5 | 13 |

西藏自治区包括 1 个地级市(拉萨市,下辖一个城关区)、1 个县级市(日喀则市)及 71 个县。

### (四)抽样总体区县情况

按上述(二)中的划分标准,全国除自我代表层以外的抽样总体各小层的区、县数及人口在(抽样总体)总人口中的比例见表 1-3 与表 1-4。

表 1-3　抽样总体中各小层的区县数

| 地域子层 | 一 类 区 | 二 类 区 | 县 级 市 | 一 类 县 | 二 类 县 | 合　计 |
|---|---|---|---|---|---|---|
| 东部地区 11 | 43 | 62 | 47 | 19 | 68 | 239 |
| 东部地区 12 | 30 | 47 | 53 | 31 | 37 | 198 |
| 东部地区 13 | 24 | 41 | 51 | 59 | 42 | 217 |
| 中部地区 21 | 56 | 26 | 40 | 36 | 32 | 190 |
| 中部地区 22 | 39 | 67 | 56 | 140 | 148 | 450 |
| 中部地区 23 | 26 | 34 | 19 | 31 | 95 | 205 |
| 中部地区 24 | 20 | 44 | 39 | 42 | 69 | 214 |
| 西部地区 31 | 27 | 8 | 34 | 91 | 61 | 221 |
| 西部地区 32 | 11 | 16 | 15 | 51 | 131 | 224 |
| 西部地区 33 | 5 | 42 | 14 | 55 | 85 | 201 |
| 西部地区 34 | 19 | 27 | 30 | 74 | 175 | 325 |
| 合　计 | 300 | 414 | 398 | 629 | 943 | 2684 |

表 1-4　抽样总体中各小层人口占总人口的比例　　　　(单位:%)

| 地域子层 | 一 类 区 | 二 类 区 | 县 级 市 | 一 类 县 | 二 类 县 | 合　计 |
|---|---|---|---|---|---|---|
| 东部地区 11 | 1.3512 | 2.2766 | 3.1728 | 0.7672 | 3.6295 | 11.1972 |
| 东部地区 12 | 0.6992 | 1.6487 | 3.8832 | 1.4105 | 2.2809 | 9.9226 |
| 东部地区 13 | 0.5083 | 1.2187 | 3.4437 | 2.3497 | 1.7150 | 9.2354 |
| 中部地区 21 | 1.0200 | 0.5023 | 1.7709 | 1.1035 | 1.0037 | 5.4004 |
| 中部地区 22 | 0.9263 | 1.9128 | 2.7858 | 4.5291 | 6.3593 | 16.5133 |
| 中部地区 23 | 0.5272 | 1.1800 | 1.0682 | 1.1637 | 4.9385 | 8.8776 |
| 中部地区 24 | 0.6106 | 1.5928 | 2.5415 | 2.2757 | 3.2519 | 10.2726 |
| 西部地区 31 | 0.4343 | 0.2219 | 0.7319 | 1.2265 | 1.3692 | 3.9838 |
| 西部地区 32 | 0.2976 | 0.5513 | 0.4257 | 0.7233 | 3.0567 | 5.0546 |
| 西部地区 33 | 0.1454 | 2.1132 | 0.9581 | 1.8715 | 3.8961 | 8.9843 |
| 西部地区 34 | 0.3629 | 0.9478 | 1.3254 | 2.6499 | 5.2722 | 10.5582 |
| 合　计 | 6.8831 | 14.1662 | 22.1072 | 20.0705 | 36.7730 | 100.0000 |

### (五)区、县的抽样方法及样本量

抽样总体中各层(指小层,下同)内对区、县的抽样采用按人口的 PPS 系统抽样,样本量一般为 2;少数人口较多的小层样本量定为 3。样本量的具体分配见表 1-5,样本区、县总量为 121 个。

表 1-5　各小层的区、县样本量的分配

| 地域子层 | 一 类 区 | 二 类 区 | 县 级 市 | 一 类 县 | 二 类 县 | 合　计 |
|---|---|---|---|---|---|---|
| 东部地区 11 | 2 | 3 | 3 | 2 | 2 | 12 |
| 东部地区 12 | 2 | 2 | 3 | 2 | 2 | 11 |
| 东部地区 13 | 2 | 2 | 3 | 2 | 2 | 11 |
| 中部地区 21 | 2 | 2 | 2 | 2 | 2 | 10 |
| 中部地区 22 | 2 | 2 | 3 | 3 | 3 | 13 |
| 中部地区 23 | 2 | 2 | 2 | 2 | 3 | 11 |
| 中部地区 24 | 2 | 2 | 2 | 2 | 2 | 10 |
| 西部地区 31 | 2 | 2 | 2 | 2 | 2 | 10 |
| 西部地区 32 | 2 | 2 | 2 | 2 | 3 | 11 |
| 西部地区 33 | 2 | 2 | 2 | 2 | 3 | 11 |
| 西部地区 34 | 2 | 2 | 2 | 2 | 3 | 11 |
| 合　计 | 22 | 23 | 26 | 23 | 27 | 121 |

## 四、抽样总体中样本区、县内的抽样方法

### (一)样本区内的抽样

每个一类样本区内采用街道(镇)、居委会、家庭户及个人的 4 阶抽样；每个二类样本区内采用街道(乡、镇)、居(村)委会、家庭户及个人的 4 阶抽样，样本量皆为 90。具体方法如下。

**1. 对街道(乡、镇)的抽样**

样本区内对街道(乡、镇)抽样采用按人口的 PPS 系统抽样，每个样本区抽 3 个街道(乡、镇)，其中一类区不抽乡。

**2. 对居委会的抽样**

样本街道、镇(乡)内对居(村)委会的抽样采用按人口的 PPS 系统抽样，每个样本街道、镇、乡各抽 2 个居(村)委会(其中一类区不抽村委会)。为操作方便，这里的人口数也可用户数。

**3. 对家庭户的抽样**

样本居(村)委会内对家庭户的抽样采用随机起点的等概率系统抽样，即等距抽样。每个居(村)委会固定抽取 15 户。在抽样时，必须首先清点居(村)委会管辖范围内的实际家庭户数，且规定排列的顺序。

**4. 样本户内具体调查对象的确定**

对每个被抽中的样本户，在 13 岁以上(含 13 岁)的成员中，完全随机地确定 1

名为具体调查对象。为确保家庭成员中的每个这样的成员都有相等的概率被抽中，采用二维随机表来确定，见表1-6。

表1-6　确定户内调查对象的二维随机表

| 序号 | 姓名 | 性别 | 年龄 | 1 | 2 | 3 | 4 | 5 | 6 | 7 | 8 | 9 | 10 | 11 | 12 |
|---|---|---|---|---|---|---|---|---|---|---|---|---|---|---|---|
| 1 | | | | 1 | 1 | 1 | 1 | 1 | 1 | 1 | 1 | 1 | 1 | 1 | 1 |
| 2 | | | | 2 | 1 | 2 | 1 | 1 | 2 | 2 | 1 | 1 | 2 | 1 | 2 |
| 3 | | | | 3 | 2 | 1 | 3 | 1 | 3 | 2 | 2 | 1 | 3 | 1 | 2 | 3 |
| 4 | | | | 4 | 1 | 3 | 2 | 2 | 3 | 1 | 4 | 3 | 2 | 4 | 1 |
| 5 | | | | 5 | 4 | 1 | 2 | 3 | 4 | 1 | 2 | 3 | 5 | 4 | 2 |
| 6 | | | | 6 | 3 | 1 | 5 | 2 | 4 | 3 | 5 | 1 | 4 | 6 | 2 |
| 7 | | | | 7 | 1 | 4 | 3 | 6 | 2 | 5 | 2 | 5 | 7 | 4 | 3 |
| 8 | | | | 8 | 4 | 5 | 7 | 1 | 2 | 6 | 3 | 7 | 5 | 3 | 1 |
| 9 | | | | 9 | 5 | 1 | 4 | 3 | 8 | 2 | 7 | 6 | 5 | 2 | 8 |
| 10 | | | | 10 | 3 | 5 | 9 | 4 | 1 | 7 | 2 | 8 | 6 | 9 | 4 |
| 11 | | | | 11 | 6 | 1 | 6 | 10 | 4 | 9 | 8 | 3 | 2 | 5 | 6 |
| 12 | | | | 12 | 7 | 2 | 9 | 4 | 11 | 6 | 1 | 8 | 3 | 10 | 5 |

### (二)样本县(县级市)内的抽样

每个样本县内采用乡(镇)、村(居)委会、家庭户及个人的4阶抽样，样本量为60。具体方法如下。

**1. 对乡、镇的抽样**

确定县城所在的镇(城关镇)为必调查镇，对其余乡(镇)采用按人口的PPS系统抽样，再抽2个乡(镇)，每个样本县共调查3个乡(镇)。

**2. 对村(居)委会的抽样**

在每个城关镇中用按人口PPS抽样抽取2个样本居(村)委会。对其他2个样本乡、镇内，也用同样的方法抽2个村委会。为操作方便，这里的人口数也可用户数。

**3. 对家庭户的抽样**

样本村(居)内对家庭户的抽样与样本居委会内对家庭户的抽样完全相同，仍采用随机起点的等概率系统抽样，即等距抽样。每个村(居)固定抽取10户。

**4. 具体调查对象的确定**

在样本户中确定具体对象，采用二维随机表的方法来确定。

### (三)儿童样本的确定

在城乡每个样本户中，除抽取一位13岁以上的观众作为调查对象外，如果还有4～12岁的儿童，则需要抽取1位进行儿童观众的调查。如果符合年龄的条件多于1位，则仍按二维随机表的方法确定。

对于自我代表的 7 个城市中，为保证儿童的样本量，对每个样本户，调查所有满足年龄的儿童。

## 五、自我代表层中的抽样方法

### (一)自我代表城市的抽样方法

每个需要进行推断的城市皆作为自我代表层，在层内也进行分层抽样，层的划分标准与其他子层中的区、县标准基本相同，只不过不再对县分类，且将县级市(仅长沙市有一个)也作为一般县处理。这样，每个城市皆分为一类区、二类区及县 3 层。考虑到上海市浦东新区的特殊性(既包含完全城市化的市区，也包含相当广泛的农村)，将该区作为自我代表层处理。

考虑到在一个城市范围内的调查，交通比较方便，因此为提高效率，根据每个城市的实际情况，保证(或适当增加)样本区的数量，减少每个样本区、县内的样本量。每个样本区县规定都抽 2 个街道(乡、镇)，每个样本街道、乡、镇抽 2 个居(村)委会。样本区内每个居(村)委会样本量仍为 15 户，样本县(县级市)内每个居(村)委会样本量仍为 10 户。

如果有可能，对一类区也可不对区进行抽样，直接对街道进行抽样。

根据每个必调查城市所属的区县数，确定样本区、县数见表 1-7(表中的数字为样本区、县数，括号中的数字为每个区、县的样本户数)。

### 表 1-7　自我代表城市的样本量

| 城　　市 | 一 类 区 | 二 类 区 | 县 | 总 样 本 量 |
|---|---|---|---|---|
| 北京市 | 4(60) | 2(60) | 2(40) | 440 |
| 天津市 | 3(60) | 2(60) | 2(40) | 380 |
| 上海市 | 4(60) | 3(60)[1] | 2(40) | 500 |
| 广州市 | 3(60) | 2(60) | 2(40) | 380 |
| 成都市[2] | 3(60) | 2(60) | 2(40) | 380 |
| 长沙市 | 2(60) | 3(60) | 2(40) | 380 |
| 西安市[2] | 4(45) | 2(60) | 2(40) | 380 |
| 总计 | 1320 | 960 | 560 | 2840 |

注: ① 其中浦东新区在商业区抽 1 个街道，在农业区抽 1 个镇。
② 成都、西安两市由于一类区数量较少，故对一类区进行全数调查。其中西安市每个一类区中抽 1 个街道，每个街道抽 3 个居委会。若有条件，在每个区中直接抽 3 个居委会最好。

### (二)西藏自治区的抽样方法

西藏自治区的抽样也采用分层抽样法，其中拉萨市城关区抽 4 个居委会，日喀则市除城关镇外，再抽 2 个乡镇，共 6 个居(村)委会。以上两市均作为自我代表层，每层各抽取 60 户；其余 71 个县则采用按人口的 PPS 抽样抽 2 个县，每个县调查 40 户。西藏自治区总样本量为 200 户。

### 六、总样本量与抽样误差的估计

#### (一)总样本量

根据前述抽样设计，本方案 13 岁以上观众总的样本量如下。

(1)自我代表层共 2840+200=3040 户，其中区样本为 2400 户，县样本为 640 户。

(2)抽样总体分 11 个子层、55 个小层；样本区县共 121 个，其中样本区 45 个，样本县(县级市)76 个。每个样本区抽 90 户，区样本为 4050 户；每个样本县抽 60 户，县样本共 4560 户；共计 8610 户。

(3)全国总样本量为 11650 户，其中区样本为 6390 户，县样本为 5260 户。

#### (二)抽样误差的估计

本方案的设计效应 deff 估计为 2.0，相当于简单随机抽样的样本量 $n_0$ =5825，在 95%置信度下比例型目标量的绝对误差限 $d$，经计算约为 1.28%。

### 七、目标量的估计及其方差估计

根据方案设计，(小)层内样本是近似自加权的，因此层目标量的估计及其方差估计较为简单。而地区(大层)与全国目标量的估计则可用表 1-4 中的人口比例为权加权并汇总自我代表层得出，相应的方差估计也随之可得(具体公式另给)。

### 八、小结

抽样调查是现代统计调查中最常用的基本方法之一。抽样调查可以按不同的标准进行分类。按抽选样本的具体原则不同，可以分为概率抽样和非概率抽样。在概率抽样中，如果总体中每个单元被抽中的概率都相等，则为等概率抽样；如果每个单元被抽中的概率不完全相等，则为不等概率抽样。概率抽样按其组织方式不同，可分成简单随机抽样、分层抽样、整群抽样、等距抽样、多阶抽样等不同类型。本案例就是多阶抽样。

多阶抽样(Multistage Sampling)，是指将抽样过程分阶段进行，每个阶段使用的抽样方法往往不同，即将各种抽样方法结合使用，其在大型流行病学调查中常用。其实施过程为，先从总体中抽取范围较大的单元，称为一级抽样单元，再从每个抽得的一级单元中抽取范围更小的二级单元，以此类推，最后抽取其中范围更小的单元作为调查单位。多阶段抽样区别于分层抽样，也区别于整群抽样，其优点在于适用于抽样调查的面特别广，没有一个包括所有总体单位的抽样框，或总体范围太大，无法直接抽取样本等情况，可以相对节省调查费用。其主要缺点是抽样时较为麻烦，而且从样本对总体的估计比较复杂。

将总体分为若干个一阶单元,如果在每个一阶单元中都随机抽取部分二阶单元,由这些二阶单元中的总体基本单元组成样本,在抽样的方式上,就相当于分层抽样;如果在全部的一阶单元中,只抽取了部分一阶单元,并对抽中的一阶单元中的所有的基本单元都做全面调查,这就是整群抽样。因此,分层抽样实际是第一阶抽样比为 100%时的一种特殊的两阶抽样;而整群抽样实际上是第二阶抽样比为 100%时的一种特殊的两阶抽样,故也称单级整群抽样。

本案例抽样过程分为五个阶段,第一阶抽样为从全国抽区(地级市以上城市的市辖区)、县(包括县级市等);第二阶抽样为从区中抽街道,县中抽乡、镇;第三阶抽样为从街道中抽居委会,乡、镇中抽村委会;第四阶抽样为从居委会或村委会中抽家庭户;第五阶抽样为从家庭户中抽个人。

附表 1    1997 年全国各省市人文发展指数(HDI)

| 省、市自治区 | 平均预期寿命指数 | 教育指数 | 国内生产总值指数 | 人文发展指数 | 人文发展指数排位 |
|---|---|---|---|---|---|
| 上海 | 0.832 | 0.824 | 0.975 | 0.877 | 1 |
| 北京 | 0.798 | 0.840 | 0.963 | 0.867 | 2 |
| 天津 | 0.789 | 0.810 | 0.957 | 0.852 | 3 |
| 广东 | 0.792 | 0.789 | 0.949 | 0.843 | 4 |
| 辽宁 | 0.754 | 0.801 | 0.939 | 0.831 | 5 |
| 浙江 | 0.780 | 0.735 | 0.949 | 0.821 | 6 |
| 江苏 | 0.773 | 0.735 | 0.945 | 0.817 | 7 |
| 福建 | 0.726 | 0.737 | 0.944 | 0.802 | 8 |
| 山东 | 0.760 | 0.702 | 0.849 | 0.770 | 9 |
| 黑龙江 | 0.700 | 0.790 | 0.809 | 0.766 | 10 |
| 河北 | 0.756 | 0.759 | 0.676 | 0.730 | 11 |
| 吉林 | 0.716 | 0.804 | 0.610 | 0.710 | 12 |
| 海南 | 0.750 | 0.745 | 0.632 | 0.709 | 13 |
| 湖北 | 0.704 | 0.761 | 0.655 | 0.707 | 14 |
| 新疆 | 0.627 | 0.773 | 0.656 | 0.685 | 15 |
| 山西 | 0.733 | 0.782 | 0.522 | 0.679 | 16 |
| 湖南 | 0.699 | 0.776 | 0.511 | 0.662 | 17 |
| 河南 | 0.753 | 0.745 | 0.487 | 0.661 | 18 |
| 广西 | 0.729 | 0.741 | 0.478 | 0.649 | 19 |
| 安徽 | 0.741 | 0.713 | 0.482 | 0.646 | 20 |
| 内蒙古 | 0.678 | 0.740 | 0.517 | 0.645 | 21 |
| 重庆 | 0.689 | 0.727 | 0.489 | 0.635 | 22 |
| 江西 | 0.685 | 0.764 | 0.455 | 0.635 | 23 |
| 四川 | 0.689 | 0.723 | 0.441 | 0.617 | 24 |
| 陕西 | 0.707 | 0.741 | 0.404 | 0.617 | 25 |
| 宁夏 | 0.699 | 0.669 | 0.440 | 0.603 | 26 |
| 云南 | 0.642 | 0.665 | 0.442 | 0.583 | 27 |

| 省、市<br>自治区 | 平均预期<br>寿命指数 | 教 育 指 数 | 国内生产<br>总值指数 | 人文发展指数 | 人文发展<br>指数排位 |
|---|---|---|---|---|---|
| 甘肃 | 0.704 | 0.667 | 0.339 | 0.570 | 28 |
| 青海 | 0.593 | 0.545 | 0.445 | 0.528 | 29 |
| 贵州 | 0.655 | 0.659 | 0.233 | 0.516 | 30 |
| 西藏 | 0.577 | 0.435 | 0.345 | 0.452 | 31 |

# 案例4 大众鞋厂布鞋市场营销决策案例分析

## 一、背景资料

大众鞋厂是一家有 30 年历史的老厂,主要以硫化布鞋为主导产品,过去经济效益一直较好。但从 2001 年开始,产品出现积压,经营出现亏损。厂领导觉得问题非常严重,如果不能想办法扭亏增盈,厂子就面临关门的结局。因此,他们找到某管理咨询公司,请他们帮助诊断亏损原因,提出扭亏增盈的对策。表 1-8～表 1-10 是企业的有关统计资料。

表 1-8 近两年生产、销售及利润情况表

| 指　　标 | 单　　位 | 2000 年 | 2001 年 | 增减绝对额 | 增 减(%) |
|---|---|---|---|---|---|
| 产量 | 万双 | 106 | 71 | -35 | -33 |
| 销售量 | 万双 | 102 | 74 | -28 | -27.5 |
| 平均销售价格 | 元/双 | 4.41 | 4.73 | 0.32 | 7.3 |
| 销售收入 | 万元 | 450 | 350 | -100 | -22.3 |
| 单位成本 | 元/双 | 4.34 | 5.08 | 0.74 | 17.1 |
| 总成本 | 万元 | 443 | 376 | -67 | -15.1 |
| 税金 | 万元 | 5 | 4 | -1 | -20 |
| 利润 | 万元 | 2 | -30 | -32 | — |

表 1-9 主要成本费用指标

| 指　　标 | 单　　位 | 2000 年 | 2001 年 | 增减绝对额 | 增 减(%) |
|---|---|---|---|---|---|
| 单位生产成本 | 元/双 | 3.72 | 4.11 | 0.39 | 10.5 |
| 生产成本 | 万元 | 380 | 304 | -76 | -25.8 |
| 销售费用 | 万元 | 13 | 10 | -3 | -33.3 |
| 管理费用 | 万元 | 46 | 51 | 5 | 10.9 |
| 财务费用 | 万元 | 4 | 11 | 7 | 14.3 |
| 总成本 | 万元 | 443 | 376 | -67 | -15.1 |

表 1-10　2001 年价格调整对销量影响情况表

| 月　份 | 3 月 | 4 月 | 5~7 月 | 8~11 月 |
|---|---|---|---|---|
| 出厂价格(元/双) | 4.49 | 4.71 | 5.15 | 6.7 |
| 去年销量(万双) | 13 | 11 | 28 | 20 |
| 前年销量(万双) | 11 | 10 | 29 | 50 |

注：价格提高的主要原因是同期原材料价格上涨导致单位成本上升，销售量下降对单位成本上升也有一定影响。

咨询公司进厂后实施的《鞋类市场需求调查表》（见表 1-11)、《鞋类市场需求调查汇总表（一)》（见表 1-12)和《鞋类市场需求调查汇总表（二)》（见表 1-13)如下：

居民鞋类市场需求调查问卷

尊敬的顾客：

您好！为了促进有关企业改进生产，更好地满足消费者需求，我们特组织这次关于鞋类市场的调查活动，请给予大力支持。

1．请问您在去年是否穿过表中所列的几种鞋子？（穿过请在表中第 1 栏打 √）

2．您是否经常穿该种鞋？（请将序号填在表中第 2 栏）：①经常穿，②有时穿，③很少穿。

3．您对这种鞋是否满意，若满意，令您满意的原因是什么？（请将序号填在表中第 3 栏）：

① 质量好，②价格合理，③式样新颖，④花色多样，⑤轻便舒适，⑥其他(请注明)

若不满意，不满意的原因是什么？（请将序号填在表中第 4 栏）：

① 质量差，②价格偏高，③式样不好，④花色单一，⑤穿着不舒适，⑥其他(请注明)

4．请将您近两年购买的鞋子的数量和价格及今年的需要量分别填在表中第 5、6、7、8、9 栏。

5．请问您最喜爱的品牌是什么？请将品牌名称填在表中第 10 栏，若没有牌子，请注明"无"。

谢谢合作！

企业管理咨询公司

大众鞋厂产品销售区域为本市和邻近 4 个地区的 48 个市县，人口约有 2000 万。

另外，销售队伍及政策：目前全厂有销售人员 14 人，销售政策规定，销售人员按销售收入的 2%提成，不发工资，出差必须经批准，只报销住宿费和车费，伙食

— 23 —

费自理。据了解，销售人员认为厂领导不重视销售，大半人员整天在家不出门，靠打电话联系业务。他们对自己的收入也不满意，说外地厂子的销售人员收入能达到1万～2万元。

表 1-11　鞋类市场需求调查表

| 种　　类 | | 职业　　　　性别　　　　　年龄　　　　居住(城或乡) | | | | | | | | | |
| --- | --- | --- | --- | --- | --- | --- | --- | --- | --- | --- | --- |
| | | 是否穿过(1) | 是否经常穿(2) | 满意的原因(3) | 不满意的原因(4) | 购买数量 | | 价格(元) | | 今年需要量(9) | 最喜爱的品牌(10) |
| | | | | | | 前年(5) | 去年(6) | 前年(7) | 去年(8) | | |
| 布鞋 | 市外产 | | | | | | | | | | |
| | 大众鞋厂 | | | | | | | | | | |
| | 市内其他 | | | | | | | | | | |
| | 自产 | | | | | | | | | | |
| 解放鞋 | | | | | | | | | | | |
| 网球鞋 | | | | | | | | | | | |
| 运动鞋 | | | | | | | | | | | |
| 健美鞋 | | | | | | | | | | | |
| 皮鞋 | | | | | | | | | | | |
| 旅游鞋 | | | | | | | | | | | |

表 1-12　鞋类市场需求调查汇总表(一)

| 种　　类 | | 是否穿过 | 是否经常穿 | | | 满意的原因 | | | | | | 不满意的原因 | | | | | |
| --- | --- | --- | --- | --- | --- | --- | --- | --- | --- | --- | --- | --- | --- | --- | --- | --- | --- |
| | | | ① | ② | ③ | ① | ② | ③ | ④ | ⑤ | ⑥ | ① | ② | ③ | ④ | ⑤ | ⑥ |
| 布鞋 | 市外产 | 40 | 21 | 18 | 10 | 13 | 11 | 17 | 3 | 12 | 11 | 17 | 18 | 17 | 9 | 3 | 1 |
| | 大众鞋厂 | 7 | 0 | 2 | 3 | 2 | 5 | 5 | 0 | 0 | 1 | 4 | 0 | 2 | 3 | 2 | 1 |
| | 市内其他 | 26 | 7 | 10 | 3 | 4 | 19 | 0 | 0 | 10 | 0 | 10 | 1 | 10 | 2 | 2 | 1 |
| | 自产 | 10 | 1 | 5 | 3 | 5 | 5 | 1 | 0 | 3 | 1 | 4 | 1 | 3 | 6 | 2 | 0 |
| 解放鞋 | | 13 | 3 | 5 | 1 | 4 | 8 | 3 | 2 | 2 | 3 | 2 | 4 | 1 | 2 | 0 |
| 网球鞋 | | 47 | 12 | 12 | 6 | 8 | 12 | 8 | 1 | 11 | 0 | 5 | 2 | 6 | 4 | 3 | 2 |
| 运动鞋 | | 57 | 33 | 38 | 17 | 26 | 24 | 2 | 6 | 21 | 5 | 15 | 14 | 23 | 17 | 9 | 3 |
| 健美鞋 | | 38 | 9 | 11 | 11 | 8 | 6 | 0 | 0 | 3 | 0 | 7 | 5 | 10 | 7 | 1 | 1 |
| 皮鞋 | | 103 | 91 | 36 | 20 | 41 | 25 | 62 | 44 | 23 | 2 | 21 | 47 | 27 | 18 | 19 | 13 |
| 旅游鞋 | | 91 | 64 | 31 | 25 | 30 | 34 | 50 | 25 | 34 | 19 | 15 | 29 | 21 | 23 | 9 | 7 |

**表 1-13 鞋类市场需求调查汇总表(二)**

| 种 类 | | 购买数量 | | 价格(元) | | 今年需要量 | 最喜爱的品牌 |
|---|---|---|---|---|---|---|---|
| | | 前 年 | 去 年 | 前 年 | 去 年 | | |
| 布鞋 | 市外产 | 34 | 33 | 7~10 | 8~12 | 31 | |
| | 大众鞋厂 | 10 | 6 | 4.5 | 6.2 | 6 | |
| | 市内其他 | 14 | 16 | 7.6 | 9.2 | 6 | |
| | 小计 | 58 | 55 | — | — | 43 | |
| 解放鞋 | | 11 | 15 | 13 | 14 | 8 | |
| 网球鞋 | | 26 | 22 | 12 | 17 | 10 | 双星 |
| 运动鞋 | | 56 | 48 | 14 | 15 | 37 | 回力 |
| 健美鞋 | | 27 | 6 | 8 | 8 | 16 | 双星 |
| 皮鞋 | | 117 | 128 | 74 | 73 | 128 | 金利来 |
| 旅游鞋 | | 89 | 110 | 59 | 100 | 41 | 奇安特 |

案例分析要求:

1. 根据所给资料分析该厂亏损的原因是什么,并说明分析所用的是什么方法。

2. 咨询公司进厂与厂领导一起进行了初步分析,有人认为,老百姓现在普遍穿皮鞋、旅游鞋,不需要布鞋,因此产品卖不出去,形成积压;也有人并不同意这种看法。针对这种情况,你有什么好办法能解决问题?

3. 假设今年固定费用预计为 90 万元,单位变动成本为 5.18 元,如果销售价格为 6.7 元,请测算保本销售量。如果销售价格调整到 6.2 元,保本点销售量是多少?

## 二、案例分析

### (一)分析利润下降导致亏损的因素

由利润=销售收入−总成本−税金,可知利润下降的 32 万元可分解为如下等式:

利润下降=销售收入变动−总成本变动−税金变动(单位:元)

−32 万=　−100 万　−(−67 万)　−(−1 万)

由此可知,利润下降的主要影响因素是销售收入下降和总成本下降,税金影响可以忽略不计。

### (二)销售收入下降的因素分析

由于销售收入=销售量×平均销售价格,因此根据两因素分析,得到如下分析结果:

由于销售量下降影响销售收入下降−28 万双×4.41 元/双=−123.5 万元;

由于销售价格提高影响销售收入增加 0.32 元/双×74 万双=23.5 万元;

以上两因素共同影响为−123.5 万元+23.5 万元=−100 万元。

它就是说，销售收入下降主要是由于销售量下降引起的，销售价格的提高使销售收入有所增加。

### (三)总成本变化因素分析

由上面分析可知，总成本虽然下降了 67 万元，但其下降幅度(15.1%)比销售收入下降幅度(22.3%)小。

由于总成本=生产成本+销售费用+管理费用+财务费用，因此可以从其具体构成因素去分析。总成本的变动是这 3 个因素共同变动的结果，即

总成本变动=生产成本变动+销售费用变动+管理费用变动+财务费用变动(单位：元)

$$-67 万 = -76 万 + (-3 万) + 5 万 + 7 万$$

由此可以得出结论：总成本下降主要是由生产成本下降引起的，管理费用和财务费用不但没有下降反而有较大幅度的上升，两项合计上升 12 万元，直接减少利润 12 万元。销售费用变动影响不大。

进一步分析生产成本下降原因，由生产成本=销售量×单位生产成本，可进行如下分析：

由于销售量下降影响生产成本下降−28 万双×3.72 元/双=−104 万元；

由于单位成本提高影响总成本增加 0.39 元/双×74 万双=28 万元；

以上两因素共同影响为−104 万元+28 万元=−76 万元。

由此可见，生产成本变化中，对利润下降的影响因素是单位生产成本的上升。

单位成本上升的主要原因是原材料涨价，在销售量下降的情况下很难通过降低原材料消耗来消化涨价因素。因此，可以适当提高产品销售价格来减少亏损。由前面的分析可知，由于销售价格提高，增加的销售收入为 23.5 万元，这样与单位成本增加冲抵后，只减少利润 4.5 万元。因此，单位生产成本的上升对利润下降的影响也不是主要因素。

### (四)销售量下降的原因分析

调查汇总结果表明，近几年居民鞋类消费结构发生了一些变化，每百人买布鞋数量，前年为 45 双，去年为 43 双，今年只有 33 双，比前年下降 26.7%。但是，经过测算，布鞋仍有很大市场空间。按照大众鞋厂的市场销售区域，共计有 2000 万人，按每百人需要 33 双计算，市场需求量为 660 万双，而该厂的年产量只有 100 万双左右。因此，首先可以排除"布鞋积压是市场不需要"这一原因。

根据市场调查得出结论：市场占有率下降，营销能力弱。利润下降分析图如图 1-1 所示。

从表 1-14 中可以看出，大众鞋厂的市场占有率前年为 17.2%，去年只有 10.9%，下降了 6.3 个百分点，今后预计也只有 14%。而外地鞋厂的市场占有率从前年的 58.6%提高到去年的 60%，今年预计达到 72.1%，市场被外地鞋厂所抢占。

单位：万元

```
                        ┌─────────────┐
                        │  利润下降32  │
                        └──────┬──────┘
        ┌──────────────────────┼──────────────────────┐
        ▼                      ▼                      ▼
┌───────────────┐    ┌───────────────┐    ┌───────────────┐
│ 销售收入下降100 │    │  总成本下降67  │    │  税金下降1    │
└───────┬───────┘    └───────┬───────┘    └───────────────┘
    ┌───┴───┐      ┌──────┬──────┬──────┐
    ▼       ▼      ▼      ▼      ▼      ▼
```

| 销售量影响下降123.5 | 销售价格影响增加23.5 | 生产成本下降76 | 管理费用增加5 | 财务费用增加7 | 销售费用下降3 |

```
                       ┌───┴───┐
                       ▼       ▼
```

| 单位生产成本影响增加28 | 销售量影响下降104 |

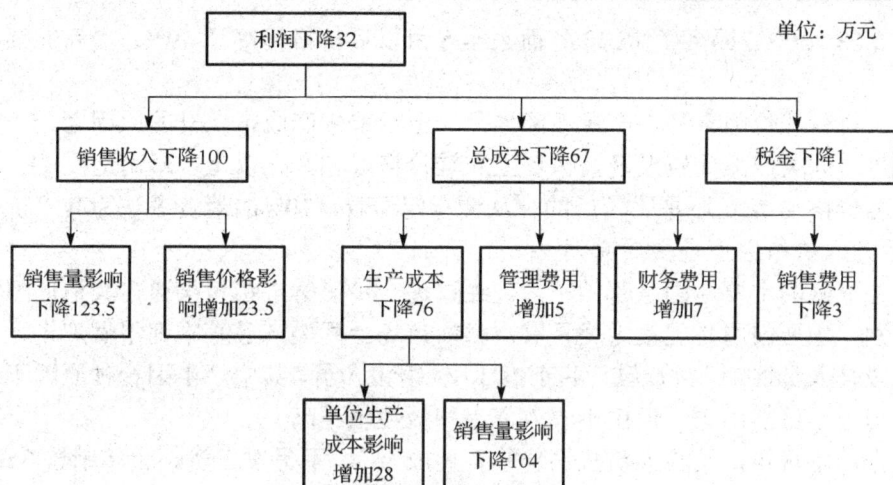

图 1-1　利润下降分析图

表 1-14　大众鞋厂及其竞争对手市场占有率的变化

| 企　业 | 前 年 购 买 | | 去 年 购 买 | | 今年需要量 | |
|---|---|---|---|---|---|---|
| | 双 数 | 市场占有率(%) | 双 数 | 市场占有率(%) | 双 数 | 市场占有率(%) |
| 市外产 | 34 | 58.6 | 33 | 60 | 31 | 72.1 |
| 大众鞋厂 | 10 | 17.2 | 6 | 10.9 | 6 | 14 |
| 市内其他 | 14 | 24.2 | 16 | 29.1 | 6 | 13.9 |
| 小 计 | 58 | 100 | 55 | 100 | 43 | 100 |

如何提高产品的市场占有率呢？

根据 4P 营销组合理论，可以从产品、价格、渠道和促销等方面进行分析。

从产品方面看，大众布鞋的产品质量不高，属于大路货。但与往年比较，产品质量基本稳定，而且市场上还有假冒大众鞋产品的现象。因此，质量也不是销售下降的主要原因。

花色品种问题是个重要问题，是产品市场竞争能力的重要方面。要提高市场占有率，打入更大的市场，就需要增加适销对路的新品种。但这也不是造成目前销售下降的主要因素。

价格是造成销售量下降的原因之一。

前年每双鞋的平均价格为 4.5 元，去年 4 月提高到 4.7 元，5 月提高到 5.2 元，8 月又提高到 6.7 元。4、5 月份提价幅度不大，对销售基本没有影响，8 月份提价幅度较大，因此从 8 月份销售量一下降下来了。3～7 月平均销售量为 10.4 万双，比前年同期增长 4%；8～11 月平均销售量只有 5 万双，比前年同期下降 60%。

去年由于材料涨价，适当提高价格是应该的。前年实际平均单位成本为 4.34 元/双，去年为 5.08 元/双，提高了 17.1%；而去年 8 月以后价格提高了 49%。提高的幅度大了点。

　　除了材料涨价因素外，产量下降也是导致单位生产成本上升的原因之一。

　　通过与同类产品比较发现，市场上布鞋价格多在 8 元以上，最高达到 11.7 元。大众布鞋价格 6.7 元还是比较低的。从调查问卷看，70%的消费者认为其"价格合理"。因此，价格也不是主要原因。

　　销售下降的主要原因是营销不力。经过进一步了解，销售渠道与其他厂家没有什么区别。主要问题是促销力度不够。目前市场上同类产品基本都不做广告，主要促销手段是人员促销。大众鞋厂目前有 14 位销售人员，其中一半因种种原因不出去促销；另一半虽然出去，但由于收入低，积极性也不高。

　　根据厂里规定，销售人员按销售收入提成 2%，不另发工资。去年销售 350 万/双，可提 7 万元，人均 5000 元，出差经批准，只报销住宿费和车船费，外出伙食费高，出差多了就所剩无几。

　　经过初步了解，其他厂子的销售人员年收入都在 1 万~2 万元，而且出差补助中有伙食费。因此，加大营销力度首先要充实销售队伍，提高销售人员的积极性。

### 三、对策建议与措施

　　近期应继续以硫化布鞋为主导产品，靠老产品扭亏增盈，并积极开发新品种，改善经营管理，降低管理费用，提高销售人员收入，加大营销力度。具体措施如下。

　　(1)提高销售提成比例为 8%，不报销差旅费用。若年销售 80 万双，销售收入达到 500 万元，可提 40 万元，销售人员增加到 20 人，人均年收入 2 万元，每人年差旅费最高不超过 5000 元，实际收入在 1.5 万元以上。

　　(2)产品价格调整为 6.2 元/双。允许各地销售人员根据实际情况灵活作价，高于 6.2 元的部分由厂里提 60%，其余归销售人员。

　　保本点分析如下：

　　固定费用预计为 90 万元，销售价格为 6.7 元/双，单位变动成本为 5.18 元。每双贡献收益 1.52 元，保本销售量=90 万元/1.52 元/双=59.2 万双。

　　这就是说，销售量达到 59 万双，按 14 个销售人员计算，人均毛收入可达 2.1 万元，企业可以扭亏，每多销售 1 万双，增加盈利 1.52 万元。如果销售达到去年的 74 万双水平，可盈利 22.8 万元。

　　如调整销售价格为 6.2 元/双，单位变动成本仍为 5.18 元。每双贡献收益 1.02 元，保本销售量=90 万元/1.02 元/双=88 万双。

　　这就是说，销售量达到 88 万双时，按 20 个销售人员计算，人均毛收入可达 2.2 万元，企业可以扭亏，每多销售 1 万双，增加盈利 1.02 万元。如果销售量恢复到前年的 102 万双水平，可盈利 14 万元。

## 四、小结

本案例属于统计分析方法在市场营销中的应用。企业营销是一种综合活动过程，包括市场调查和预测、产品开发、产品分销、定价、广告活动、人员推销、信息沟通、售后服务等多种活动。营销统计分析方法涉及的范围较广泛，一般从统计调查、数据整理入手，运用统计分析、统计预测和统计决策多种方法。

# 第2章 统计描述和相关回归分析案例

经统计调查取得数据后，需要通过统计整理、综合指标计算与相关回归分析等方法技术对总体数据进行处理，以认识总体变量分布状态（如正态分布）、特征表现（如结构相对数、平均数和标准差）、相关关系（如相关系数）和变化规律（如回归模型），从而了解事物或现象的本质及其依存因素。其中，统计整理技术包括总量指标、相对指标、平均指标和标志变异指标的揭示，它们的计算既是对总体基本特征的描述，又是对事物或现象进一步定量研究的基础；相关和回归是研究总体各事物或现象间相互关系的定量分析，用以测定不同特征相互联系的紧密程度，揭示变化形式和规律。本章案例主要通过对总体静态数据处理过程的介绍，帮助读者掌握统计整理、指标描述和相关回归分析技术结合运用的技术与经验。

本章由3个案例构成，案例1以沪深股市制造业上市公司为对象，系统介绍了静态数据总体的统计处理过程，包括分布描述、分类研究和相关因素分析；案例2对利兴铸造厂的产品成本运用相关和回归法进行了分析；案例3通过建立回归模型并对模型进行检验，给出了石油炼厂提高液化气收率的条件。

## 案例1 上市公司年报数据分析案例

### 一、案例的现实意义

上市公司的经营业绩与其股票价格、市场价值息息相关，因此反映上市公司经营业绩的定期公开披露的中期会计报告、年度会计报告就成为社会各界密切关注的重要信息之一。对所有上市公司的财务报告进行统计整理和分析，把握上市公司整体的经营状况、经营业绩的水平和变化趋势，无论是对投资选择，还是政府的决策与监督，都是不可或缺的。

本案例探讨的就是面对大量的财务报告数据信息如何进行统计整理与分析，这对于投资者、投资咨询人员或理论界研究者，都具有实际的指导意义。对本案例的学习讨论，有助于读者掌握统计描述和相关回归分析的方法，同时可积累应用这些方法的实际经验。

## 二、案例所依托的总体及其现状与研究目的

### (一)案例所依托的客体

本案例所依托的客体是 1999 年上市公司年报中的有关财务指标。1999 年末,沪、深两市共有上市公司 949 家。这些上市公司分布在 13 个行业部门。根据中国证监会的《上市公司分类指引》中规定的分类方法,其中制造业共有 578 家,占 60.91%。总股本 1938 亿元,占 62.73%,制造业是上市公司最集中的行业。截至 2000 年 4 月 30 日,已公布年报的有 560 家。所以本案例研究的总体范围确定为如期公布年报的制造业 560 家上市公司。

### (二)案例研究的目的与任务

#### 1. 上市公司年报财务数据统计分析的目的

通过对制造业 1999 年报有关数据进行系统的统计整理、描述和回归分析,揭示 1999 年制造业上市公司主要财务指标的总体分布、分行业的经营业绩水平和重要特征,从而掌握认识总体分布特征和数量变化的技巧和方法,提高用统计思想和方法解决实际问题的能力。

#### 2. 上市公司年报财务数据统计分析的任务

对纷繁的数据进行不同的分类、分组、汇总、综合、分析、归纳、推断,显示上市公司财务报告中的主要财务指标的分布形态和主要特性,寻找财务指标之间的相互关系和表现规律。

#### 3. 上市公司年报财务数据统计分析的对象

本案例所引用资料取自《上海证券报》,包括了制造业 560 家上市公司。共选有 8 个财务指标:总资产、净利润、主营业务收入、净资产、每股收益、每股净资产、净资产收益率和股东权益比率。其中,前 4 个为反映资产、收益方面的总量指标,后 4 个为反映盈利能力、业绩水平的相对指标。

#### 4. 数据的初步分析——制造业上市公司行业结构

在制造业中,生产不同产品的企业或公司具有不同的规模,占有不等的资源要素,它们的总股本、净利润、净资产收益率必然存在很大的差异。为了深入认识总体,首先要对制造业按其经济活动的特点进行行业分类。根据《上市公司分类指引》,制造业进一步分为 10 个行业种类,编码为 C0、C1、C2、…、C9。上述资料经计数整理后可得到如表 2-1 所示的分布。

这是一个品质标志分组的分布数列。从该数列中可以知道上市公司的行业结构。1999 年 560 个制造业上市公司中,约 27%是机械、仪表、设备制造业(包括汽车、

船舶、摩托车、家电等）；占 23%是石化类行业；而冶金、钢铁等金属非金属类公司约占 17%；通信电子业约占 9%。所以，制造业上市公司中传统产业占了较大比例。这些行业中大部分是国有或国有控股企业，是国企改革中率先建立现代企业制度进入资本市场的排头兵。行业的分布也体现了国家的产业政策导向，在 1999 年新发行的 A 股中，大盘股和高科技股明显增多，有力地支持了国企改革和高科技企业的发展，推动了上市公司的行业结构优化。

表 2-1　制造业上市公司行业分布

| 代　　码 | 行 业 分 类 | 上市公司数 | 比例(%) |
|---|---|---|---|
| C0 | 食品、饮料 | 48 | 8.57 |
| C1 | 纺织、服装、皮毛 | 45 | 8.04 |
| C2 | 木材、家具 | 2 | 0.36 |
| C3 | 造纸、印刷 | 16 | 2.86 |
| C4 | 石油、化学 | 130 | 23.21 |
| C5 | 橡胶、塑料 | 10 | 1.79 |
| C6 | 金属、非金属 | 96 | 17.14 |
| C7 | 机械、仪表、设备 | 151 | 26.96 |
| C8 | 通信、电子 | 51 | 9.11 |
| C9 | 其　　他 | 11 | 1.96 |
| | 合　　计 | 560 | 100.00 |

## 三、案例设计的思路

本案例研究的总体对象是某一特定时间的静态数据集，为了对它有一个全面和透彻的认识，一般应对其进行基本的特征描述和揭示各特征间主要的相互关系。根据这一目的，本案例按照如下程序对数据进行处理：

(1)分别对总体各单位的数量标志按值的大小作升序排列，以大概认识各变量的变化范围及其一般水平。

(2)分别计算总体各变量的特征值，进一步抽象认识各变量的分布特征，包括算术平均数、众数、方差、峰度、偏度等。

(3)分别根据特征指标绘制各变量的分布图，以形成对各变量分布的直观认识。

(4)分别按品质标志和数量标志对总体进行分类,通过计算派生指标深入认识总体各指标在不同类别间的差异，包括总体结构、强度、比例关系等。

(5)分别对总体各指标进行相关分析，了解各指标间的依存关系，在相关关系成立的基础上进行回归分析，从而更深层次地认识总体的规律与特征。

(6)在上述研究分析的基础上给出关于对对象的定性认识结论。

## 四、案例设计的工作过程

### (一) 数据整理与描述

1. 编制按各财务指标的变量数列

(1) 将数据按由小到大的顺序排列。

(2) 计算描述统计指标。

在 Excel "工具" 的 "数据分析" 中，选择 "描述统计"。"描述统计" 提供了所分析数据的主要描述指标和有关信息。其内容如下：

平均——算术平均数，即 $\bar{x} = \dfrac{\sum x}{n}$；　　　标准误差——抽样平均误差，即 $\dfrac{\sigma}{\sqrt{n}}$；

中值——中位数，即 $Me$；　　　　　　　模式——众数，即 $Mo$；

标准偏差——标准差，即 $\sigma$；　　　　　样本方差——方差，即 $\sigma^2$；

峰值——峰度，即 $\dfrac{m^4}{\sigma^4}$；　　　　　　偏斜度——偏度，即 $\dfrac{m^3}{\sigma^3}$；

区域——全距，即最大值减最小值；　　求和——标志总量；

计数——总体单位总数；　　　　　　　最大($K$)——第 $K$ 个最大值；

最小($K$)——第 $K$ 个最小值；

置信度—— "数据分析" 中默认概率为 95%(也可自行选择)的 1/2 误差范围。

(3) 分析描述统计指标。比较平均数、众数、中位数的大小，偏度系数的大小、方向等。

(4) 确定组数和组距。当偏度系数不大时，用斯特吉斯经验公式确定组数，即组数=$1+3.322\lg N$，其中，$N$ 为数据个数。偏度系数较大、分布明显偏态时，以平均数为中心，以 $K$ 倍标准差为组距。

(5) 整理成频数分布和直方图(或其他图形)，显示总体分布特征。

2. 制造业公司主要财务指标的分布

(1) 总资产分布数列和直方图。从表 2-2 可知，560 家公司的总资产呈高度偏态。总资产最大值约为 219 亿元，最小值约为 1.2 亿元，相差近 200 倍。将 6 个总资产 100 亿和 7 个 2 亿元以下的数据作为极值舍去，计算得到表 2-3 所示数据，此时的标准差和偏度系数都降低了，说明数据间的差异小了，但仍呈偏态，不能用斯特吉斯经验确定组数。

不论何种分布，均值和方差都是分布的两个主要特征值。根据切比雪夫定理，可以平均数为中心，以 $K$ 倍的标准差为组距，因为此时平均数±$K$ 倍的标准差所涵盖的数据范围不小于 $1-1/K^2$。

表 2-2　总资产描述统计（一）　　　　　　　　　（单位：万元）

| 平均 | 158315.1 |
|---|---|
| 标准误差 | 8970.946 |
| 中值 | 95296.9 |
| 标准偏差 | 212291.3 |
| 样本方差 | 4.51E+10 |
| 峰值 | 30.19077 |
| 偏斜度 | 4.705128 |
| 区域 | 2178598 |
| 最小值 | 12256.69 |
| 最大值 | 2190846 |
| 求和 | 88656452 |
| 计数 | 560 |
| 置信度(95%) | 17620.89 |

表 2-3　总资产描述统计（二）　　　　　　　　　（单位：万元）

| 平均 | 144640.7 |
|---|---|
| 标准误差 | 6388.948 |
| 中值 | 95410.48 |
| 标准偏差 | 149424.9 |
| 样本方差 | 2.23E+10 |
| 峰值 | 9.916375 |
| 偏斜度 | 2.885238 |
| 区域 | 955269.6 |
| 最小值 | 21671.49 |
| 最大值 | 976941.1 |
| 求和 | 79118478 |
| 计数 | 547 |
| 置信度(95%) | 12549.92 |

本案例中，均值约为 14.5 亿元，中位数约为 9.5 亿元，标准差约为 15 亿元，说明 560 家公司的总资产分布为右偏态。若以 1 个标准差为组距，则中位数以下部分的描述势必过于概括。所以考虑用 1/2 标准差，即以 7.5 亿元为组距，由于 100 亿元以上只有 7 家，故将 105 亿元以上并为一组，组数=15。分组后变量数列及直方图如表 2-4 和图 2-1 所示。

从图表中可以知道，制造业中，总资产平均规模在 15 亿元左右。约 82% 的上市公司总资产在 22.5 亿元以下，100 亿元以上的只有约 1%。

表 2-4　560 家上市公司总资产分组统计

| 分　组(万元) | 频　数 | 频　率(%) |
|---|---|---|
| 75000 以下 | 209 | 37.32 |
| 75000～150000 | 192 | 34.29 |
| 150000～225000 | 64 | 11.43 |
| 225000～300000 | 33 | 5.89 |
| 300000～375000 | 18 | 3.21 |
| 375000～450000 | 15 | 2.68 |
| 450000～525000 | 4 | 0.71 |
| 525000～600000 | 2 | 0.36 |
| 600000～675000 | 4 | 0.71 |
| 675000～750000 | 6 | 1.07 |
| 750000～825000 | 2 | 0.36 |
| 825000～900000 | 1 | 0.18 |
| 900000～975000 | 3 | 0.54 |
| 975000～1050000 | 1 | 0.18 |
| 1050000 以上 | 6 | 1.07 |
| 合　　计 | 560 | 100.00 |

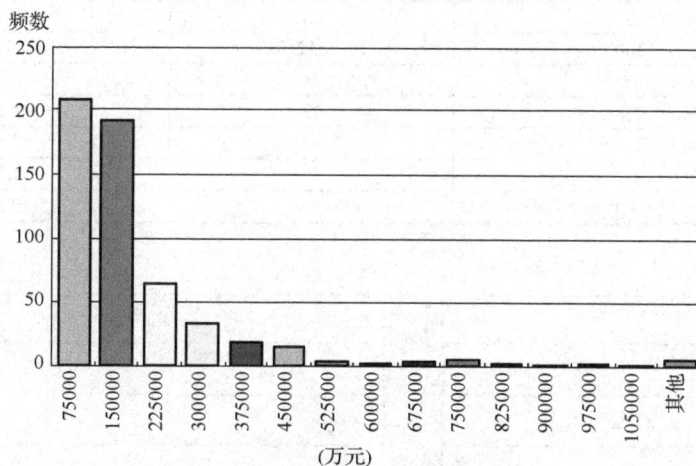

图 2-1　560 家制造业公司总资产分布

　　(2)净利润分布数列和直方图。净利润分布呈右偏态,以 1/2 标准差 6500 万元为组距,可分 17 组。分组后 3.25 亿元以上各组不仅频数少,而且有两组频数为 0。这种情况下可考虑合并这些组,因为合并后的数列并未影响总体特征的描述,如表 2-6 和图 2-2 所示。

　　将亏损 1.3 亿元以下的公司合并为一组,3.25 亿元以上的公司合并为一组,组数减少到 9 组,总体仍为右偏态。

表 2-5  净利润描述统计　　　　　　　　　　　　（单位：万元）

| | |
|---|---|
| 平均 | 6669.48 |
| 标准误差 | 516.2828 |
| 中值 | 4120.164 |
| 标准偏差 | 12217.48 |
| 样本方差 | 1.49E+08 |
| 峰值 | 11.33344 |
| 偏斜度 | 2.485572 |
| 区域 | 112886.5 |
| 最小值 | −37417.9 |
| 最大值 | 75468.6 |
| 求和 | 3734913 |
| 计数 | 560 |
| 置信度(95%) | 1014.092 |

表 2-6  560 家上市公司净利润分布　　　　　　（单位：万元）

| 净利润分组（万元） | 频　数 | 频　率(%) |
|---|---|---|
| −13000 以下 | 14 | 2.50 |
| −13000～−6500 | 10 | 0.79 |
| −6500～0 | 22 | 3.93 |
| 0～6500 | 332 | 59.29 |
| 6500～13000 | 112 | 20.00 |
| 13000～19500 | 24 | 4.29 |
| 19500～26000 | 13 | 2.32 |
| 26000～32500 | 16 | 2.86 |
| 32500 以上 | 17 | 3.04 |
| 合　　计 | 560 | 100.00 |

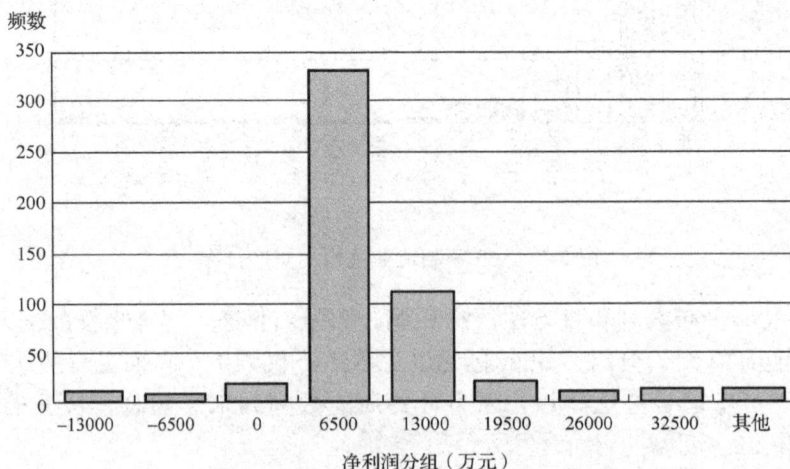

图 2-2  560 家上市公司净利润分布

根据整理后的净利润资料，我们注意到：

第一，制造业中，1999 年度 46 家公司亏损，亏损面超过 8.2%，最多的亏损 3.93 亿元。

第二，制造业 1999 年度净利润总额为 373.9 亿元，受亏损公司的影响，560 家公司总体平均利润只有 6500 万元。约 79%的上市公司的净利润在 0～1.3 亿元之间。

(3)每股收益分布数列和直方图。每股收益是强度相对指标。从描述统计指标看，舍弃 4 个较小值和较大值后，均值、中位数、众数比较接近，偏度系数也不很大(见表 2-7 和表 2-8)。尝试按经验公式确定组数：组数=1+3.322×lg560=10，组距=2/10=0.2。极值用开口组处理，如表 2-9 和图 2-3 所示。

表 2-7　每股收益描述统计(一)　　　　　　　　(单位：万元)

| | |
|---|---|
| 平均 | 0.199427 |
| 标准误差 | 0.011551 |
| 中值 | 0.2225 |
| 标准偏差 | 0.273352 |
| 样本方差 | 0.074721 |
| 峰值 | 6.75641 |
| 偏斜度 | −1.51182 |
| 区域 | 2.632 |
| 最小值 | −1.28 |
| 最大值 | 1.352 |
| 求和 | 111.6792 |
| 计数 | 560 |
| 置信度(95%) | 0.022689 |

表 2-8　每股收益描述统计(二)　　　　　　　　(单位：万元)

| | |
|---|---|
| 平均 | 0.204943 |
| 标准误差 | 0.010571 |
| 中值 | 0.223 |
| 标准偏差 | 0.249255 |
| 样本方差 | 0.062128 |
| 峰值 | 4.912174 |
| 偏斜度 | −1.27499 |

| 区域 | 1.8891 |
|---|---|
| 最小值 | −0.98 |
| 最大值 | 0.9091 |
| 求和 | 113.9482 |
| 计数 | 556 |
| 置信度(95%) | 0.020764 |

每股收益是指总股本平均的净利润，它排除了股本规模大小对净利润水平高低影响，反映了上市公司经营业绩水平。不仅在行业之间，而且可以在公司之间进行比较。从表 2-9、图 2-3 可以看出 560 家公司每股收益的特点如下：

第一，1999 年制造业的每股收益的分布略呈左偏态，即平均数为 0.2 元，但是多数公司每股收益高于 0.2 元。

第二，约 35% 的公司在 0.01～0.2 元的微利水平；约 52% 的公司盈利水平在 0.2～0.6 元之间；26 家公司盈利水平较高，在 0.6 元以上，但只占约 4.5%。

表 2-9　560 家上市公司每股收益分组统计

| 分　组 | 频　数 | 频　率(%) |
|---|---|---|
| −0.6 以下 | 14 | 2.50 |
| −0.6～−0.4 | 6 | 1.07 |
| −0.4～−0.2 | 13 | 2.32 |
| −0.2～0 | 13 | 2.32 |
| 0～0.2 | 197 | 35.18 |
| 0.2～0.4 | 231 | 41.25 |
| 0.4～0.6 | 60 | 10.71 |
| 0.6～0.8 | 19 | 3.39 |
| 0.8～1.0 | 6 | 1.07 |
| 1.0 以上 | 1 | 0.18 |
| 合　计 | 560 | 100.00 |

(4) 净资产收益率分布数列和直方图。由于资料中两个公司(0515PT 渝钛白和 600818ST 永久)的净利润、净资产为负值，所以此处只有 558 个公司的数据，见表 2-10。558 个公司的净资产率呈高度左偏态。净资产收益率过高或过低都属不正常情况。舍弃 40% 以上和 −40% 以下的 18 个极端值后，描述指标基本正常，见表 2-11。以 1 倍标准差 8% 为组距、48% 以上和 −48% 以下合并各 1 组，共分 14 组。表 2-12 和图 2-4 显示，集中趋势非常明显。

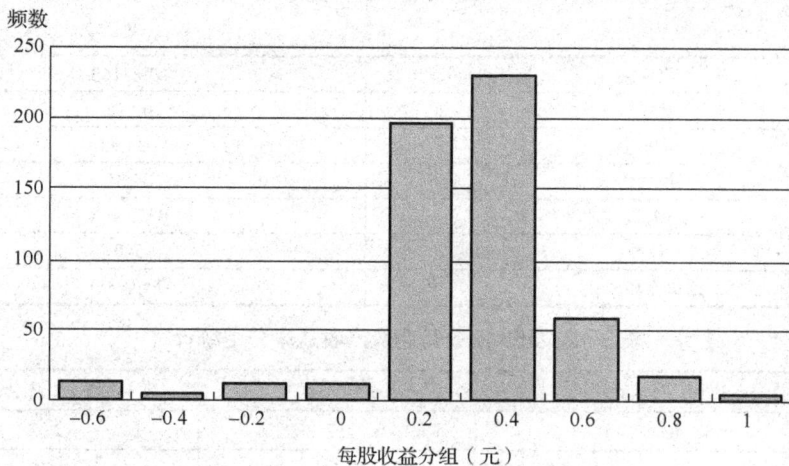

图 2-3　560 家上市公司每股收益分布

### 表 2-10　净资产收益率(一)　　　　　　　　　(单位：万元)

| | |
|---|---|
| 平均 | 2.971477 |
| 标准误差 | 1.993256 |
| 中值 | 9.04 |
| 标准偏差 | 47.08475 |
| 样本方差 | 2216.974 |
| 峰值 | 117.5889 |
| 偏斜度 | −10.1028 |
| 区域 | 736.156 |
| 最小值 | −639.53 |
| 最大值 | 96.626 |
| 求和 | 1658.08 |
| 计数 | 558 |
| 置信度(95%) | 3.915216 |

### 表 2-11　净资产收益率(二)　　　　　　　　　(单位：万元)

| | |
|---|---|
| 平均 | 8.006386 |
| 标准误差 | 0.352228 |
| 中值 | 9.14 |
| 标准偏差 | 8.185041 |
| 样本方差 | 66.9949 |
| 峰值 | 6.881908 |

续表

| | |
|---|---|
| 偏斜度 | −1.63102 |
| 区域 | 69.26 |
| 最小值 | −34.92 |
| 最大值 | 34.34 |
| 求和 | 4323.448 |
| 计数 | 540 |
| 置信度(95%) | 0.691909 |

表2-12　558家公司净资产收益率分组统计

| 分　组(%) | 频　数 | 频　率(%) |
|---|---|---|
| 小于−48 | 13 | 2.33 |
| −48～−40 | 1 | 0.18 |
| −40～−32 | 2 | 0.36 |
| −32～−24 | 5 | 0.90 |
| −24～−16 | 6 | 4.08 |
| −16～−8 | 8 | 1.43 |
| −8～0 | 10 | 1.79 |
| 0～8 | 190 | 34.05 |
| 8～16 | 270 | 48.39 |
| 16～24 | 39 | 6.99 |
| 24～32 | 7 | 1.25 |
| 32～40 | 3 | 0.54 |
| 40～48 | 1 | 0.18 |
| 大于48 | 3 | 0.54 |
| 合计 | 558 | 100.00 |

净资产收益率是评价净资产盈利能力的综合指标，代表了总体的或行业的盈利水平。从统计资料可以看到：

第一，1999年度制造业的总体净资产收益率约为9%（这里采用了中位数，因为忽略极值后中位数没有变化，但平均数却差了几倍，而净资产收益率极端值是个别特殊原因所致）。

第二，约8%的公司亏损，与每股收益分析的结论一致。

第三，约34%的公司净资产收益率在0.1%～8%之间；约48%的公司在0.8%～16%之间。

第四，约8%的公司净资产在16%～32%的高水平上，从行业看，这些公司集中在生物制药、通信电子、汽车等高新技术产业，显示出发展最快、盈利水平最强的势头。

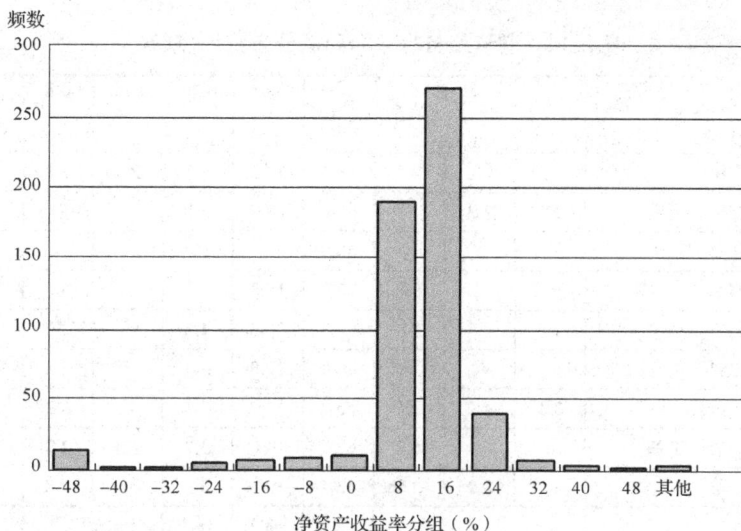

图 2-4 558 家上市公司净资产收益率分布

## 3. 制造业各行业主要财务指标的分布

接下来利用复合分组统计表的形式，展示制造业内部各行业的净利润、每股收益、净资产收益率的分布特征。

(1) 制造业各行业净利润分布频数统计表和频率统计表。合计栏显示的是总体的净利润分布频数或频率，其他各栏显示的是各行业的分布(见表 2-13 和表 2-14)。

表 2-13 制造业各行业净利润分布统计(频数)

| 代码 | 净利润分组(万元)<br>行业分类 | 小于<br>−1.3 | −1.3<br>~<br>−0.65 | −0.65<br>~0 | 0~<br>0.65 | 0.65<br>~<br>1.3 | 1.3<br>~<br>1.95 | 1.95<br>~<br>2.6 | 2.6<br>~<br>3.25 | 大于<br>3.25 | 合计 |
|---|---|---|---|---|---|---|---|---|---|---|---|
| C0 | 食品、饮料 | | 1 | | 27 | 14 | 3 | 1 | 1 | 1 | 48 |
| C1 | 纺织、服装、皮毛 | 1 | 1 | 2 | 27 | 13 | 1 | | | | 45 |
| C2 | 木材、家具 | | | 1 | 1 | | | | | | 2 |
| C3 | 造纸、印刷 | | | 1 | 12 | 3 | | | | | 16 |
| C4 | 石油、化工 | 2 | 2 | 5 | 81 | 28 | 6 | | 2 | 4 | 130 |
| C5 | 橡胶、塑料 | | | | 8 | 1 | 1 | | | | 10 |
| C6 | 金属、非金属 | 3 | 4 | 2 | 53 | 17 | 4 | 3 | 5 | 5 | 96 |
| C7 | 机械、仪表、设备 | 6 | | 10 | 94 | 24 | 4 | 5 | 4 | 4 | 151 |
| C8 | 通信、电子 | 2 | 2 | 1 | 22 | 10 | 3 | 4 | 4 | 3 | 51 |
| C9 | 其他 | | | | 7 | 2 | 2 | | | | 11 |
| | 合计 | 14 | 10 | 22 | 332 | 112 | 24 | 13 | 16 | 17 | 560 |

表 2-14　制造业各行业净利润分布统计(频率)　　　　　　　　(单位：%)

| 代码 | 净利润分组(万元) 行业分类 | 小于 -1.3 | -1.3 ~ -0.65 | -0.65 ~0 | 0~ 0.65 | 0.65 ~ 1.3 | 1.3 ~ 1.95 | 1.95 ~ 2.6 | 2.6 ~ 3.25 | 大于 3.25 | 合计 |
|---|---|---|---|---|---|---|---|---|---|---|---|
| C0 | 食品、饮料 | | 2.1 | | 56.3 | 29.2 | 6.3 | 2.1 | 2.1 | 2.1 | 100.0 |
| C1 | 纺织、服装、皮毛 | 2.2 | 2.2 | 4.4 | 60.0 | 28.9 | 2.2 | | | | 100.0 |
| C2 | 木材、家具 | | | 50 | 50.0 | | | | | | 100.0 |
| C3 | 造纸、印刷 | | | 6.3 | 75.0 | 18.8 | | | | | 100.0 |
| C4 | 石油、化工 | 1.5 | 1.5 | 3.8 | 62.3 | 21.5 | 4.6 | | 1.5 | 3.1 | 100.0 |
| C5 | 橡胶、塑料 | | | | 80.0 | 10.0 | 10.0 | | | | 100.0 |
| C6 | 金属、非金属 | 3.1 | 4.2 | 2.1 | 55.2 | 17.7 | 4.2 | 3.1 | 5.2 | 5.2 | 100.0 |
| C7 | 机械、仪表、设备 | 3.3 | | 6.7 | 62.7 | 16.0 | 2.7 | 3.3 | 2.7 | 2.7 | 100.0 |
| C8 | 通信、电子 | 3.9 | 3.9 | 2.0 | 43.1 | 19.6 | 5.9 | 7.8 | 7.8 | 5.9 | 100.0 |
| C9 | 其他 | | | | 63.6 | 18.2 | 18.2 | | | | 100.0 |
| | 合计 | 2.3 | 1.8 | 3.9 | 59.4 | 20.0 | 4.3 | 2.3 | 2.9 | 3.0 | 100.0 |

从表 2-13、表 2-14 中可以看到：

第一，总共 45 个亏损公司，占 8%，行业分布是：C7 亏损面最大，有 16 家，占 10.7%；其次是 C8、C6 和 C1，分别占 9.8%、9.4%、8.8%；C2 仅有 2 家公司，亏损 1 家。

第二，C5 和 C9 无亏损企业，且净利润水平均衡，集中在 0～19500 万元。

第三，净利润绝对水平的高低与行业类别有关联，净利润 3 亿元以上的集中在饮料、石化、冶金、电子、通信等行业；利润水平较低的有纺织、木材、家具及印刷、造纸行业。

(2) 制造业各行业每股净收益分布频数统计和频率统计。表 2-15 和表 2-16 显示的是不同行业每股收益的不同水平的分布。在 91.8% 的盈利公司中，若每股收益 0.6 元以上为绩优股，则绩优股的比例为 4.7%。绩优股的行业特征也非常明显：食品行业最高，为 8.4%，其后依次是通信、电子行业 7.9%，机械、仪表、设备 7.3%。从表面上看，其他行业最高(9.1%)，但是其他行业属于主营收入不明显的"收容"类，其较高的每股收益得益于多元化经营，因此在比较时应忽略。

表 2-15　制造业各行业每股收益分布统计(频数)

| 代码 | 净利润分组(元) 行业分类 | 小于 -0.6 | -0.6 ~ -0.4 | -0.4 ~ -0.2 | -0.2~ 0 | 0 ~ 0.2 | 0.2 ~ 0.4 | 0.4 ~ 0.6 | 0.6 ~ 0.8 | 0.8 ~ 1.0 | 大于 1.0 | 合计 |
|---|---|---|---|---|---|---|---|---|---|---|---|---|
| C0 | 食品、饮料 | 1 | | | | 10 | 24 | 9 | 2 | 1 | 1 | 48 |
| C1 | 纺织、服装、皮毛 | 1 | 2 | | 1 | 11 | 27 | 1 | 2 | | | 45 |
| C2 | 木材、家具 | | | | 1 | | 1 | | | | | 2 |
| C3 | 造纸、印刷 | 1 | | | | 8 | 7 | | | | | 16 |

续表

| 代码 | 净利润分组(元) / 行业分类 | 小于 -0.6 | -0.6~ -0.4 | -0.4~ -0.2 | -0.2~ 0 | 0~ 0.2 | 0.2~ 0.4 | 0.4~ 0.6 | 0.6~ 0.8 | 0.8~ 1.0 | 大于 1.0 | 合计 |
|---|---|---|---|---|---|---|---|---|---|---|---|---|
| C4 | 石油、化工 | 3 | 1 | 2 | 3 | 58 | 52 | 9 | | 2 | | 130 |
| C5 | 橡胶、塑料 | | | | | 4 | 4 | 2 | | | | 10 |
| C6 | 金属、非金属 | 2 | | 6 | 1 | 32 | 43 | 10 | 2 | | | 96 |
| C7 | 机械、仪表、设备 | 2 | 3 | 4 | 7 | 56 | 52 | 16 | 9 | 2 | | 151 |
| C8 | 通信、电子 | 4 | | | 1 | 14 | 16 | 12 | 3 | 1 | | 51 |
| C9 | 其他 | | | | | 4 | 5 | 1 | 1 | | | 11 |
| | 合计 | 14 | 6 | 13 | 13 | 197 | 231 | 60 | 19 | 6 | 1 | 560 |

表 2-16　制造业各行业每股收益分布统计(频率)　　　　(单位：%)

| 代码 | 净利润分组(元) / 行业分类 | 小于 -0.6 | -0.6~ -0.4 | -0.4~ -0.2 | -0.2~ 0 | 0~ 0.2 | 0.2~ 0.4 | 0.4~ 0.6 | 0.6~ 0.8 | 0.8~ 1.0 | 大于 1.0 | 合计 |
|---|---|---|---|---|---|---|---|---|---|---|---|---|
| C0 | 食品、饮料 | 2.1 | | | | 20.9 | 50.0 | 18.8 | 4.2 | 2.1 | 2.1 | 100.0 |
| C1 | 纺织、服装、皮毛 | 2.2 | 4.4 | 2.2 | | 24.4 | 60.0 | 2.2 | 4.4 | | | 100.0 |
| C2 | 木材、家具 | | | | 50.0 | | 50.0 | | | | | 100.0 |
| C3 | 造纸、印刷 | 6.3 | | | | 50.0 | 43.8 | | | | | 100.0 |
| C4 | 石油、化工 | 2.3 | 0.8 | 1.5 | 2.3 | 44.6 | 40.0 | 6.9 | | 1.5 | | 100.0 |
| C5 | 橡胶、塑料 | | | | | 40.0 | 40.0 | 20.0 | | | | 100.0 |
| C6 | 金属、非金属 | 2.1 | | 6.3 | 1.0 | 33.3 | 44.8 | 10.4 | 2.1 | | | 100.0 |
| C7 | 机械、仪表、设备 | 1.3 | 2.0 | 2.6 | 4.6 | 37.1 | 34.4 | 10.6 | 6.0 | 1.3 | | 100.0 |
| C8 | 通信、电子 | 7.8 | | | 2.0 | 27.5 | 31.4 | 23.5 | 5.9 | 2.0 | | 100.0 |
| C9 | 其他 | | | | | 36.4 | 45.5 | 9.1 | 9.1 | | | 100.0 |
| | 合计 | 2.5 | 1.1 | 2.3 | 2.3 | 35.2 | 41.3 | 10.7 | 3.4 | 1.1 | 0.2 | 100.0 |

## (二)相关和回归分析

本案例的相关和回归分析研究主要是 8 个财务指标间的相互关系问题。各财务指标分别说明上市公司的财务状况的某一侧面。那么这些指标之间有无关系？若有关系，是什么样的关系？通过本案例的探讨，可以帮助我们筛选主要财务指标作为分析公司业绩变动的因素。

### 1. 制造业业绩指标之间的关系研究

表 2-17 所示是 8 个财务指标的指标间的线性相关系数，可以由 Excel "工具" 栏中 "数据分析" 的 "相关系数" 得到。注意，首次使用数据分析功能时，需加载分析工具库。具体方法为：单击 Excel 中的 "工具" 按钮，然后单击 "加载宏" 按钮，选择 "分析工具库" 复选框，然后单击 "确定" 按钮，如图 2-5 所示。加载分析工具库后，可从 "工具" 选项卡中使用 "数据分析" 命令。

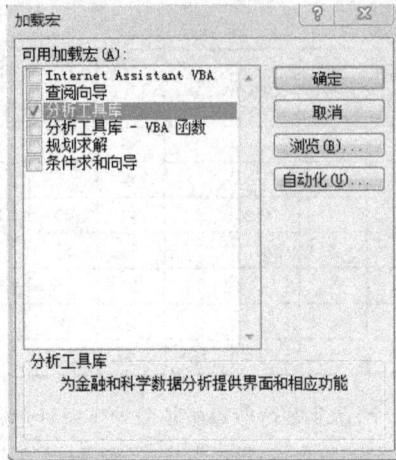

图 2-5　Excel 中加载宏

表 2-17　制造业有关业绩指标相关系数矩阵

| | 净资产收益率 | 净利润 | 净资产 | 总资产 | 主营业务收入 | 每股收益 | 每股净资产 | 股东权益比率 |
|---|---|---|---|---|---|---|---|---|
| 净资产收益率 | 1 | | | | | | | |
| 净利润 | 0.248 | 1 | | | | | | |
| 净资产 | 0.074 | 0.676 | 1 | | | | | |
| 总资产 | 0.052 | 0.626 | 0.929 | 1 | | | | |
| 主营业务收入 | 0.072 | 0.705 | 0.838 | 0.910 | 1 | | | |
| 每股收益 | 0.531 | 0.602 | 0.150 | 0.110 | 0.193 | 1 | | |
| 每股净资产 | 0.277 | 0.376 | 0.270 | 0.188 | 0.207 | 0.599 | 1 | |
| 股东权益比率 | 0.311 | 0.196 | 0.123 | −0.111 | −0.081 | 0.384 | 0.475 | 1 |

从表 2-17 可以得出以下几点结论：

（1）主营业务收入与总资产、净资产、净利润这些总量指标显著相关，其中与总资产高度正相关。总资产比较高时，主营业务收入也倾向于比较高，而主营业务收入比较高时，净资产、净利润也比较高。这从实际情况看是可以理解的。在正常情况下，制造业的净资产除了货币资金外，主要就是存货和厂房、设备等固定资产。尤其是固定资产，是生产活动的物质技术基础，其数量的多少、技术的高低决定了产品的方向及生产方式，从而决定了收入水平，并且决定了净资产的水平。

（2）虽然净资产收益率等于净利润除以净资产，但是净资产除了与净利润微弱相关外，与其他总量指标几乎不相关，也就是说，净资产收益率与资产规模、主营业务收入没有线性关系。主营业务收入水平高低并不决定盈利能力。

（3）几个相对指标之间，净资产收益率和每股收益显著正相关。在绝大多数行业中，这种相关程度均高于制造业总体的相关系数 0.53。这点告诉我们，在说明上市公司经营业绩时，净资产收益率和每股收益两个指标选择其中之一就够了。

（4）每股收益、每股净资产作为总量指标的派生指标，除每股收益与净利润外，其他均与净利润、净资产和总资产微弱相关，说明它们抽象了投入规模的不同，可在各行业、各类型的上市公司之间比较。

（5）一般地，派生指标与它们的分子指标相关系数要高于与它们的分母指标之间的相关系数。例如，净资产收益率与净利润的相关关系要高于与净资产的相关系数。

（6）就不同行业来看，各指标之间的相关系数均有所差别。表 2-18 显示：不论从整个制造业还是个行业，主营业务收入、净资产与总资产高度正相关是一致的；在相对指标上产生了分化。其他行业由于主业不明，指标之间相关也很微弱。除此之外，净资产收益率与净利润和每股收益呈现不同程度的相关，机械行业表现得最明显。

表 2-18　制造业上市公司行业有关指标的相关系数

| 行 业 分 类 | 主营业务收入与总资产 | 净资产与总资产 | 净资产收益率与净利润 | 净资产收益率与每股收益 |
|---|---|---|---|---|
| C0 食品、饮料 | 0.81 | 0.90 | 0.59 | 0.85 |
| C1 纺织、服装、皮毛 | 0.83 | 0.86 | 0.64 | 0.85 |
| C3 造纸、印刷 | 0.85 | 0.88 | 0.55 | 0.92 |
| C4 石油、化工 | 0.96 | 0.95 | 0.36 | 0.89 |
| C5 橡胶、塑料 | 0.96 | 0.97 | 0.88 | 0.94 |
| C6 金属、非金属 | 0.88 | 0.96 | 0.46 | 0.90 |
| C7 机械、仪表、设备 | 0.86 | 0.85 | 0.27 | 0.52 |
| C8 通信、电子 | 0.92 | 0.93 | 0.37 | 0.65 |
| C9 其他 | 0.81 | 0.39 | 0.08 | −0.06 |
| 合　计 | 0.91 | 0.93 | 0.25 | 0.53 |

2. 制造业业绩指标间的回归分析

回归分析是用函数关系近似描述相关关系的表现形式，它反映的是变量之间的一种变动规律。一般地，选择哪种形式的回归模型，可以通过观察散点图、根据专业知识和经验判断。本案例中，除以上两种外，还可以根据相关系数判断。由于皮尔逊相关系数是对两变量线性相关程度的测度，所以对显著相关的变量可建立线性回归函数来拟合变量之间的关系，即

$$y = b_0 + b_1 x_1 + b_2 x_2 + \cdots + \varepsilon$$

（1）主营业务收入与总资产的回归分析。由于主营业务收入与总资产的线性相关系数最大，以主营业务收入为因变量 $y$，总资产为自变量 $x$，用 560 家制造业公司数据建立一元线性回归方程

$$y = b_0 + b_1 x + \varepsilon$$

Excel "工具" 栏中 "数据分析" 的 "回归" 提供了回归分析的结果，见表 2-19。

**表 2-19　一元线性回归输出结果**

| 回归统计 | |
|---|---|
| Multiple R | 0.909813 |
| R Square | 0.82776 |
| Adjusted R Square | 0.827451 |
| 标准误差 | 65866.64 |
| 观测值 | 560 |

| 方差分析 | | | | | |
|---|---|---|---|---|---|
| | df | SS | MS | F | Significance F |
| 回归分析 | 1 | 1.16E+13 | 1.16E+13 | 2681.661 | 2.8E-215 |
| 残　差 | 558 | 2.42E+12 | 4.34E+09 | | |
| 总　计 | 559 | 1.41E+13 | | | |

| | Coefficients | 标准误差 | T 统计量 | P 值 | 下限 95.0% | 上限 95.0% |
|---|---|---|---|---|---|---|
| Intercept | −13975 | 3473.233 | −4.02362 | 6.52E−05 | −20797.2 | −7152.77 |
| X1 Variable | 0.679562 | 0.013123 | 51.78476 | 2.8E−215 | 0.653786 | 0.705339 |

由表 2-19 可知，主营业务收入对总资产的一元线性方程为

$$y = -13975 + 0.68x$$

回归系数说明，总资产每增加 1 万元，制造业主营业务收入平均增加 0.68 万元。从判定系数看，在总资产对主营业务收入的影响中，有 83%可以由该线性回归方程解释，从 $t$ 检验看，回归系数是显著的。

建立回归方程，不仅为我们描述了主营业务收入和总资产这两个指标间的联系形式，利用它还可以进行预报和控制。

给定总资产，可以对主营业务收入水平做区间估计。本案例样本较大，当 $x = x_0$ 时，$y$ 的 $1 - \alpha$ 置信区间为

$$y = \hat{y} \pm z_{\alpha/2} S_{xy}$$

这里的 $S_{xy}$ 是残差平均平方和 MS 的平方根，即"回归统计"表中的"标准误差"或从"方差分析"表资料中可以计算得到；$\hat{y}$ 是 $x = x_0$ 时回归方程得到的点估计值；$z_{\alpha/2}$ 是给定 $\alpha$ 时的临界值。

例如，我们想知道，当 $x = 20$（万元）时，主营业务收入 95%置信区间。
点估计值是 $\hat{y} = -13975 + 0.68 \times 200000 = 122025$（万元）；
估计值标准误差 $\sqrt{MS} = \sqrt{4340000000} = 65879$（万元）。
主营业务收入置信区间为 $122025 - 1.96 \times 65879 \leqslant y \leqslant 122025 + 1.96 \times 65879 = -7098 \sim 251148$，即总资产为 20 亿元规模时，估计主营业务收入的上限为 25 亿元，下限可能是亏损的。

（2）净利润与主营业务收入和每股收益的二元回归分析。

由于指标间的关系在不同行业表现各异，本案例仅研究了 C8——通信、电子行业，相关系数矩阵见表 2-20。

表 2-20　通信、电子有关业绩指标相关系数矩阵

| | 净资产收益率 | 净利润 | 净资产 | 总资产 | 主营业务收入 | 每股收益 | 每股净资产 | 股东权益比率 |
|---|---|---|---|---|---|---|---|---|
| 净资产收益率 | 1 | | | | | | | |
| 净利润 | 0.368 | 1 | | | | | | |
| 净资产 | 0.121 | 0.698 | 1 | | | | | |
| 总资产 | 0.102 | 0.752 | 0.938 | 1 | | | | |
| 主营业务收入 | 0.137 | 0.758 | 0.790 | 0.921 | 1 | | | |
| 每股收益 | 0.645 | 0.703 | 0.215 | 0.261 | 0.336 | 1 | | |
| 每股净资产 | 0.432 | 0.692 | 0.628 | 0.673 | 0.682 | 0.574 | 1 | |
| 股东权益比率 | 0.546 | 0.340 | 0.235 | 0.037 | −0.02 | 0.444 | 0.405 | 1 |

从定性分析角度知道，净利润与主营业务收入、总资产、净资产有密切关系，其相关系数又从定量角度给予证明。另外，从表 2-20 中还看到，净利润与每股收益、每股净资产也表现出了显著正相关的关系，可能的解释在于：财务指标不是孤立的，它们之间彼此有直接关系的影响，同时包含了间接关系的影响。可以用多元回归研究净利润和其他指标的关系。但是，在主营业务收入、总资产、净资产之间存在着高度关系，研究净利润与多个指标的关系时它们或者可以相互替代，或者必须删去以避免多重共线性对回归模型的影响。因此，这里选择主营业务收入和每股收益（它们之间的相关系数为 0.34，小于 0.5），建立净利润与主营业务收入和每股收益的二元线性回归方程。

利用 Excel 进行二元线性回归的结果如下：

回归统计

| | |
|---|---|
| Multiple R | 0.80514 |
| R Square | 0.64825 |
| Adjusted R Square | 0.633594 |
| 标准误差 | 8921.934 |
| 观测值 | 51 |

方差分析

| | df | SS | MS | F | Significance F |
|---|---|---|---|---|---|
| 回归分析 | 2 | 7.04E+09 | 3.52E+09 | 44.23029 | 1.29E-11 |
| 残　差 | 48 | 3.82E+09 | 79600902 | | |
| 总　计 | 50 | 1.09E+10 | | | |

| | Coefficients | 标准误差 | T 统计量 | P 值 | 下限 95.0% | 上限 95.0% |
|---|---|---|---|---|---|---|
| Intercept | 3329.767 | 1534.467 | 2.169983 | 0.034988 | 244.5164 | 6415.017 |
| X1 Variable | 0.048945 | 0.005851 | 8.365005 | 6.22E-11 | 0.03718 | 0.060709 |
| X2 Variable | 35.4842 | 11.39523 | 3.113951 | 0.00311 | 12.57256 | 58.39583 |

— 47 —

净利润 $y$ 与主营业务收入 $x_1$ 和每股收益 $x_2$ 的线性回归方程为

$$y = 3329.8 + 0.05x_1 + 35.5x_2$$

$T$ 检验的 $P$ 值，除了截距的 $P$ 值稍大，$b_1$、$b_2$ 的 $P$ 值均小于 0.05，回归系数是显著的。$F$ 检验的结果证明，模型整体也是显著的，即净利润与主营业务收入及每股收益整体看存在线性相关关系。

复相关系数为 0.81，高于净利润与主营业务收入及与每股收益的单相关系数。偏相关系数经计算可得

$$r_{y1(2)} = \frac{0.76 - 0.7 \times 0.34}{\sqrt{1-(0.7)^2}\sqrt{1-(0.34)^2}} = 0.78$$

$$r_{y2(1)} = \frac{0.7 - 0.76 \times 0.34}{\sqrt{1-(0.76)^2}\sqrt{1-(0.34)^2}} = 0.72$$

两个指标对净利润仍旧是正相关的关系，比较而言，主营业务收入（$x_1$）的影响更大些。

## 五、小结

### （一）案例对 560 家上市公司 1999 年报 8 个财务指标数据整理分析过程的优点

（1）整理频数分布的时候首先借助于描述指标的判断，使统计整理工作有了着眼点。当面对纷繁的、大量的原始数据，总体的分布及数据的分布特征根本无从得知。编制数据的频数分布从哪里着手呢？根据是什么呢？当然是数据总体的几个主要特征值：平均数（众数、中位数）、全距、方差、偏度等。而应用 Excel 的"数据分析"，这些特征值很容易得到。掌握了这些特征值，对分组的组数、组距的确定才有了依据。所以案例提出的方法，解决了整理频数分布的可操作性问题。

（2）在研究指标（变量）间关系时，利用相关系数矩阵全面比较判断，使进一步确定建立回归函数的形式、建立回归模型有了明确的依据。

### （二）几个有待进一步研究的问题

（1）频数分布的编制没有固定的模式，因此不是唯一的，采用不同的组距、组限，就有不同的分布数列。如何评价哪个数列最恰当或者最确切反映总体分布特征是一个值得研究的问题。

（2）统计整理中的制造业行业分组所汇总的统计表，是按照全行业整理时的组距分组的。对不同行业来说，这种组距、组数的划分不一定是最恰当的。若要研究某一行业情况，可根据其指标（变量）差异情况另行分组。

（3）相关系数矩阵表描述的是一元线性相关系数，反映的是线性关系的程度。线性相关系数值很小，只是说明两指标（变量）间不存在线性相关，但是否存在非线性

相关，需进一步测定。本案例中，通过散点图可以发现，有些指标如主营业务收入和每股收益之间，就存在非线性关系，其规律有待进一步研究。

# 案例 2　利兴铸造厂产品成本分析

## 一、案例背景

最近几年来，利兴铸造厂狠抓成本管理，提高经济效益，在降低原材料和能源消耗、提高劳动生产率以及增收节支等方面，取得了显著成绩，单位成本有明显下降，基本扭转了亏损局面。但是各月单位成本起伏很大，有的月份盈利，有的月份利少甚至亏损。为了控制成本波动，并指导今后的生产经营，利兴铸造厂统计科专门进行了产品分析。

## 二、案例分析

首先研究单位成本与产量的关系（见表 2-21）。

从表 2-21 可以看出，铸铁件单位成本波动很大，在 15 个月中，最高的上年 4 月单位成本达到 800 元，最低的今年 3 月单位成本为 570 元，全距是 230 元，上年 2、4、5、9 等 4 个月成本高于出厂价，出现亏损，而今年 3 月毛利率达到 26.31%，即 (720–570)/570。

表 2-21　铸铁件产量及单位成本

| 年　　　月 | 铸铁件产量（吨） | 单位产品成本（元） | 出厂价（元/件） |
|---|---|---|---|
| 上年 1 月 | 810 | 670 | 750 |
| 2 月 | 547 | 780 | 750 |
| 3 月 | 900 | 620 | 750 |
| 4 月 | 530 | 800 | 750 |
| 5 月 | 540 | 780 | 750 |
| 6 月 | 800 | 675 | 750 |
| 7 月 | 820 | 650 | 730 |
| 8 月 | 850 | 620 | 730 |
| 9 月 | 600 | 735 | 730 |
| 10 月 | 690 | 720 | 730 |
| 11 月 | 700 | 715 | 730 |
| 12 月 | 860 | 610 | 730 |
| 今年 1 月 | 920 | 580 | 720 |
| 2 月 | 840 | 630 | 720 |
| 3 月 | 1000 | 570 | 720 |

成本波动很大的原因是什么呢？从表 2-21 可以发现，单位成本的波动与产量有关。上年 4 月成本最高，而产量最低，今年 3 月成本最低，而产量最高，去年亏损的 4 个月，产量普遍低。这显然是个规模经济效益问题。在成本构成中，可以分为固定成本和变动成本两部分，根据利兴铸造厂的实际情况，变动成本主要包括折旧费用、管理费用和财务费用。在财务费用中绝大部分是贷款利息，由于贷款余额大，在短期内无力偿还，所以每个月的贷款利息支出基本上是一项固定开支，不可能随产量的变动而变动，故将贷款利息列入固定成本之中。从目前情况看，在成本构成中，固定成本所占的比重较大，每月产量大，分摊在单位产品中的固定成本就小，如果产量小，分摊在单位产品中的固定成本就大，所以每月产量的多少，直接影响单位成本的波动。

为了论证单位成本与产量之间是否存在相关关系，并找出其内在规律，以指导今后的工作，现计算相关系数，并建立回归方程。

列表整理资料见表 2-22，为了便于比较，15 个月的资料按产量排序。

表 2-22　铸铁件产量与单位成本的回归计算表

| 序号 | 铸铁件产量 $x$（吨） | 单位产品成本 $y$（元） | $x^2$ | $y^2$ | $xy$ |
|---|---|---|---|---|---|
| 1 | 530 | 800 | 280900 | 640000 | 424000 |
| 2 | 540 | 780 | 291600 | 608400 | 421200 |
| 3 | 547 | 780 | 299209 | 608400 | 426660 |
| 4 | 600 | 735 | 360000 | 540225 | 441000 |
| 5 | 690 | 720 | 476100 | 518400 | 496800 |
| 6 | 700 | 715 | 490000 | 511225 | 500500 |
| 7 | 800 | 675 | 640000 | 455625 | 540000 |
| 8 | 810 | 670 | 656100 | 448900 | 542700 |
| 9 | 820 | 650 | 672400 | 422500 | 533000 |
| 10 | 840 | 630 | 705600 | 396900 | 529200 |
| 11 | 850 | 620 | 722500 | 384400 | 527000 |
| 12 | 860 | 610 | 739600 | 372100 | 524600 |
| 13 | 900 | 620 | 810000 | 384400 | 558000 |
| 14 | 920 | 580 | 846400 | 336400 | 533600 |
| 15 | 1000 | 570 | 1000000 | 324900 | 570000 |
| Σ | 11407 | 10155 | 8999049 | 6952775 | 7568260 |

首先计算相关系数。设 $r$ 代表相关系数，则

$$r = \frac{n\sum xy - \sum x \sum y}{\sqrt{n\sum x^2 - (\sum x)^2}\sqrt{n\sum y^2 - (\sum y)^2}} = -0.9841$$

计算结果表明，单位成本与产量之间，存在着高度相关，相关系数约为 -0.98。

由此可见，单位成本与产量之间存在高度负相关，主要有两个原因。一个原因是一般的规模效益：在单位成本中包含变动成本和固定成本两个部分，分摊到每个单位产品上的固定成本是随产量的变化而变化的。产量多，分摊到每个单位产品上的固定成本就少；产量少，分摊到每个单位产品上的固定成本就多。另一个原因是贷款利息支出大，增大了固定成本。在正常情况下，贷款的多少是随产量变化而变化的，贷款利息应该计算在变动成本中，可是现在贷款余额大，短期内又无偿还能力，银行利息成为每个月固定开支的费用，因此，它成为固定成本的重要组成部分。

　　为了有效地控制成本，不断提高经济效益，除继续采取措施增收节支之外，还必须努力增加产量和销售量，增加产量是降低单位成本的重要途径。

　　为了掌握在不同产量条件的单位成本，根据实际情况建立了单位成本对产量的回归方程：设各月铸铁件产量为自变量 $x$，单位成本为因变量 $y$，按照资料作散点图，图形呈直线趋势，配合直线方程式 $y = a + bx$。

　　上式称为单位成本 $y$ 对产量 $x$ 的回归直线，也称 $y$ 对 $x$ 的回归方程。回归直线的斜率 $b$ 称为回归系数，它表示当 $x$ 增加一个单位时 $y$ 的平均增加量，说明存在回归关系的两个变量之间的数量关系。式中，$a$ 为直线方程的常数项，就是说，当 $x=0$ 时，$y=a$，所以 $a$ 为 $x=0$ 时直线在 $y$ 轴上的截距。

　　根据最小平方法得到两个标准方程式：

$$\begin{cases} \sum y = na + b\sum x \\ \sum xy = a\sum x + b\sum x^2 \end{cases}$$

　　解此方程组，得 $a,b$ 两个参数的计算公式如下：

$$\begin{cases} b = \dfrac{\sum xy - \dfrac{\sum x \sum y}{n}}{\sum x^2 - \dfrac{(\sum x)^2}{n}} \\ a = \dfrac{\sum y}{n} - b\dfrac{\sum x}{n} \end{cases}$$

　　按照表 2-22 的资料，代入公式计算如下：

$$b = \frac{\sum xy - \dfrac{\sum x \sum y}{n}}{\sum x^2 - \dfrac{(\sum x)^2}{n}} = \frac{7568260 - \dfrac{11407 \times 10155}{15}}{4990409 - \dfrac{11407^2}{15}}$$

$$= \frac{7568260 - 7722539}{8990409 - 8674643} = \frac{-154279}{315766} = -0.49$$

$$a = \frac{\sum y}{n} - b\frac{\sum x}{n} = \frac{10155}{15} - (-0.49) \times \frac{11407}{15}$$

$$= 677 + 0.49 \times 760 = 1049$$

即 $\hat{y} = a + bx = 1049 - 0.49x$。

计算结果表明，铸铁件产量每增加 1 吨，单位成本可以下降 0.49 元。这里，也可以按照上一个案例的方法用 Excel 求解回归方程。设月产量为 700 吨，则单位成本为

$$\hat{y} = 1049 - 0.49 \times 700 = 703(元)$$

即月产量达到 700 吨以上的规模，按目前的出厂价格，可以保持较好的经济效益。

### 三、小结

(1)规模效益是企业生产经营中的一条规律,本案例中利兴铸造厂结合本企业的实际情况，具体计算产量与单位成本之间的相关系数和回归方程，将规模效益量化，就能够更自觉地应用规模效益这条规律，指导生产经营，从而促进提高经济效益。

(2)本案例是应用统计资料和统计方法揭示规律,说明规模效益在利兴铸造厂当时条件下的具体表现，用以指导生产经营，促进提高经济效益。这说明统计在企业经营管理中具有重要的作用。

## 案例 3　石油炼厂提高液化气收率统计分析

### 一、问题的提出

某石油炼厂的催化装置通过高温及催化剂对原料的作用进行反应，生成各种产品，其中液化气用途广泛、易于储存运输，所以，提高液化气收率，降低不凝气体产量，成为提高经济效益的关键问题。

通过观察和分析，发现回流温度是影响液化气收率的主要原因，因此，只有确定二者之间的相关关系，寻找适当的回流温度，才能达到提高液化气收率的目的。经认真分析、仔细研究，确定了在保持原有轻油收率的前提下，液化气收率比去年同期增长 1 个百分点的目标，即达到 12.24% 的液化气收率。

### 二、回归方程的建立及检验

1. 数据的收集

目标值确定之后,我们收集了某年某季度的回流温度与液化气收率的 30 组数据（见表 2-23），进行简单直线回归分析。

表 2-23　回流温度与液化气收率数据

| 序　号 | 回流温度（℃） | 液化气收率（%） | 序　号 | 回流温度（℃） | 液化气收率（%） |
|---|---|---|---|---|---|
| 1 | 36 | 13.1 | 16 | 42 | 12.3 |
| 2 | 39 | 12.8 | 17 | 43 | 11.9 |
| 3 | 43 | 11.3 | 18 | 46 | 10.9 |
| 4 | 43 | 11.4 | 19 | 44 | 10.4 |
| 5 | 39 | 12.3 | 20 | 42 | 11.5 |
| 6 | 38 | 12.5 | 21 | 41 | 12.5 |
| 7 | 43 | 11.1 | 22 | 45 | 11.1 |
| 8 | 44 | 10.8 | 23 | 40 | 11.1 |
| 9 | 37 | 13.1 | 24 | 46 | 11.1 |
| 10 | 40 | 11.9 | 25 | 47 | 10.8 |
| 11 | 34 | 13.6 | 26 | 45 | 10.5 |
| 12 | 39 | 12.2 | 27 | 38 | 12.1 |
| 13 | 40 | 12.2 | 28 | 39 | 12.5 |
| 14 | 41 | 11.8 | 29 | 44 | 11.5 |
| 15 | 44 | 11.1 | 30 | 45 | 10.9 |

## 2. 回归模型的建立

用 Excel 绘制散点图，如图 2-6 所示，由图形可知，液化气收率 $y$ 随着回流温度 $x$ 的提高而降低。因此，建立描述 $y$ 与 $x$ 之间关系的模型时，首选直线型是合理的。设线性回归模型为 $y = \beta_0 + \beta_1 x + \varepsilon$，估计回归方程为 $\hat{y} = b_0 + b_1 x$。利用 Excel "数据分析" 工具中的 "回归"，得到如图 2-7 所示结果。

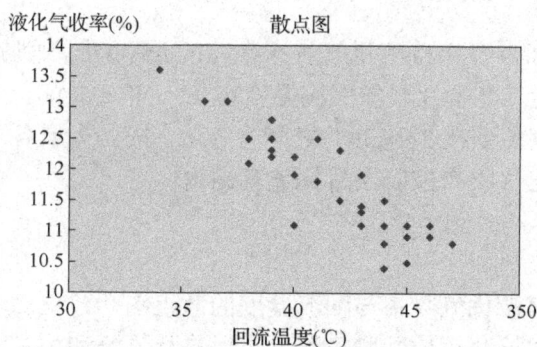

图 2-6　液化气收率与回流温度散点图

从 Excel 的输出结果可知，回归系数的最小二乘估计值 $b_0 = 21.263$ 和 $b_1 = -0.229$，于是回归方程为

$$\hat{y} = 21.263 - 0.229x$$

这就表明，回流温度每增加 1℃，估计液化气收率将减少 0.229%。

| 回归统计 | |
|---|---|
| Multiple | 0.889727 |
| R Square | 0.791614 |
| Adjusted | 0.784172 |
| 标准误差 | 0.388054 |
| 观测值 | 30 |

方差分析

| | df | SS | MS | F | gnificance F |
|---|---|---|---|---|---|
| 回归分析 | 1 | 16.01726 | 16.01726 | 106.3662 | 4.85E-11 |
| 残差 | 28 | 4.216407 | 0.150586 | | |
| 总计 | 29 | 20.23367 | | | |

| | Coefficien | 标准误差 | t Stat | P-value | Lower 95% | Upper 95% | 下限 95.0% | 上限 95.0% |
|---|---|---|---|---|---|---|---|---|
| Intercept | 21.26315 | 0.925768 | 22.96812 | 1.05E-19 | 19.3668 | 23.1595 | 19.3668 | 23.1595 |
| X Variabl | -0.22903 | 0.022207 | -10.3134 | 4.85E-11 | -0.27451 | -0.18354 | -0.27451 | -0.18354 |

图 2-7　Excel 回归分析输出结果

3. 回归模型检验

(1) 显著性检验。在 90% 的显著水平下，进行 $t$ 检验，拒绝域为 $|t| > t_{a/2} = 1.7011$。由 Excel 输出结果可得 $t = -10.313$，于是拒绝原假设，说明液化气收率与回流温度之间存在线性关系。

(2) 拟合度检验。由输出结果知判定系数 $r^2 = 0.792$，这意味着液化气收率的样本变差约有 80% 可以由它与回流温度的线性关系来解释。

$$r = -\sqrt{r^2} = -0.89$$

这样，$r$ 值为 $y$ 与 $x$ 之间存在中高度的负线性关系提供了进一步的证据。

## 三、回归方程分析

由回归方程可知，要保持液化气收率在 12.24% 以上，回流温度就必须控制在 39℃ 以下。因为装置工艺卡片要求回流温度在 33～40℃ 之间，为确保液化气质量合格，可以将回流温度控制在 33～39℃ 之间。为此，应当采取各项有效措施，改善外部操作环境，将液化气收率控制在目标值范围内。

## 四、小结

本案例通过观察液化气收率与回流温度的散点图，建立二者之间的线性回归方程并进行检验，通过检验后的回归方程，可以进行预测和控制。控制是预测的反问题，就是如何控制 $x$ 的值，使 $y$ 落在指定范围内，也就是给定 $y$ 的变化范围求 $x$ 的变化范围。本案例是应用回归方程对回流温度进行控制，为提高液化气收率提供了科学依据。

# 第3章　曲线回归预测案例

在实际生产运作中，自变量与因变量之间的关系往往不是线性的，而是非线性的。对于这种情况，需要进行线性拟合。如果曲线类型已知，则拟合效果会有保证；如果曲线类型未知，则可利用多项式回归，通过逐渐增加多项式的高次项来拟合。对于已知曲线类型的情况，有些类型往往可以转化成线性回归，比如，幂函数、指数函数、对数函数、倒数函数，以及抛物线函数等。

## 一、可线性化的曲线回归

### 1. 曲线类型的选择

建立曲线回归的关键在于确定曲线类型，通常用如下方法确定曲线的类型。

（1）图示法。变量间函数关系的类型，有的可以根据理论或过去积累的经验，事前予以确定。但是，在函数类型不能事先确定情况下，需要根据实际收集的资料绘制散点图，从散点图中点的分布形状选择适当的曲线进行拟合。

（2）直线化法。根据散点图进行直观比较，选择一种曲线类型，并通过引入新的变量将原数据进行转换，使其直线化，并用转换后的数据再次绘制散点图，若该图形为直线趋势，则表明选择的曲线类型是恰当的，否则重新选择。

确定了函数类型后，需要确定函数中未知参数，采用的是最小二乘法。只是在具体运用时，需要通过变量变换，将非线性关系变换成线性关系——线性化。只要得知了线性化的回归模型，后续工作就与线性回归模型一样了。

需要注意的是，曲线类型的确定需要综合多方面考虑。因为图示法要确定曲线类型时会遇到几种曲线形式相似的情况，此时需要反复进行几次回归，通过效果检验（误差检验）选择效果最好的模型进行拟合。

### 2. 常见的曲线回归线性化

事实上，选择合适的曲线类型并不是一件容易的事情，主要依靠专业知识和实践经验，也可以通过计算估计标准误差来确定。为便于选择曲线类型，这里给出常用的几种曲线及其线性化方法，见表3-1。

### 3. 模型效果检验

由于上述模型都可以通过恒等变换转换为线性回归模型，所以模型的效果检验应通过相应的线性回归模型的效果检验方法来检验。模型只有通过效果检验，才可以用于预测。例如，对于幂函数 $y = ax^b$，通过变换 $y' = \ln y$、$x' = \ln x$、$a' = \ln a$ 得到的

直线为 $y' = a' + bx'$，在进行回归模型的效果检验时应检验该直线的效果；而在写拟合方程时，则应将回归系数还原，即 $y = \mathrm{e}^a x^b$。需要指出的是，进行预测的目的不是纯粹数学上的讨论，更重要的是要和问题的实际背景相结合。因此，在对同一个问题进行讨论时，应尽可能多用几种模型进行对比，在通过检验的模型中得到不同的预测值之后，应结合预测对象的实际背景进行检验，从中选出更符合实际背景的预测值。

表 3-1  常见的几种曲线回归模型线性化方法

| 曲线名称 | 曲线形式 | 线性化方法 |
|---|---|---|
| 幂函数 | $y = ax^b$ | 令 $y' = \ln y$，$x' = \ln x$，$a' = \ln a'$，则 $y' = a' + bx'$ |
| 指数函数 | $y = ab^x$ | 令 $y' = \ln y$，$a' = \ln a$，$b' = \ln b$，则 $y' = a' + b'x$ |
| 对数函数 | $y = a + b\ln x$ | 令 $x' = \ln x$，则 $y = a + bx'$ |
| 倒数函数 | $y = \dfrac{x}{a + bx}$ | 令 $y' = \dfrac{x}{y}$，则 $y' = a + bx$ |
| 抛物线函数 | $y = ax + bx^2$ | 令 $y' = \dfrac{y}{x}$，则 $y' = a + bx$ |
| S 形函数<br>(Logistic 生产曲线) | $y = \dfrac{K}{1 + ae^{-bx}}$ | 令 $y' = \ln\left(\dfrac{K - y}{y}\right)$，$a' = \ln a, b' = -b$，其中 $K$ 的确定方法有如下两种：<br>(1) 如果观察值 $y$ 是累积频率，$y$ 无限增大的终极量为 100(%)，则 $K=100$；<br>(2) 当 $y$ 是生长量或繁殖量时，可取 3 对等间距观察值 $(x_{i-k}, y_{i-k})$、$(x_i, y_i)$ 和 $(x_{i+k}, y_{i+k})$ 通过联立方程组求得，即 $K = \dfrac{y_i^2(y_{i-k} + y_{i+k}) - 2y_{i-k}y_iy_{i+k}}{y_i^2 - y_{i-k}y_{i+k}}$，推导过程见案例 2 |

## 二、多项式回归

在实际生产运作中，大多数双变量资料并非表现为简单的线性关系，而常常表现为形式各异的非线性关系。这里讨论曲线回归的另一种形式——多项式回归。如果事先无法得知曲线的类型，则可考虑用多项式回归，其优点是可以通过增加自变量的高次项对原始数据进行逼近。

多项式回归的数学模型可写为

$$y = a + b_1 x + b_2 x^2 + \cdots + b_k x^k$$

由上式可知，当 $k=1$ 时，$y = a + b_1 x$，即为简单回归；当 $k=2$ 时，$y = a + b_1 x + b_2 x^2$，即为抛物线回归；当 $k=3$ 时，称之为三次多项式或三次曲线回归，以此类推。

多项式回归的最大优点在于，可对任何双变量数据资料进行回归拟合。要注意的是，$n$ 对观察值最多只能配到 $k=n-1$ 次多项式。随着 $k$ 的增大，包含的统计数也增多，从而使得计算量增多。一般可以根据数据资料的散点图来确定，散点图中曲线趋势的"峰"的数量+"谷"的数量+1，即为多项式回归的 $k$ 值。倘若散点波动大或峰谷两侧不对称，可再高一次或两次。多项式回归通常用于描述试验取值范围内的因变量依自变量的变化关系，外推一般不可靠。

多项式回归模型中的截距和回归系数，仍然是根据最小二乘法确定的。在实际中，可以借助计算机求解。

本章共安排 3 个案例，前两个案例是可线性化的曲线回归，第三个案例是多项式回归，都可以由 Excel 实现。

## 案例 1　烟叶烘烤时间与叶绿素含量的关系分析
### ——基于幂函数曲线拟合

### 一、问题的提出

为了研究 $CO_2$ 对变黄期烟叶叶绿素降解的影响，在 30 倍 $CO_2$ 浓度下测定了不同烘烤时间下的叶绿素含量（占干重百分比），其结果见表 3-2。试进行曲线拟合，并预测烘烤时间为 60h 时的叶绿素含量。

表 3-2　烘烤时间与叶绿素含量关系

| 烘烤时间 $x$(h) | 叶绿素含量 $y$ | $x'$(lgx) | $y'$(lgy) |
| --- | --- | --- | --- |
| 12 | 0.17430 | 1.079181 | −0.75870 |
| 15 | 0.11080 | 1.176091 | −0.95546 |
| 19 | 0.06340 | 1.278754 | −1.19791 |
| 25 | 0.05310 | 1.397940 | −1.27491 |
| 32 | 0.04155 | 1.505150 | −1.38143 |
| 35 | 0.04080 | 1.544068 | −1.38934 |
| 38 | 0.04020 | 1.579784 | −1.39577 |
| 41 | 0.03998 | 1.612784 | −1.39816 |
| 46 | 0.03762 | 1.662758 | −1.42458 |
| 49 | 0.03538 | 1.690196 | −1.45124 |
| 58 | 0.03533 | 1.763428 | −1.45186 |

### 二、分析过程

首先，用 $x$ 与 $y$ 的成对观察值绘制散点图，如图 3-1(a) 所示，由此可知，可以用幂函数曲线拟合。同时，为了更准确地选择曲线类型，绘制 $x'$ 和 $y'$ 的成对观察值的散点图，如图 3-1(b) 所示，可以看出，散点呈直线趋势，说明选择幂函数曲线进行拟合是比较恰当的。

其次，利用 Excel 求解模型，具体步骤如下。

单击"工具"→"数据分析"，选择"回归"。分别将 $x'$ 和 $y'$ 选入数据输入区域中，"输出区域"可以任意点选空白区域，完成后单击"确定"按钮，如图 3-2 所示。

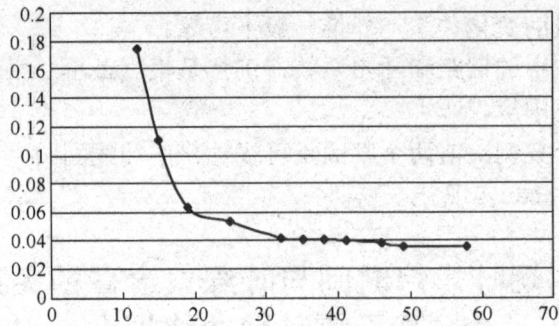

(a)

(b)

图 3-1  烟叶烘烤时间与叶绿素含量的散点图

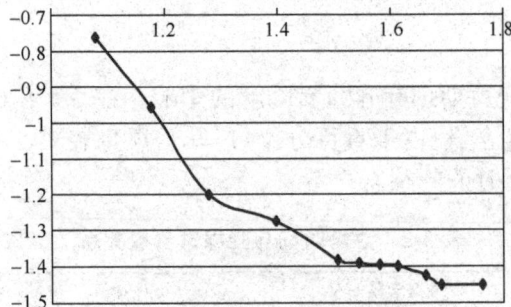

| | A | B | C | D |
|---|---|---|---|---|
| 1 | 烘烤时间x (h) | 叶绿素含量y | x' (lgx) | y' (lgy) |
| 2 | 12 | 0.1743 | 1.079181 | -0.7587 |
| 3 | 15 | 0.1108 | 1.176091 | -0.95546 |
| 4 | 19 | 0.0634 | 1.278754 | -1.19791 |
| 5 | 25 | 0.0531 | 1.39794 | -1.27491 |
| 6 | 32 | 0.04155 | 1.50515 | -1.38143 |
| 7 | 35 | 0.0408 | 1.544068 | -1.38934 |
| 8 | 38 | 0.0402 | 1.579784 | -1.39577 |
| 9 | 41 | 0.03998 | 1.612784 | -1.39816 |
| 10 | 46 | 0.03762 | 1.662758 | -1.42458 |
| 11 | 49 | 0.03538 | 1.690196 | -1.45124 |
| 12 | 58 | 0.03533 | 1.763428 | -1.45186 |
| 13 | | | | |
| 14 | | | | |
| 15 | | | | |
| 16 | | | | |
| 17 | | | | |

图 3-2  输入数据区域

输出结果如图 3-3 所示。由图 3-3 可知，所求回归方程为

$$y' = a' + bx' = 0.1465 - 0.9632x'$$

$$\Rightarrow \lg y = \lg a + b\lg x = \lg ax^b$$

$$\Rightarrow y = ax^b = 10^{0.1465}x^{-0.9632} = 1.4012x^{-0.9632}$$

SUMMARY OUTPUT

| | 回归统计 |
| --- | --- |
| Multiple R | 0.941644682 |
| R Square | 0.886694707 |
| Adjusted R Square | 0.87410523 |
| 标准误差 | 0.080380995 |
| 观测值 | 11 |

方差分析

| | df | SS | MS | F | Significance F |
| --- | --- | --- | --- | --- | --- |
| 回归分析 | 1 | 0.455065 | 0.455065 | 70.43142 | 1.50691E-05 |
| 残差 | 9 | 0.05815 | 0.006461 | | |
| 总计 | 10 | 0.513215 | | | |

| | Coefficients | 标准误差 | t Stat | P-value | Lower 95% | Upper 95% | 下限 95.0% | 上限 95.0% |
| --- | --- | --- | --- | --- | --- | --- | --- | --- |
| Intercept | 0.146511249 | 0.17169 | 0.853348 | 0.4156 | -0.241878408 | 0.5349009 | -0.2418784 | 0.53490091 |
| X Variable 1 | -0.963220053 | 0.114774 | -8.39234 | 1.51E-05 | -1.222856153 | -0.703584 | -1.2228562 | -0.703584 |

图 3-3　Excel 回归输出结果

该回归模型可决系数 $R^2 = 0.886695$，由 $F=70.43142$ 知，模型通过了显著性检验，因此，可以利用模型进行有效预测。将 $x = 60$ 代入模型中，可得 $y = 0.027149$，即烘烤时间为 60h 时，叶绿素含量为 0.027149。

### 三、小结

本案例如只需求出幂函数曲线回归的方程和可决系数，则可以直接利用图表方法快捷地获取，具体见案例 3 的"添加趋势线"。

在进行曲线类型的确定时，除了凭实践经验外，同时利用数据资料绘制散点图，有助于选择较好的曲线类型。在绘制散点图时，除了用原始数据的成对观察值绘制外，还可以用经过线性变换后的成对观察值绘制，以进一步判断所选曲线类型是否合适，本案例就是绘制了两个散点图来判断曲线类型。

## 案例 2　肉鸡生长过程数据分析
### ——基于 S 形函数曲线拟合

### 一、问题的提出

通过试验测得某种肉鸡在良好的生长条件下生长过程的数据资料见表 3-3，试利用拟合曲线预测第 15 周时肉鸡的体重。

表 3-3　肉鸡生长过程的数据资料

| 周次 x | 2 | 4 | 6 | 8 | 10 | 12 | 14 |
| --- | --- | --- | --- | --- | --- | --- | --- |
| 体重 y(kg) | 0.30 | 0.86 | 1.73 | 2.20 | 2.47 | 2.67 | 2.80 |
| $y'=\ln(K-y)/y$ | 2.13101 | 0.82733 | -0.45554 | -1.25527 | -1.93424 | -2.83359 | -4.64154 |

## 二、方法的确定

S 形函数，即 Logistic 生长曲线(Logistic Growth Curve)广泛应用于动植物的饲养、栽培、资源、生态、环保、市场等方面的模拟研究。其特点是，开始增长缓慢，而在以后的某一范围内增长迅速，达到某一限值后，增长又缓慢下来，曲线形似 S 形，所以也称 S 形函数。其方程为

$$y = \frac{K}{1 + a\mathrm{e}^{-bx}}$$

由上式可知，只要确定了 $K$ 值，就可以线性化，即

$$y = \frac{K}{1 + a\mathrm{e}^{-bx}} \Rightarrow \frac{K-y}{y} = a\mathrm{e}^{-bx} \xrightarrow{\text{两边取自然对数}}$$

$$\ln\left(\frac{K-y}{y}\right) = \ln a - bx \xrightarrow{\quad \diamondsuit y' = \ln\left(\frac{K-y}{y}\right), a' = \ln a, b' = -b \quad} y' = a' + b'x$$

其中，$K$ 值的确定方法有两种：

(1)如果观察值 $y$ 是累积频率，$y$ 无限增大的终极量为 100(%)，则 $K$=100。

(2)当 $y$ 是生长量或繁殖量时，可取 3 对等间距观察值$(x_{i-k}, y_{i-k})$、$(x_i, y_i)$ 和 $(x_{i+k}, y_{i+k})$，通过如下联立方程组求得：

$$\begin{cases} \dfrac{K-y_{i-k}}{y_{i-k}} = a\mathrm{e}^{-bx_{i-k}} \\ \dfrac{K-y_i}{y_i} = a\mathrm{e}^{-bx_i} \\ \dfrac{K-y_{i+k}}{y_{i+k}} = a\mathrm{e}^{-bx_{i+k}} \end{cases} \xrightarrow[\text{第二式除以第三式}]{\text{第一式除以第二式}} \begin{cases} \dfrac{y_i(K-y_{i-k})}{y_{i-k}(K-y_i)} = \mathrm{e}^{-b(x_{i-k}-x_i)} \\ \dfrac{y_{i+k}(K-y_i)}{y_i(K-y_{i+k})} = \mathrm{e}^{-b(x_i-x_{i+k})} \end{cases} \xrightarrow{\text{各式两边取自然对数}}$$

$$\begin{cases} \ln\dfrac{y_i(K-y_{i-k})}{y_{i-k}(K-y_i)} = -b(x_{i-k}-x_i) \\ \ln\dfrac{y_{i+k}(K-y_i)}{y_i(K-y_{i+k})} = -b(x_i-x_{i+k}) \end{cases} \xrightarrow{\text{两式相除}} \dfrac{y_i(K-y_{i-k})}{y_{i-k}(K-y_i)} = \left[\dfrac{y_{i+k}(K-y_i)}{y_i(K-y_{i+k})}\right]^{\frac{x_{i-k}-x_i}{x_i-x_{i+k}}}$$

等间距，故 $x_i = \dfrac{x_{i-k} + x_{i+k}}{2}$，即 $\dfrac{x_{i-k} - x_i}{x_i - x_{i+k}} = 1 \longrightarrow K = \dfrac{y_i^2(y_{i-k} + y_{i+k}) - 2y_{i-k}y_iy_{i+k}}{y_i^2 - y_{i-k}y_{i+k}}$

## 三、分析过程

根据表 3-2 中的数据资料绘制 $x$ 和 $y$ 成对观察值的散点图，如图 3-4(a)所示，

由此判断所符合的曲线类型。由图 3-4(a)可知,它与 S 形函数曲线很相近,因此可以选择 S 形曲线对肉鸡的体重进行拟合。

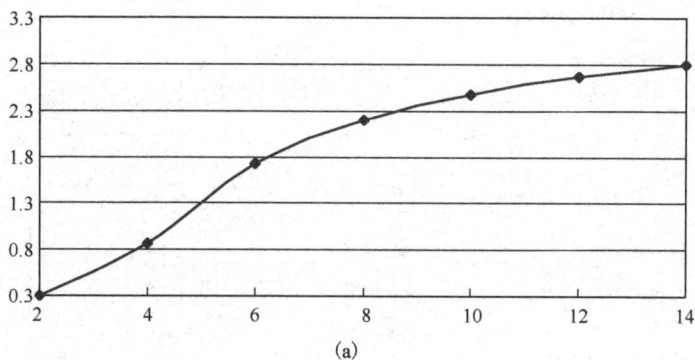

(a)

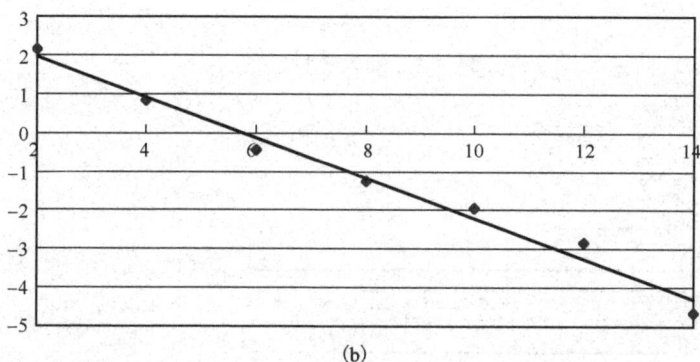

(b)

图 3-4 肉鸡体重与生长周次关系图

首先,求终极量 $K$。取等间距的 3 对观察值(2,0.30)、(8,2.20)和(14,2.80),计算得 $K=2.827$(kg)。同时,绘制 $x$ 和 $y'=\ln(K-y)/y$ 成对观察值的散点图,如图 3-4(b)所示,直线趋势明显,说明选择的 S 形函数是比较合适的。

其次,利用 Excel 求解模型,具体步骤如下:

(1)单击"工具"→"数据分析",选择"回归"。

(2)分别将 $x$ 和 $y$ 选入数据输入区域中,"输出区域"可以任意点选空白区域,完成后单击"确定"按钮,如图 3-5 所示。

输出结果如图 3-6 所示。由图 3-6 可知,所求回归方程为

$$y' = a' + b'x = 2.99376 - 0.51997x$$

$$\Rightarrow \ln\left(\frac{2.8270 - y}{y}\right) = \ln e^{2.99376} - \ln e^{-0.51997x}$$

$$\Rightarrow y = \frac{2.8270}{1 + 19.96063 e^{-0.51997x}}$$

可决系数 $R^2 = 0.982934$ ，$F=287.9766$ ，$P$ 值<0.05，因此该回归模型是显著的，可以利用该模型进行有效预测。将 $x = 15$ 代入方程，可得 $y = 2.804056$ ，即第 15 周时肉鸡的体重为 2.804056kg。

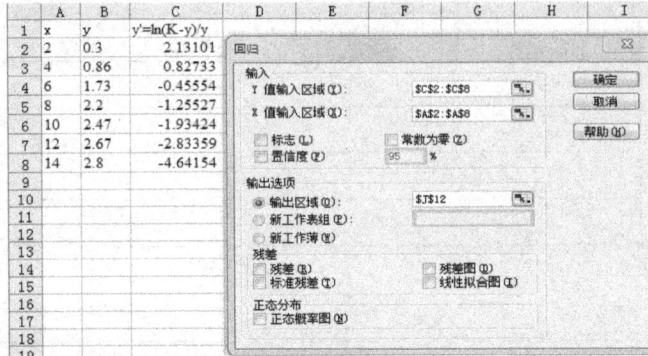

图 3-5　输入数据区域

图 3-6　Excel 回归输出结果

## 四、小结

本案例采用 Logistic 生长曲线对肉鸡生长过程进行拟合，Gompertz 曲线是另一种常见的 S 形生长曲线，其模型为 $y = K \exp(-ae^{-bx})$ ，其参数求法和 Logistic 函数类似。

# 案例 3　亚硫酸氢钠浓度与水稻剑叶的光合强度的回归——基于多项式回归

## 一、问题的提出

以光呼吸抑制剂亚硫酸氢钠的不同浓度溶液 $(x_i$ ，$100\mu g \cdot g^{-1})$ 喷射"沪选 19"水稻，2h 后测定剑叶的光合强度 $(y_i$ ，$CO_2mg \cdot dm^{-2} \cdot h^{-1})$ ，所得结果见表 3-4。

表 3-4　亚硫酸氢钠浓度与水稻剑叶的光合强度

| $x_i$ | 0 | 1 | 2 | 3 | 4 | 5 |
|---|---|---|---|---|---|---|
| $y_i$ | 19.10 | 23.05 | 23.33 | 21.33 | 20.05 | 19.35 |

试计算光合强度依亚硫酸氢钠浓度的多项式回归，预测浓度为 3.5 时的光合强度，并作图。

## 二、分析过程

首先，利用原始数据绘制散点图，如图 3-7 所示，由图可知曲线有一个"峰"，而且"峰"的两侧不对称，根据多项式的次数的确定原则，可以取多项式的次数为 3，即 $k=3$。

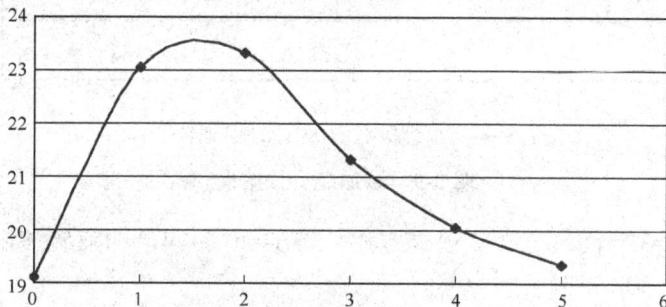

图 3-7　亚硫酸氢钠浓度与水稻剑叶的光合强度散点图

其次，选择"添加趋势线"命令。在图表中任意单击一个数据点以选中数据系列，然后右击，并在弹出的快捷菜单中选择"添加趋势线"命令。打开"添加趋势线"对话框，在"类型"选项卡中选择"多项式"的趋势线类型，并设置"阶数"为"3"，如图 3-8(a)所示。在"选项"选项卡中，勾选"显示公式"和"显示 R 平方值"复选框，如图 3-8(b)所示。然后单击"确定"按钮，所得结果如图 3-9 所示，即三次多项式回归方程为

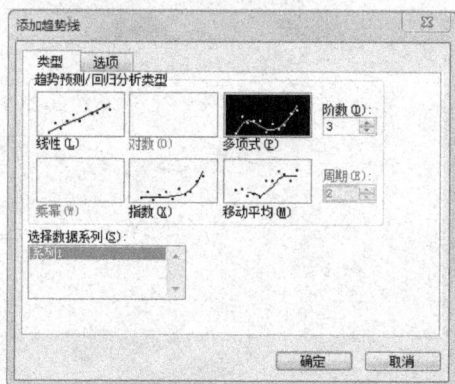

(a)

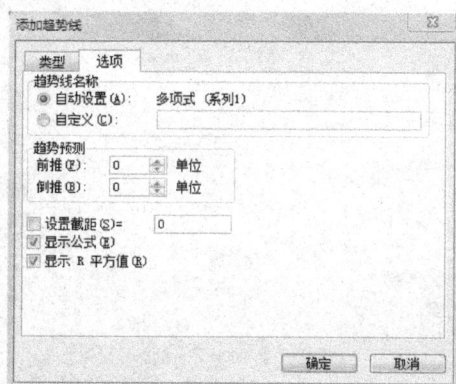

(b)

图 3-8　"添加趋势线"对话框

$$y = 0.2801x^3 - 2.6273x^2 + 6.1917x + 19.136$$

可决系数 $R^2$=0.9898，表明水稻剑叶的光合强度的总偏差有 98.98%可以由亚硫酸氢钠浓度的三次多项式解释。

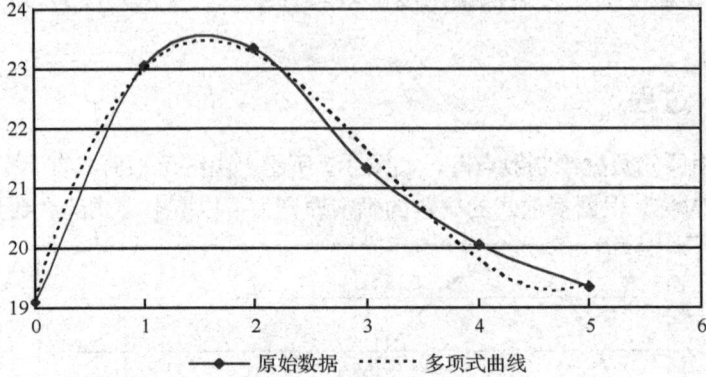

图 3-9 添加趋势线结果

最后，将 $x$=3.5 代入三次多项式方程，得 $y$=20.6314，即亚硫酸氢钠浓度为 3.5 时，光合强度为 20.6314。

## 三、小结

在生产实践中，同一组数据资料可以拟合不同的曲线，究竟应该选择哪个拟合曲线方程呢？为了得到更好的拟合曲线方程，需要尝试不同的曲线回归，最后通过效果检验来确定到底选择哪种。选择的方法是：可决系数、显著性检验 $F$ 值越大越好；标准误差越小越好。

# 第4章 统计推断案例

统计在研究现象的总体数量关系时,需要了解的总体对象的范围往往是很大的,有时甚至是无限的,而由于经费、时间和精力等各种原因,以致有时在客观上只能从中观察部分单位或有限单位进行计算和分析,根据局部观察结果来推断总体。例如,要说明一批灯泡的平均使用寿命,只能从该批灯泡中抽取一小部分进行检验,推断这一批灯泡的平均使用寿命,并给出这种推断的置信程度。这种在一定置信程度下,根据样本资料的特征,对总体的特征做出估计和预测的方法称为统计推断法。统计推断是现代统计学的基本方法,在统计研究中得到了极为广泛的应用,它既可以用于对总体参数的估计,也可以用作对总体某些分布特征的假设检验。

统计推断是在概率论的基础上依据样本的有关数据和信息,对未知总体的质量特性参数,做出合理的判断和估计,用途广泛,几乎遍及所有科学技术领域。本章案例1涉及点估计的内容,案例2主要涉及区间估计的内容,案例3主要涉及假设检验的内容。

## 案例1 机票预售数量的统计分析

### 一、案例背景

联合航空公司新开辟甲城、乙城之间的航线,选用75座位小飞机,每周一、三、五通航。通航2个月后发现,座位订满飞机起飞时,经常出现顾客因故未能登机的现象,前20个航班缺席人数统计见表4-1。

表4-1 航班缺席人数统计表

| 缺 席 人 数 | 2 | 3 | 4 | 5 | 6 | 7 | 8 | 9 | 10 | 11 | 合计 |
|---|---|---|---|---|---|---|---|---|---|---|---|
| 航班数(架) | 1 | 4 | 0 | 4 | 2 | 5 | 1 | 1 | 0 | 2 | 20 |

公司考虑多售机票以提高上座率,不知是否可行。于是想了解如下3个问题:

(1)预订78张机票,出现75人以上登机的概率是多少?

(2)若每张机票价格200元,当出现75人以上登机时,对未能登机者按票价加倍补偿,是否应多预售机票?

(3)预售机票多少张时,平均收益最大?

## 二、方法的确定

泊松分布适合于描述单位时间（或空间）内随机事件发生的次数。根据所收集的信息，了解数据的概率分布特征，用泊松分布进行近似分析。

(1)平均缺席人数的频率。航班缺席人数的算术平均数 $\bar{x} = \dfrac{\sum xf}{\sum f} = 6$，平均每个人缺席的频率 $p=6/75=0.08$。

(2)预订 78 张机票，有 75 人以上登机的概率，即缺席 2、1、0 人的概率

$$P(x = 2,1,0) = P(x \leqslant 2) = \sum_{k=0}^{2} \frac{\lambda^k \mathrm{e}^{-\lambda}}{k!} = 0.054，其中 \lambda = np = 78 \times 0.08 = 6.24。$$

## 三、分析

### 1. 多预售机票的可行性分析

多预售机票，当出现 75 人以上登机时，对未能登机者按票价加倍补偿，会产生机会成本；但若登机人数少于 75 人，可以避免机会损失。所以预售多少机票，应从机会成本和机会损失两方面考虑。在一定范围内多预售机票可以减少成本，因此应考虑多预售机票。

### 2. 最佳预售机票数量

由于总成本 $Z$=机会成本 $C$+机会损失 $S$，当预订机票数一定时，总成本 $Z=\sum P(x)(C+S)$。其中，$x=0$，1，2，3，…，表示缺席的人数；$P(x)$表示缺席 $x$ 人的概率，$P(x)=P(X \leqslant x) - P(X \leqslant x-1)$，可以通过泊松分布查表得出。将预售机票成本数据表示如图 4-1 所示。不难看出，$N$=75 时总成本最高，随着 $N$ 的增大，总成本逐渐降低，当 $N$=81 时，总成本最小，随着 $N$ 的继续增大，总成本开始逐渐上升。

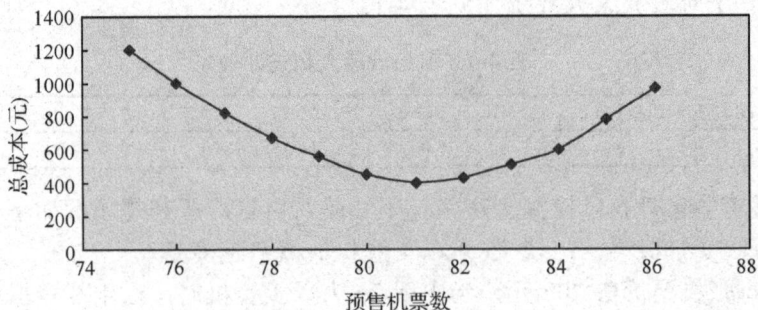

图 4-1　预售机票成本

## 四、小结

本案例利用泊松分布对航班缺席人数的数据进行近似，并求出了成本最小时的预售机票数。泊松分布是一种常见的离散型概率分布，适合于描述单位时间（或空间）内随机事件发生的次数，如某服务设施在一定时间内到达的人数、电话交换机接到呼叫的次数、汽车站台的候客人数、机器出现的故障数、自然灾害发生的次数、一个产品上的缺陷数、显微镜下单位分区内的细菌分布数等。数据是否服从泊松分布，可以用拟合优度检验进行验证。

# 案例 2　公司总经理的平均年收入是否有效

## 一、问题的提出

公司总经理的报酬是多少？为了回答这个问题，《商业周刊》(美)每年都要对公司经理做一次调查。1994 年这家杂志调查了 360 家公司的经理，表 4-2 是其中 20 家大公司总经理 1993 年的总收入（薪金、各种费用、红利等）。假定这些数据代表了美国高收入公司经理的一个样本。

表 4-2　美国 20 家大公司总经理的年收入表

| 排名 | 公司总经理(公司) | 1993 年总收入(千美元) |
|---|---|---|
| 1 | 迈克尔·埃斯纳(沃尔特·迪斯尼) | 203001 |
| 2 | 桑福德·威尔(旅行者) | 52810 |
| 3 | 约瑟夫·海德(奥托佐思) | 32220 |
| 4 | 查尔斯·马修森(国际对策技术) | 22230 |
| 5 | 阿兰·格林伯格(斯蒂恩斯啤酒) | 15915 |
| 6 | 休曾格(布洛克布斯特) | 15557 |
| 7 | 诺尔曼·布林克(国际布林克) | 14925 |
| 8 | 罗伯托·高佐塔(可口可乐) | 14513 |
| 9 | 罗伯特基德(金霸王电池) | 14172 |
| 10 | 托马斯·哈恩(太平洋乔治亚) | 13680 |
| 11 | 亚特沃特(通用机械) | 13177 |
| 12 | 詹姆斯·摩根(应用材料) | 12833 |
| 13 | 里查得·詹里特(公平公司) | 12380 |
| 14 | 哈里·默罗(太平洋路易斯安那) | 12051 |
| 15 | 约翰·布赖恩(萨拉李) | 11889 |
| 16 | 戴维·魏特曼(惠尔普尔) | 11837 |
| 17 | 查尔斯·桑福德(信孚银行) | 11811 |
| 18 | 弗朗克·卡霍特(梅隆银行) | 11516 |
| 19 | 沃尔特·桑德斯(高级微型机械) | 11488 |
| 20 | 斯坦利·高尔特(固特异) | 11278 |

根据表 4-2 的数据，我们要讨论下列问题：

(1)计算 $\bar{x}$ 和 $s$；

(2)计算这些高收入公司总经理 1993 年平均收入的 95%置信区间；

(3)为使上述置信区间方法有效，需要什么假定？

(4)这个置信区间是否可能右偏？为什么？

## 二、计算与分析

(1) $\bar{x} = 25964.7$ ， $s = 42807.8$ 。

(2)由于 $n=20$，所以若薪金近似服从正态分布，则 95%置信区间为

$$\left( \bar{x} - t_{\alpha/2}\frac{s}{\sqrt{n}}, \bar{x} + t_{\alpha/2}\frac{s}{\sqrt{n}} \right)$$

即这些高收入公司总经理 1993 年平均收入的 95%置信区间为(5930.3，45999.1)千美元。

(3)由上述分析可知,该置信区间有效的条件就是这些高收入公司总经理薪金近似服从正态分布。

(4)因为这 20 位总经理样本并非随机抽取，所以这个高收入置信区间，有可能右偏。

## 三、小结

本案例对 20 位高收入公司总经理 1993 年平均收入建立 95%置信区间，为小样本，主要涉及单个正态总体的总体均值的区间估计，在应用时应注意使用条件。

# 案例3 生产过程的运行状况是否令人满意

## 一、问题的提出

Quality Associates 是一家咨询公司，为委托人监控其制造过程提供抽样和统计程序方面的建议。一名委托人向 Quality Associates 提供了其生产过程正常运行时的 800 个观察值组成的一个样本。这些数据的样本标准差为 0.21，因而我们假定总体的标准差为 0.21。Quality Associates 建议该委托人连续地定期选取样本容量为 30 的随机样本来对该生产过程进行监控。通过对这些样本的分析，委托人可以迅速了解该生产过程的运行状况是否令人满意。当生产过程运行不正常时，应采取纠正措施以避免出现问题。

新的统计监控程序运行的第一天，每小时所收集到的数据见表 4-3。

表4-3　统计监控程序运行收集的数据

| 样 本 1 | 样 本 2 | 样 本 3 | 样 本 4 |
|---|---|---|---|
| 11.55 | 11.62 | 11.91 | 12.02 |
| 11.62 | 11.69 | 11.36 | 12.02 |
| 11.52 | 11.59 | 11.75 | 12.05 |
| 11.75 | 11.82 | 11.95 | 12.18 |
| 11.90 | 11.97 | 12.14 | 12.11 |
| 11.64 | 11.71 | 11.72 | 12.07 |
| 11.80 | 11.87 | 11.61 | 12.05 |
| 12.03 | 12.10 | 11.85 | 11.64 |
| 11.94 | 12.01 | 12.16 | 12.39 |
| 11.92 | 11.99 | 11.91 | 11.65 |
| 12.13 | 12.20 | 12.12 | 12.11 |
| 12.09 | 12.16 | 11.61 | 11.90 |
| 11.93 | 12.00 | 12.21 | 12.22 |
| 12.21 | 12.28 | 11.56 | 11.88 |
| 12.32 | 12.39 | 11.95 | 12.03 |
| 11.93 | 12.00 | 12.01 | 12.35 |
| 11.85 | 11.92 | 12.06 | 12.09 |
| 11.76 | 11.83 | 11.76 | 11.77 |
| 12.16 | 12.23 | 11.82 | 12.20 |
| 11.77 | 11.84 | 12.12 | 11.79 |
| 12.00 | 12.07 | 11.60 | 12.30 |
| 12.04 | 12.11 | 11.95 | 12.27 |
| 11.98 | 12.05 | 11.96 | 12.29 |
| 12.30 | 12.37 | 12.22 | 12.47 |
| 12.18 | 12.25 | 11.75 | 12.03 |
| 11.97 | 12.04 | 11.96 | 12.17 |
| 12.17 | 12.24 | 11.95 | 11.94 |
| 11.85 | 11.92 | 11.89 | 11.97 |
| 12.30 | 12.37 | 11.88 | 12.23 |
| 12.15 | 12.22 | 11.93 | 12.25 |

(1)对每个样本在 0.01 的显著水平下进行假设检验，如果需要采取措施的话，确定应该采取何种措施，给出每个检验的检验统计量和 $p$ 值。

(2)计算每一样本的标准差。假设总体标准差为 0.21 是否合理？

(3)样本均值 $\bar{x}$ 在 $\mu=12$ 附近的多大范围内，我们可以认为该生产过程的运行令人满意？如果 $\bar{x}$ 超过上限或低于下限，则应对其采取纠正措施。在质量控制中，这类上限或下限被称作上侧或下侧控制限。

(4)当显著水平变大时，暗示着什么？这时，哪种错误或误差将增大？

## 二、分析过程

（1）设计规格要求该生产过程的均值为 12，Quality Associates 建议采用如下形式的假设检验：

$$H_0 : \mu = 12$$
$$H_1 : \mu \neq 12$$

只要 $H_0$ 被拒绝，就应采取纠正措施。

① 假设检验。

a. 提出假设：

$$H_0 : \mu = 12$$
$$H_1 : \mu \neq 12$$

b. 统计量及分布为

$$Z = \frac{\sqrt{n}(\overline{X} - \mu)}{\sigma} \sim N(0,1)$$

c. 给出显著水平为

$$\alpha = 0.01 \longrightarrow Z_{\alpha/2} = 2.576$$

置信区间为

$$I_\alpha = \left[ \overline{x} - Z_{\alpha/2}\frac{\sigma}{\sqrt{n}}, \quad \overline{x} + Z_{\alpha/2}\frac{\sigma}{\sqrt{n}} \right]$$

样本 1：
$$I_{\alpha 1} = \left[ 11.96 - 2.576\frac{0.21}{\sqrt{30}}, \quad 11.96 + 2.576\frac{0.21}{\sqrt{30}} \right]$$
$$= [11.96 - 0.10, \quad 11.96 + 0.10]$$
$$= [11.86, \ 12.06]$$

样本 2：
$$I_{\alpha 2} = \left[ 12.03 - 2.576\frac{0.21}{\sqrt{30}}, \quad 12.03 + 2.576\frac{0.21}{\sqrt{30}} \right]$$
$$= [12.03 - 0.10, \quad 12.03 + 0.10]$$
$$= [11.93, \ 12.13]$$

样本 3：
$$I_{\alpha 3} = \left[ 11.89 - 2.576\frac{0.21}{\sqrt{30}}, \quad 11.89 + 2.576\frac{0.21}{\sqrt{30}} \right]$$
$$= [11.89 - 0.10, \quad 11.89 + 0.10]$$
$$= [11.79, \ 11.99]$$

样本 4：
$$I_{\alpha 4} = \left[ 12.03 - 2.576\frac{0.21}{\sqrt{30}}, \quad 12.03 + 2.576\frac{0.21}{\sqrt{30}} \right]$$
$$= \left[ 12.08 - 0.10, \quad 12.08 + 0.10 \right]$$
$$= \left[ 11.98, \ 12.18 \right]$$

d. 统计决策：因为 $12 \in I_{\alpha 1}$、$12 \in I_{\alpha 2}$、$12 \notin I_{\alpha 3}$、$12 \in I_{\alpha 4}$，所以对于样本 1、样本 2、样本 4 来讲，可做出接受原假设 $H_0 : \mu = 12$ 的统计决策，而对于样本 3 来讲，则拒绝原假设 $H_0 : \mu = 12$。

可见，生产过程还不够稳定，有必要缩短监控时间，并收集更多的样本进行检验，以进一步做出比较准确的决策。

② 各样本的检验统计量及 $p$ 值见表 4-4。

表 4-4　样本的检验统计量及 $p$ 值

| 样　本 | 样　本 1 | 样　本 2 | 样　本 3 | 样　本 4 |
|---|---|---|---|---|
| $\overline{X}$ | 11.96 | 12.03 | 11.89 | 12.08 |
| $Z$ | −1.04 | 0.78 | −2.87 | 2.09 |
| $p$ 值 | 0.30 | 0.44 | 0.004 | 0.036 |

利用检验统计量及 $p$ 值可以得到相同的统计决策结论。

(2) 计算每一样本的标准差，见表 4-5。

表 4-5　样本的标准差

| 样　本 | 样　本 1 | 样　本 2 | 样　本 3 | 样　本 4 |
|---|---|---|---|---|
| 标准差 | 0.22 | 0.22 | 0.21 | 0.21 |

从每个样本的标准差来看，假设总体标准差为 0.21 基本合理。

(3) 对于置信水平 $\alpha = 0.01$，当 $|Z_0| > Z_{\alpha/2}$ 时，拒绝原假设 $H_0 : \mu = 12$，即认为生产过程是不正常的；而当 $\left| Z_0 = \dfrac{(\overline{X} - \mu)}{\sigma / \sqrt{n}} \right| \leq Z_{\alpha/2}$ 时，认为生产过程是正常运行的，从而有

上侧控制限：
$$U_\alpha = \mu + Z_{\alpha/2}\frac{\sigma}{\sqrt{n}} = 12.10$$

下侧控制限：
$$L_\alpha = \mu - Z_{\alpha/2}\frac{\sigma}{\sqrt{n}} = 11.90$$

(4) 当显著水平 $\alpha$ 变大时，增大了拒绝原假设 $H_0$ 的可能性，即犯第一类错误的概率增大。

## 三、小结

本案例是假设检验在质量控制中的应用，问题(1)利用假设检验和置信区间之间的关系做出统计决策，这和利用检验统计量及 $P$ 值进行决策得到的结论是一致的。

# 第 5 章　时间序列分析案例

时间序列分析是根据观测得到的时间序列数据，通过曲线拟合和参数估计来建立数学模型的理论和方法。它一般采用曲线拟合和参数估计方法(如非线性最小二乘法)进行。对于短的或简单的时间序列，可用趋势模型和季节模型加上误差来进行拟合。对于平稳时间序列，可用通用 ARMA 模型(自回归滑动平均模型)及其特殊情况的自回归模型、滑动平均模型或组合-ARMA 模型等来进行拟合。当观测值多于 50个时，一般都采用 ARMA 模型。对于非平稳时间序列，则要先将观测到的时间序列进行差分运算，化为平稳时间序列，再用适当模型去拟合这个差分序列。

时间序列分析常用在国民经济宏观控制、区域综合发展规划、企业经营管理、市场潜量预测、气象预报、水文预报、地震前兆预报、农作物病虫灾害预报、环境污染控制、生态平衡、天文学和海洋学等方面。时间序列预测法可用于短期预测、中期预测和长期预测，根据对资料分析方法的不同，又可分为简单序时平均数法、加权序时平均数法、移动平均法、加权移动平均法、趋势预测法、指数平滑法、季节性趋势预测法等。

## 案例 1　珍珠泉啤酒销售趋势预测和季节预测

### 一、案例背景

珍珠泉啤酒厂近 5 年啤酒销量直线上升，见表 5-1。为正确制定第 6 年生产经营计划，组织好原材料和包装物的采购供应，搞好生产设备检修、产品储存设备的准备、销售网点增设等工作，需要对第 6 年啤酒销售进行趋势预测。

表 5-1　珍珠泉啤酒销售量　　　　　　　　(单位：吨)

| 年 份 序 号 | 瓶 装 啤 酒 | 散 装 啤 酒 | 散 装 扎 啤 | 合　　计 |
|:---:|:---:|:---:|:---:|:---:|
| 1 | 86 | 102 | | 188 |
| 2 | 182 | 164 | | 346 |
| 3 | 293 | 205 | 20 | 518 |
| 4 | 409 | 236 | 40 | 685 |
| 5 | 517 | 284 | 55 | 856 |

## 二、计算过程

### 1. 分析啤酒销量发展趋势并预测第 6 年销量

根据统计数字计算动态指标，见表 5-2。

表 5-2　动态指标计算表　　　　　　　　　　　　　　（单位：吨）

| 项目 ＼ 年序 | 1 | 2 | 3 | 4 | 5 |
|---|---|---|---|---|---|
| 啤酒销量 | 188 | 346 | 518 | 685 | 856 |
| 逐期增长量 | — | 158 | 172 | 167 | 171 |

从表 5-2 中看出，啤酒逐期增长量大体相同，属直线发展趋势，故拟合直线方程。计算表见表 5-3。

表 5-3　回归方程计算表

| 年　序 | $X$ | $Y$ | $X^2$ | $XY$ |
|---|---|---|---|---|
| 1 | −2 | 188 | 4 | −376 |
| 2 | −1 | 346 | 1 | −346 |
| 3 | 0 | 518 | 0 | 0 |
| 4 | 1 | 685 | 1 | 685 |
| 5 | 2 | 856 | 4 | 1712 |
| 合计 | 0 | 2593 | 10 | 1675 |

设直线方程为 $Y = a + bX$ ，由最小二乘法，得

$$a = 518.6 ， b = 167.5$$

则

$$Y = 518.6 + 167.5X$$

第 6 年 $X = 3$，故预测值为 $Y = 518.6 + 167.5 \times 3 = 1021.1$（吨），即第 6 年啤酒销售量预测值为 1021.1 吨，这里也可以应用 Excel 的回归分析求解一元回归方程。

### 2. 分析品种构成，以便预测各种啤酒销量

啤酒品种构成见表 5-4。

表 5-4　啤酒品种构成表　　　　　　　　　　　　　　（单位：吨）

| 年　序 | 瓶装啤酒 | | 散装啤酒 | | 散装扎啤 | | 合计 | |
|---|---|---|---|---|---|---|---|---|
| | 数量 | 比重（%） | 数量 | 比重（%） | 数量 | 比重（%） | 数量 | 比重（%） |
| 1 | 86 | 45.7 | 102 | 54.3 | — | — | 188 | 100 |
| 2 | 182 | 52.6 | 164 | 47.4 | — | — | 346 | 100 |
| 3 | 293 | 56.6 | 205 | 39.5 | 20 | 3.9 | 518 | 100 |
| 4 | 409 | 59.7 | 236 | 34.5 | 40 | 5.8 | 685 | 100 |
| 5 | 517 | 60.4 | 284 | 33.2 | 55 | 6.4 | 856 | 100 |

从表 5-4 中可以看出，瓶装啤酒和散装扎啤的比重逐渐增大，散装啤酒的比重逐渐缩小。这与销售地区和运输条件有关。但第 4、5 年构成比重趋于稳定，故可以按第 5 年构成比重预测第 6 年分品种销量。

3. 分析啤酒销售季节比重，以便进行季节预测

近 5 年啤酒的销售情况见表 5-5。

**表 5-5 近 5 年啤酒分月销售量及季节比重** (单位：吨)

| 第 1 年 | 第 2 年 | 第 3 年 | 第 4 年 | 第 5 年 | 相同月平均数 | 季节比重(%) |
|---|---|---|---|---|---|---|
| 18 | 20 | 27 | 40 | 48 | 30.6 | 5.90 |
| 10 | 12 | 18 | 30 | 36 | 21.2 | 4.09 |
| 4 | 5 | 10 | 18 | 23 | 12.0 | 2.32 |
| 4 | 6 | 9 | 15 | 30 | 12.8 | 2.47 |
| 11 | 25 | 40 | 45 | 78 | 39.8 | 7.67 |
| 15 | 30 | 55 | 80 | 97 | 55.4 | 10.68 |
| 18 | 42 | 90 | 114 | 125 | 77.8 | 15.00 |
| 12 | 21 | 25 | 40 | 47 | 29.0 | 5.59 |
| 10 | 15 | 17 | 35 | 45 | 24.4 | 4.71 |
| 25 | 40 | 75 | 90 | 103 | 66.6 | 12.84 |
| 30 | 72 | 80 | 105 | 128 | 83.0 | 16.00 |
| 31 | 58 | 72 | 73 | 96 | 66.0 | 12.73 |
| 188 | 346 | 518 | 685 | 856 | 518.6 | 100.0 |

## 三、结果分析

近 5 年来，珍珠泉啤酒销量直线上升，第 5 年达到 856 吨，每年平均递增 46%。据调查，第 6 年啤酒市场需求量仍呈增长趋势，啤酒厂已制定出新的营销措施，进一步提高产品质量，降低产品成本，适当调低产品出厂价，再增设 3 个销售网点。据分析，近 5 年啤酒销量属直线发展趋势，故配合直线方程进行预测，预测值为 1021 吨。

结合表 5-4 中第 5 年各种啤酒的构成比重，预计第 6 年分品种销量为：瓶装啤酒 1021×60.4%≈617(吨)，散装啤酒 1021×33.2%≈339(吨)，散装扎啤 1021×6.4%≈65(吨)。

为了使各个生产环节和各个部门的工作密切配合，按照季节规律搞好生产和经营，进一步提高经济效益，根据表 5-5 中近 5 年的啤酒销售季节比重，对第 6 年啤酒销量进行季节预测。本案例采用季节比重法进行季节预测，即在计算历年相同月平均数的基础上，计算各月占全年的比重，即季节比重，用全年预测值乘以季节比重，得到各月的季节预测值，见表 5-6。

表 5-6　第 6 年啤酒销售量季节预测　　　　　　　　（单位：吨）

| 项目<br>月份 | 五年相同月平均数 | 季节比重(%) | 季节预测值 |
|---|---|---|---|
| 1 | 30.6 | 5.90 | 60 |
| 2 | 21.2 | 4.09 | 42 |
| 3 | 12.0 | 2.32 | 24 |
| 4 | 12.8 | 2.47 | 26 |
| 5 | 39.8 | 7.67 | 78 |
| 6 | 55.4 | 10.68 | 109 |
| 7 | 77.8 | 15.00 | 153 |
| 8 | 29.0 | 5.59 | 57 |
| 9 | 24.4 | 4.71 | 48 |
| 10 | 66.6 | 12.84 | 131 |
| 11 | 83.0 | 16.00 | 163 |
| 12 | 66.0 | 12.73 | 130 |
| 合计 | 518.6 | 100.0 | 1021 |

## 四、小结

趋势预测首先要根据已往资料判断趋势类型，若逐期增长量大致相同，则属于直线型；若二级增长量大致相同，则属于二次曲线型；若逐期增长率大致相同，则属于指数曲线型。本案例的 5 年资料显示，逐期增长量大致相同，应拟合直线方程进行预测。

另外，趋势预测以时间为自变量，若以中间年份为原点，使 $\sum X = 0$，则可使计算公式简化为

$$a = \frac{\sum Y}{n}, \quad b = \frac{\sum XY}{\sum X^2}$$

本案例使用了这种简便算法。

## 案例 2　时间序列分析在烟台市 GDP 预测中的应用

### 一、案例背景

国内生产总值(GDP)是指一个国家或地区所有常住单位在一定时期内生产活动的最终成果，是反映国民经济活动最重要的经济指标之一，科学地预测该指标，对制定经济发展目标以及与之相配套的方针政策具有重要的理论与实际意义。

时间序列分析预测法首先将预测目标的历史数据按照时间的先后顺序排列成时间序列，然后分析它随时间的变化趋势及自身的统计规律，外推得到预测目标的未来取值。它与回归分析预测法的最大区别在于：该方法可以根据单个变量的取值对其自身的变动进行预测，无须添加任何的辅助信息。

本案例数据取自烟台市 1949—1998 年国内生产总值的年度数据，并以此为依据建立预测模型，对 1999 年和 2000 年的国内生产总值做出预测并检验其预测效果。本案例的最大特色在于，汇集了统计学原理中"时间序列分析"这部分的所有知识点，通过本案例的教学，可以把不同的时间序列分析方法进行综合的比较，便于更好地掌握时间序列分析的内容。

## 二、案例分析

### 1. 数据的搜集

时间序列数据按照不同的分类标准可以划分为不同的类型，最常见的有年度数据、季度数据、月度数据。本案例主要讨论如何对年度数据进行预测分析。通过查阅《烟台统计年鉴》、《烟台五十年》等有关的资料获得烟台市 1949—2000 年的国内生产总值资料数据（原始数据详见表 5-9）。该指标是反映国民经济发展情况最重要的指标之一，我们选择该指标进行预测具有较强的实用价值。此外，预测的方法具有普遍的适用性，可以将其应用于其他的研究领域。

资料数据是预测的依据和基础，一般是根据确定的预测目标及影响因素搜集有关的资料和数据，并结合初步拟定的预测模型，对所搜集的数据进行分析和处理，然后再选取适当的预测模型。整个数据处理过程如图 5-1 所示。

### 2. 确定性时间序列分析法

(1) 平均增长量法。该方法利用历史资料计算出平均增长量，然后假定以后各期仍按这样的平均增长量增长，从而得出在未来一段时期内的预测值。计算平均增长量有两种方法，即水平法与总和法，水平法仅考虑首尾年份的数值，而不考虑中间年份的数值变化，因而有 $a_0 + (n-1)\Delta = a_n$；而总和法则考虑整个样本区间上的总体变化情况，有 $(a_0 + \Delta) + (a_0 + 2\Delta) + \cdots + (a_0 + n\Delta) = \sum_{i=1}^{n} a_i$。

根据烟台市 1949 年—1998 年国内生产总值的观察值，计算出 GDP 的平均增长量为 150647.69 万元（水平法）和 38437.81 万元（总和法），利用其对烟台市 1999 年和 2000 年的 GDP 值进行预测并与实际 GDP 值[①]比较，结果见表 5-7。

---

① 1999 年为 8006600 万元，2000 年为 8700000 万元。

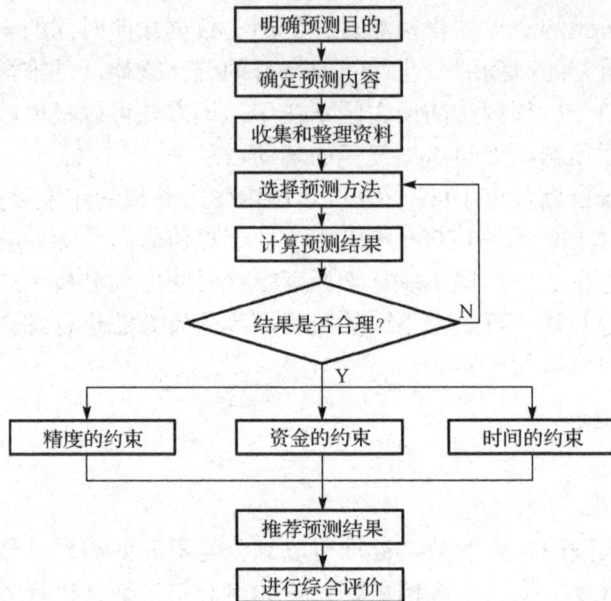

图 5-1　经济预测流程图

表 5-7　平均增长量法预测结果

| | 1999 年 | | 2000 年 | |
|---|---|---|---|---|
| | GDP 预测值(万元) | 预测相对误差(%) | GDP 预测值(万元) | 预测相对误差(%) |
| 水平法 | 7550647.7 | 5.69 | 7701295.4 | 12.44 |
| 总和法 | 7438437.8 | 7.10 | 7476875.6 | 15.00 |

　　（2）平均发展速度法。该方法利用时间序列资料计算出平均发展速度，然后假定以后各期仍按这样的平均发展速度变化，从而得出时间序列的预测值。平均发展速度的计算方法也有两种，即几何法和方程法。其中，几何法只考虑起始年份的取值，有 $a_n = a_0\overline{X}^n$；而方程法则要考虑到整个年份取值的变化，有 $a_0\overline{X} + a_0\overline{X}^2 + \cdots + a_0\overline{X}^n = \sum_{i=1}^{n} a_i$。计算出 GDP 在 1978—1998 年间的平均发展速度为 118.277%（几何法）和 118.170%（方程法）[①]，利用其对烟台市 1999 年和 2000 年的实际 GDP 值进行预测，得到结果，见表 5-8。

　　由预测的结果可以看出，无论是平均增长量法还是平均发展速度法，都只适于短期预测，否则预测相对误差会显著提高。

　　（3）移动平均法。移动平均法是根据时间序列资料，采取逐项移动平均的办法，计算一定项数的序时平均数，以反映长期趋势的方法。移动平均法主要有简

---

① 在该问题中，几何法与方程法计算出的平均发展速度差别不大。

单移动平均法、加权移动平均法、趋势移动平均法等。这里主要介绍简单移动平均法。

表 5-8　平均发展速度法预测结果

| | 1999 年 | | 2000 年 | |
|---|---|---|---|---|
| | GDP 预测值(万元) | 预测相对误差(%) | GDP 预测值(万元) | 预测相对误差(%) |
| 几何法 | 8364664 | −4.47 | 9455081.6 | −7.49 |
| 方程法 | 8306352 | −3.74 | 9323713.9 | −6.00 |

记 $M_t = \dfrac{y_t + y_{t-1} + \cdots + y_{t-N+1}}{N}$， $t \geqslant N$ 为 $t$ 期移动平均数；$N$ 为移动平均项数。由于移动平均可以平滑数据，消除周期变动和不规则变动的影响，使长期趋势显示出来，可以利用其进行外推预测。预测公式为 $\hat{y}_{t+1} = M_t$，即以第 $t$ 期移动平均数作为第 $t+1$ 期的预测值。

利用 Excel 对 GDP 进行三期移动平均和五期移动平均，具体步骤如下：

首先，单击"工具"，选择"数据分析"中的"移动平均"；

然后，在数据输入区域将原始 GDP 所在列选入，间隔为"3"，表示三期移动平均，同理，可设置为"5"，表示五期移动平均。单击 B2 单元格作为输出区域即可。Excel 的部分界面如图 5-2 所示。三期移动平均和五期移动平均结果见表 5-9，作折线图，如图 5-3 所示。

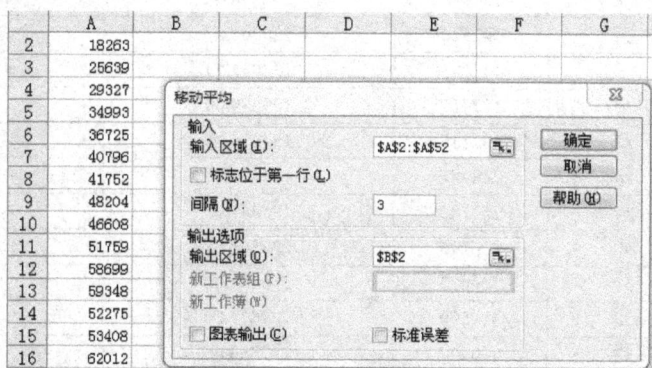

图 5-2　Exce 的三期移动平均界面

表 5-9　移动平均预测结果　　　　　　　　　　　　　　　　(单位：万元)

| 年　　份 | 序　号 $t$ | 原始 GDP | 三期移动平均值($T=3$) | 五期移动平均值($T=5$) |
|---|---|---|---|---|
| 1949 | | 18263 | — | — |
| 1950 | 1 | 25639 | — | — |
| 1951 | 2 | 29327 | — | — |
| 1952 | 3 | 34993 | 24409.67 | — |

续表

| 年 份 | 序 号 $t$ | 原始 GDP | 三期移动平均值（$T=3$） | 五期移动平均值（$T=5$） |
|---|---|---|---|---|
| 1953 | 4 | 36725 | 29986.33 | —— |
| 1954 | 5 | 40796 | 33681.67 | 28989.40 |
| 1955 | 6 | 41752 | 37504.67 | 33496.00 |
| 1956 | 7 | 48204 | 39757.67 | 36718.60 |
| 1957 | 8 | 46608 | 43584.00 | 40494.00 |
| 1958 | 9 | 51759 | 45521.33 | 42817.00 |
| 1959 | 10 | 58699 | 48857.00 | 45823.80 |
| 1960 | 11 | 59348 | 52355.33 | 49404.40 |
| 1961 | 12 | 52275 | 56602.00 | 52923.60 |
| 1962 | 13 | 53408 | 56774.00 | 53737.80 |
| 1963 | 14 | 62012 | 55010.33 | 55097.80 |
| 1964 | 15 | 65407 | 55898.33 | 57148.40 |
| 1965 | 16 | 76014 | 60275.67 | 58490.00 |
| 1966 | 17 | 88388 | 67811.00 | 61823.20 |
| 1967 | 18 | 91758 | 76603.00 | 69045.80 |
| 1968 | 19 | 82229 | 85386.67 | 76715.80 |
| 1969 | 20 | 92063 | 87458.33 | 80759.20 |
| 1970 | 21 | 105603 | 88683.33 | 86090.40 |
| 1971 | 22 | 122584 | 93298.33 | 92008.20 |
| 1972 | 23 | 131998 | 106750.00 | 98847.40 |
| 1973 | 24 | 141524 | 120061.67 | 106895.40 |
| 1974 | 25 | 145245 | 132035.33 | 118754.40 |
| 1975 | 26 | 177917 | 139589.00 | 129390.80 |
| 1976 | 27 | 191185 | 154895.33 | 143853.60 |
| 1977 | 28 | 218721 | 171449.00 | 157573.80 |
| 1978 | 29 | 257782 | 195941.00 | 174918.40 |
| 1979 | 30 | 276146 | 222562.67 | 198170.00 |
| 1980 | 31 | 304923 | 250883.00 | 224350.20 |
| 1981 | 32 | 311590 | 279617.00 | 249751.40 |
| 1982 | 33 | 340400 | 297553.00 | 273832.40 |
| 1983 | 34 | 407773 | 318971.00 | 298168.20 |
| 1984 | 35 | 470404 | 353254.33 | 328166.40 |
| 1985 | 36 | 572569 | 406192.33 | 367018.00 |
| 1986 | 37 | 660180 | 483582.00 | 420547.20 |
| 1987 | 38 | 847263 | 567717.67 | 490265.20 |
| 1988 | 39 | 1150970 | 693337.33 | 591637.80 |
| 1989 | 40 | 1258556 | 886137.67 | 740277.20 |
| 1990 | 41 | 1485282 | 1085596.33 | 897907.60 |
| 1991 | 42 | 1721637 | 1298269.33 | 1080450.20 |

续表

| 年　份 | 序　号　t | 原始 GDP | 三期移动平均值（T=3） | 五期移动平均值（T=5） |
|---|---|---|---|---|
| 1992 | 43 | 2296046 | 1488491.67 | 1292741.60 |
| 1993 | 44 | 3254235 | 1834321.67 | 1582498.20 |
| 1994 | 45 | 4278600 | 2423972.67 | 2003151.20 |
| 1995 | 46 | 5394000 | 3276293.67 | 2607160.00 |
| 1996 | 47 | 6152400 | 4308945.00 | 3388903.60 |
| 1997 | 48 | 6750000 | 5275000.00 | 4275056.20 |
| 1998 | 49 | 7400000 | 6098800.00 | 5165847.00 |
| 1999 | 50 | 8006600 | 6767466.67 | 5995000.00 |

由图 5-3 可以得出结论：移动平均法对原始序列产生了一个修匀作用，并且移动平均所使用的间隔期越长，即 $N$ 越大，修匀的程度也越大，但对原始数据的反应越不灵敏，反之亦然。为此，需要依据误差分析选择间隔时期 $N$，见表 5-10。

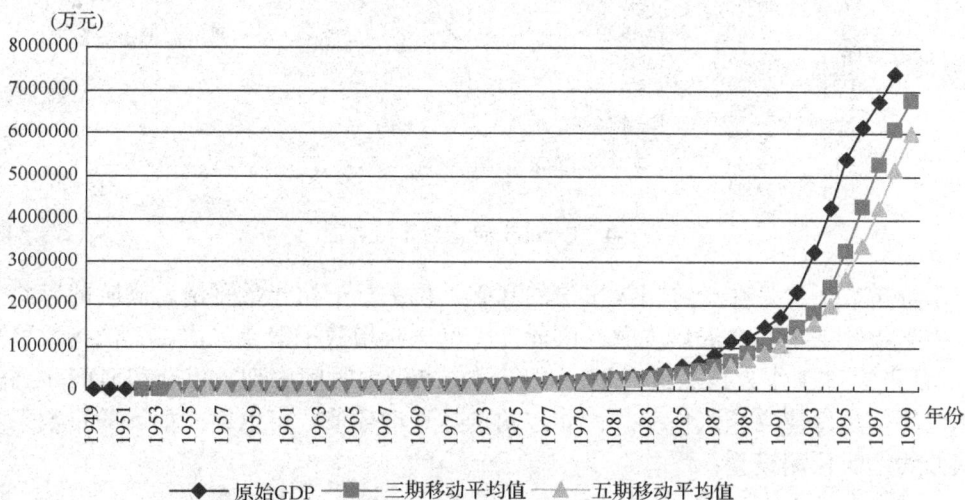

图 5-3　烟台市 GDP 的移动平均预测曲线

表 5-10　烟台市 GDP 移动平均预测法的误差分析

| | 单　位 | N=3 | N=5 |
|---|---|---|---|
| 平均误差（ME） | 万元 | 295708.35 | 431300.80 |
| 平均绝对百分误差（MAPE） | % | 28.33 | 40.61 |
| 1999 年的预测相对误差 | % | 20.58 | 27.36 |

由表 5-10 可知，$N$=3 时误差较小，因此选定 $N$=3 进行预测，由此得到 1999 年烟台市 GDP 的预测值为 6767466.7 万元。

简单移动平均法只适合做近期预测，若目标的发展趋势存在较大的变化，采用简单移动平均法就会产生较大的预测偏差和滞后；移动平均法会损失一部分数据，因而需要的数据量较大；移动平均法对所平均的 $N$ 个数据等权看待，而对 $t-N$ 期以前的数据则完全不考虑，这往往不符合实际。

（4）指数平滑法。指数平滑法可以看作是对移动平均法的改进，指数平滑的计算公式为 $S_t^{(1)} = ay_t + (1-a)S_{t-1}^{(1)}$，其中，$a$ 为权数；$S_t^{(1)}$ 为一阶指数平滑值。Excel 中的"指数平滑"数据分析工具可以很容易得到一阶指数平滑值，其操作界面如图 5-4 所示，这里的阻尼系数即权数 $a$。

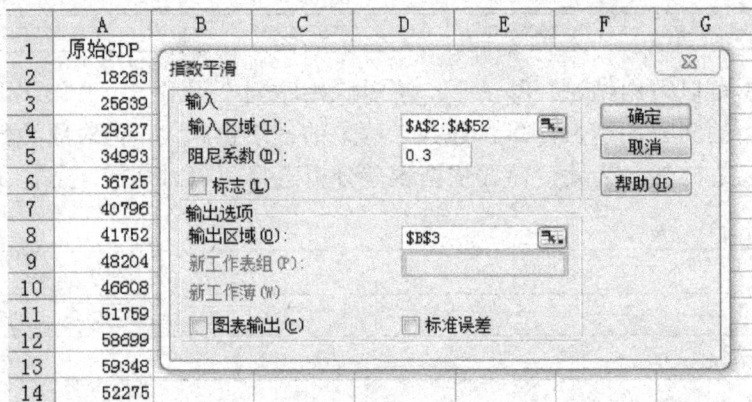

图 5-4　Excel 一阶指数平滑界面

二阶指数平滑是在一阶指数平滑的基础上再进行一次指数平滑，高阶的以此类推。由于指数平滑存在滞后现象，因此，无论一次指数平滑或二次、三次指数平滑值[1]，都不宜直接作为预测值，但可以利用它来修匀时间序列，以获得时间序列的变化趋势，从而建立预测模型。由相应的指数平滑数值，可以建立如下的指数平滑二次曲线趋势预测模型：

$$\hat{\text{GDP}}_{t+l} = a_t + b_t l + c_t l^2$$

其中，

$$
\begin{cases}
a_t = 3S_t^{(1)} - 3S_t^{(2)} + S_t^{(3)} \\
b_t = \dfrac{a}{2(1-a)^2}[(6-5a)S_t^{(1)} - 2(5-4a)S_t^{(2)} + (4-3a)S_t^{(3)}] \\
c_t = \dfrac{a^2}{2(1-a)^2}[S_t^{(1)} - 2S_t^{(2)} + S_t^{(3)}]
\end{cases}
$$

$S_t^{(1)}$、$S_t^{(2)}$、$S_t^{(3)}$ 分别为当前时间点处的一次、二次、三次指数平滑值，$l$ 为预测

---

[1] 在具体计算时，取 $a=0.3$，$S_0^{(1)} = S_0^{(2)} = S_0^{(3)} = \text{GDP}_{1949} = 18263$。

时段长。为了预测烟台市 1999 年和 2000 年 GDP 值，可以取 $t=49$，$l$ 分别取 1 和 2。计算得出 $a_{49}=7583559.18$，$b_{49}=936865.62$，$c_{49}=294704.17$，故得二次曲线指数平滑预测模型为

$$\hat{GDP}_{49+l} = 7583559.18 + 936865.62l + 294704.17l^2$$

分别令 $l=1$、$l=2$，得预测结果，见表 5-11。

表 5-11　指数平滑预测结果

| 年　　份 | 1999 年 | 2000 年 |
|---|---|---|
| 预测值（万元） | 8815128.99 | 10636107.17 |
| 预测相对误差(%) | −10.10 | −20.92 |

在利用指数平滑法进行预测时，涉及初始值和权数 $a$ 的选取问题，不同的取值导致结果各不相同。由于指数平滑法也存在着严重的滞后现象，所以直接用平滑值去预测未来值会带来较大的误差，当建立指数平滑模型进行预测时，就会大大地减少预测误差。

（5）曲线拟合法。曲线拟合法也称趋势拟合法或时间回归法，该方法根据时间序列随时间变化趋势，运用最小二乘法拟合一条曲线，而后利用该曲线随时间变化规律对时间序列的未来取值进行预测。在进行曲线拟合时，可以选取多项式曲线、指数曲线、对数曲线和增长曲线等，这里只是拟合了其中的多项式曲线，对于其他类型曲线由读者自行讨论。在多项式曲线拟合之前，首先要根据时间序列的变化规律确定拟合几次曲线，然后在具体选择阶数时要根据可决系数 $R^2$ 来确定，同时还要考虑到建模的节约性原则，在 $R^2$ 没有显著增加时，停止增加曲线的阶数；在估计模型参数时，既可以将非线性模型线性化，也可直接在 Eviews 软件中作 NLS 估计，本案例的结果便是直接估计得出。现根据 1978—1998 年的 GDP 数据拟合多项式曲线，具体操作步骤如下：

① 首先建立新的工作文档：依次单击"File-New-Workfile"，在"Frequency"中选择"Annual"，分别输入起始年份，即"Start data"输入"1978"，"End data"输入"1998"，单击"OK"按钮，如图 5-5 所示。

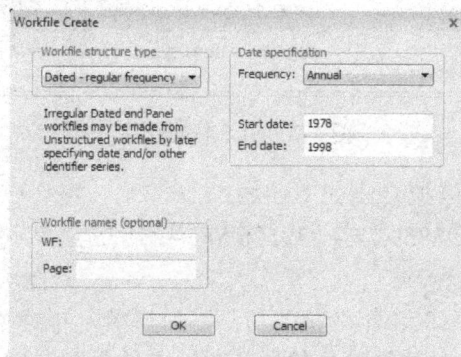

图 5-5　建立新的工作文档

統计案例分析

② 输入样本数据：在命令窗口中输入"data y t"，复制、粘贴数据，即可完成输入数据的操作，如图 5-6 所示。

③ 非线性最小二乘估计（NLS）：在主窗口"Quick"菜单下选择"Estimate Equation"，输入"y c t t^2 t^3 t^4 t^5"，进行最小二乘估计。确定后，输出估计结果，如图 5-7 所示。

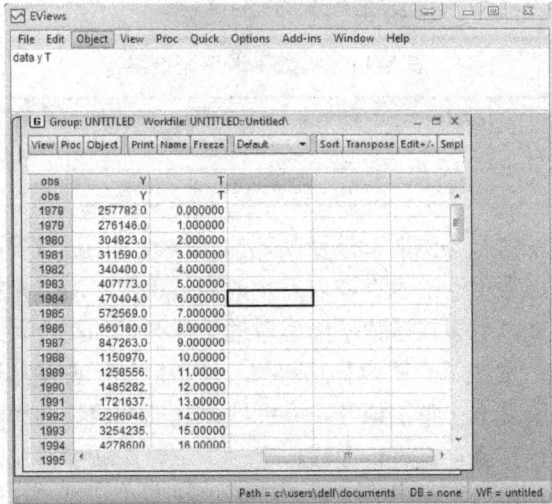

图 5-6　输入样本数据界面

| Variable | Coefficient | Std. Error | t-Statistic | Prob. |
|---|---|---|---|---|
| C | 847361.9 | 324232.0 | 2.613443 | 0.0196 |
| T | -698859.7 | 272762.2 | -2.562158 | 0.0217 |
| T^2 | 239596.5 | 72512.52 | 3.304209 | 0.0048 |
| T^3 | -31875.13 | 8135.931 | -3.917822 | 0.0019 |
| T^4 | 1844.209 | 403.8398 | 4.566685 | 0.0004 |
| T^5 | -36.21728 | 7.310875 | -4.953892 | 0.0002 |
| R-squared | 0.996864 | Mean dependent var | | 2170988. |
| Adjusted R-squared | 0.995818 | S.D. dependent var | | 2375474. |
| S.E. of regression | 153614.5 | Akaike info criterion | | 26.95724 |
| Sum squared resid | 3.54E+11 | Schwarz criterion | | 27.25567 |
| Log likelihood | -277.0510 | Hannan-Quinn criter. | | 27.02200 |
| F-statistic | 953.5251 | Durbin-Watson stat | | 1.012767 |
| Prob(F-statistic) | 0.000000 | | | |

图 5-7　NLS 输出结果

由以上输出结果可以拟合出如下曲线：

$GDP = 847361.9 - 698859.7T + 239596.5T^2 - 31875.13T^3 + 1844.21T^4 - 36.22T^5$, $R^2 = 0.9969$。

这里，$T$ 为趋势项（1978 年取值为 0，以后每隔一年递增 1），各估计参数均通过了显著性水平为 0.05 时的显著性检验。在输出结果窗口中单击"Resids"命令，可以得到实际值、拟合值和拟合残差，如图 5-8 所示，表明曲线较好地拟合了数据的动态变化规律，拟合程度达到了 99.69%。现在利用该拟合曲线对 GDP 的未来取值进行预测，分别令拟合曲线方程中 $T=21$、$T=22$，分别得到 1999 年和 2000 年的 GDP 数值，结果见表 5-12。

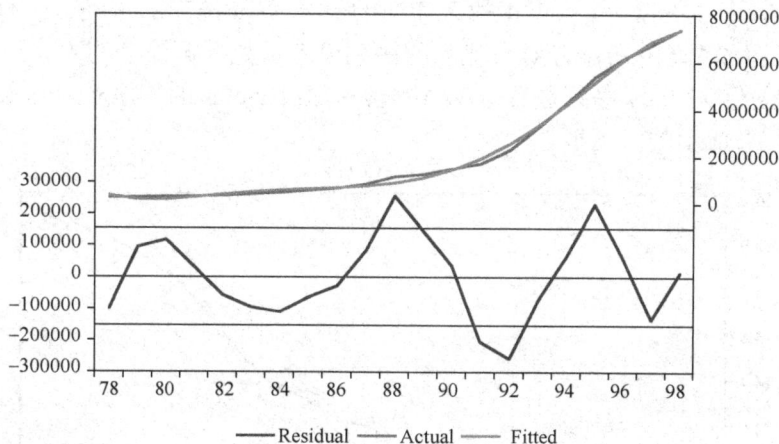

图 5-8　曲线拟合图

表 5-12　曲线拟合预测结果

| 年　份 | 1999 年 | 2000 年 |
|---|---|---|
| 预测值(万元) | 7386737 | 7397731 |
| 预测相对误差(%) | −17.05 | −24.57 |

### 3. 随机性时间序列分析方法

在实际问题中，由于一些反映社会经济现象的时间序列可以看成是随机过程在现实中的一次样本实现，并且我们所遇到的经济时间序列大多是非平稳的(直观上看，带有明显的趋势性或周期性)，所以可以将其视为均值非平稳的时序，用下面的模型来描述：

$$x_t = \mu_t + y_t$$

其中，$\mu_t$ 为序列 $x_t$ 中随时间变化的均值，是确定性趋势部分，可以用一定的函数形式来拟合；$y_t$ 为 $x_t$ 中剔除随时间变化均值 $\mu_t$ 后余下的部分，可以认为是零均值的平稳过程，因而可以用平稳的 ARMA 模型来描述。

在具体处理时，有两种方法可供选择。第一种，不考虑 $\mu_t$ 的具体形式，通过一定的数学手段(差分运算、对数运算与差分运算结合)将其剔除，对余下的部分拟合 ARMA 模型，最后经过反运算由 $y_t$ 的结果得出 $x_t$ 的结果，实际上即是建立 ARIMA 模型；第二种，考虑到 $\mu_t$ 的具体形式，用一定的函数拟合 $\mu_t$ 得 $\hat{\mu}_t$，直到余差序列

$y_t = x_t - \hat{\mu}_t$ 平稳，再对 $y_t$ 拟合 ARMA 模型得 $\hat{y}_t$，最后综合两部分可得 $\hat{x}_t = \hat{\mu}_t + \hat{y}_t$，实际上即是建立组合模型。此处我们仅对第一种方法进行讨论。

在本案例中，1978—1998 年的 GDP 是一个非平稳的序列。由 GDP 的时序图（见图 5-3）可以看出有明显的指数增长趋势，初步将其识别为非平稳的。为了减小波动，对其对数化，在 Eviews 命令框中输入相应的命令"series logy=log(y)"得到对数序列，其时序图如图 5-9 所示，对数化后的序列没有原始序列波动剧烈。

下面进一步对 logy 序列进行 ADF 检验，单击 Eviews 的"View-Unit Root Test"，出现如图 5-10 所示的对话框。

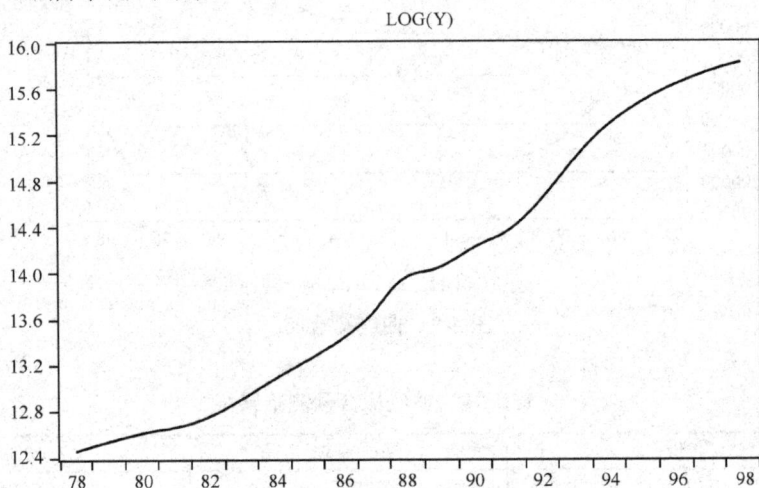

图 5-9　GDP 序列对数化后的时序图

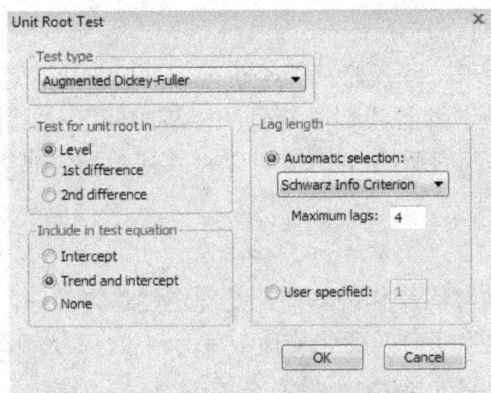

图 5-10　ADF 检验对话框

因为是对 logy 序列本身进行的检验，所以选择"Level"，序列存在明显的线性趋势，所以选择对带常数项和线性趋势项的模型进行检验，其他采用默认设置，单击"OK"按钮。检验结果如图 5-11 所示，可以看出在显著性水平 0.05 下，接受存在一个单位根的原假设，进一步验证了原序列不平稳。为了找出其非平稳的阶数，需要对其差分序列进行 ADF 检验。

　　现对其一阶差分序列进行 ADF 检验，检验之前需要明确一阶差分序列的趋势特征。在命令框中输入命令"series dy1=D(logy)"，就得到对数序列的一阶差分序列 dy1，其时序图如图 5-12 所示。由图可知，一阶差分序列不具有趋势特征，但具有非零的均值。因此，在对其进行的单位根检验的对话框（见图 5-10）中选择"1st difference"，同时选择带常数项、不带趋势项的模型进行检验，其他采用默认设置，单击"Ok"按钮，检验结果如图 5-13 所示。

```
Null Hypothesis: LOGY has a unit root
Exogenous: Constant, Linear Trend
Lag Length: 1 (Automatic - based on SIC, maxlag=4)
```

|  |  | t-Statistic | Prob.* |
|---|---|---|---|
| Augmented Dickey-Fuller test statistic | | -2.699450 | 0.2472 |
| Test critical values: | 1% level | -4.532598 | |
| | 5% level | -3.673616 | |
| | 10% level | -3.277364 | |

*MacKinnon (1996) one-sided p-values.
Warning: Probabilities and critical values calculated for 20 observations
　and may not be accurate for a sample size of 19

图 5-11　logy 的 ADF 检验结果

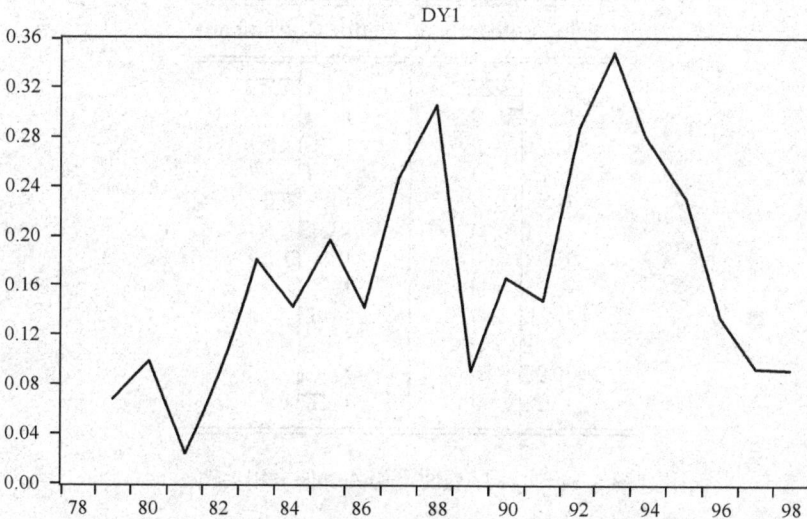

图 5-12　一阶差分 DY1 时序图

　　由图 5-13 可知，在显著性水平 0.05 下，拒绝存在单位根的原假设，说明序列 logy 的一阶差分序列是平稳序列。

Null Hypothesis: D(DY1) has a unit root
Exogenous: Constant
Lag Length: 0 (Automatic - based on SIC, maxlag=4)

|  | | t-Statistic | Prob.* |
|---|---|---|---|
| Augmented Dickey-Fuller test statistic | | -4.898753 | 0.0012 |
| Test critical values: | 1% level | -3.857386 | |
| | 5% level | -3.040391 | |
| | 10% level | -2.660551 | |

*MacKinnon (1996) one-sided p-values.
Warning: Probabilities and critical values calculated for 20 observations
and may not be accurate for a sample size of 18

图 5-13　DY1 的 ADF 检验结果

ARIMA 模型预测的步骤如下。

第一步：模型识别。由于 GDP 水平序列是非平稳的，而一阶差分序列是平稳的。故我们对其一阶差分序列 dy1 进行识别，根据样本自相关和偏自相关函数图初步将其识别为自回归(AR)类模型。

第二步：模型定阶。对序列 dy1，单击 "View-Correlogram"，得到自相关和偏自相关图(图 5-14)。由于时间序列的自相关呈现拖尾性而偏自相关函数呈现 1 阶截尾，则可将模型初步定为 1 阶自回归模型，然后再根据 AIC 准则确定的最优阶仍为 1 阶，从而可以对 GDP 拟合 ARIMA(1，1，0)模型。

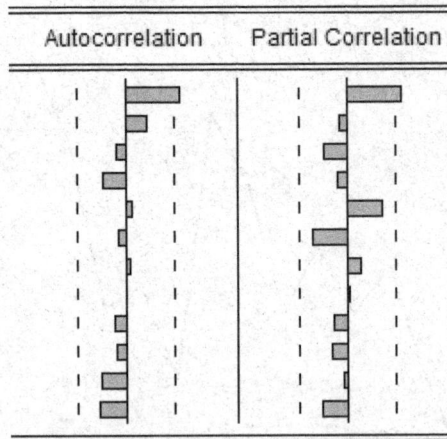

Autocorrelation　Partial Correlation

图 5-14　dy1 序列的自相关、偏自相关图

第三步：模型估计。在 Eviews 中，采用 OLS 法对模型的参数进行估计，在命令窗口中输入 "ls dy1 C AR(1)"，输出结果如图 5-15 所示。

由以上结果可以写出时间序列模型为

$$D(\text{GDP}，1) = 0.174361 + [AR(1) = 0.515030]$$

$$(8.6387)$$

$$R^2=0.2732 \qquad F=6.3910 \qquad AIC=-2.169$$

其中，$D(GDP，1)$ 为 GDP 对数化后的 1 阶差分序列；$AR(1)$ 为 $D(GDP，1)$ 的 1 阶自回归项。

| Variable | Coefficient | Std. Error | t-Statistic | Prob. |
|---|---|---|---|---|
| C | 0.174361 | 0.036836 | 4.733472 | 0.0002 |
| AR(1) | 0.515030 | 0.203726 | 2.528055 | 0.0217 |
| R-squared | 0.273227 | Mean dependent var | | 0.173069 |
| Adjusted R-squared | 0.230475 | S.D. dependent var | | 0.088730 |
| S.E. of regression | 0.077837 | Akaike info criterion | | -2.169111 |
| Sum squared resid | 0.102995 | Schwarz criterion | | -2.069697 |
| Log likelihood | 22.60656 | Hannan-Quinn criter. | | -2.152286 |
| F-statistic | 6.391060 | Durbin-Watson stat | | 1.948689 |
| Prob(F-statistic) | 0.021665 | | | |

图 5-15　参数估计结果

第四步：诊断检验。参数估计后，应对拟合模型的适应性进行检验，实质是对模型残差序列进行白噪声检验。若残差序列不是白噪声，则说明还有一些重要信息没有被提取，应重新设定模型。模型拟合后的残差序列为白噪声序列，从而认为该模型是适应的。单击"Proc-Make residual series"，即可得到采用拟合的 ARIMA(1，1，0)模型生成的残差序列，按照前面的方法做出残差序列的自相关和偏自相关图，如图 5-16 所示。由自相关和偏自相关函数值、Q-Stat 及其 $P$ 值，可知残差序列不存在自相关，为白噪声，因此模型是适应的。

| Autocorrelation | Partial Correlation | | AC | PAC | Q-Stat | Prob |
|---|---|---|---|---|---|---|
| | | 1 | 0.016 | 0.016 | 0.0054 | 0.941 |
| | | 2 | -0.040 | -0.040 | 0.0428 | 0.979 |
| | | 3 | -0.150 | -0.149 | 0.6017 | 0.896 |
| | | 4 | -0.326 | -0.331 | 3.4224 | 0.490 |
| | | 5 | 0.256 | 0.271 | 5.2927 | 0.381 |
| | | 6 | -0.207 | -0.323 | 6.6076 | 0.359 |
| | | 7 | 0.022 | -0.012 | 6.6238 | 0.469 |
| | | 8 | 0.148 | 0.127 | 7.4201 | 0.492 |
| | | 9 | -0.040 | 0.030 | 7.4849 | 0.587 |
| | | 10 | 0.005 | -0.302 | 7.4861 | 0.679 |
| | | 11 | -0.180 | 0.058 | 9.0971 | 0.613 |
| | | 12 | -0.133 | -0.156 | 10.099 | 0.607 |

图 5-16　残差序列的自相关和偏自相关图

至此，我们已经建立了时间序列 GDP 的 ARIMA(1，1，0)模型，接下来利用该模型对数据进行短期预测，比如预测 1999 年和 2000 年的 GDP。首先需要扩展样本期，在命令窗口输入"expand 1978 2000"，按 Enter 键，则样本序列长度变成 23，且最后两个变量值为空。在方程估计窗口单击"Forecast"，这里是样本外预测，因此在对话框的"Method"中选择动态预测 dynamic 方法，结果见表 5-13。

### 表 5-13　ARIMA 模型预测结果

| 年　份 | 1999 年 | 2000 年 |
|---|---|---|
| 预测值(万元) | 8013236 | 891788 |
| 预测相对误差(%) | −0.48 | 1.25 |

随机性时间序列分析是从系统的观点出发，既考虑到时间序列的确定性趋势，又考虑到它的随机波动性，在描述现实经济现象时，往往能得到令人满意的效果。

## 三、小结

1. 对所得的资料、数据进行初步诊别

对于异常数据，即不真实的数据，或即使是真实数据，但不能反映预测变量正常变化情况的异常数据，应进行分析、处理。注意在数据不多的情况下，若将异常数据剔除掉，则会使数据更少，不利于建立合适的预测模型。因此，可以在分析产生异常数据原因的基础上，根据历史数据变化发展的趋势，对数据进行适当的处理[①]。

2. 各种预测方法的特点

(1)预测的时间范围不同，有的适宜做短期预测，有的可以做中、长期预测。

(2)条件不同，有的方法计算复杂，需要时间序列资料苛刻；有的则比较简单，对资料要求也不高。

(3)适用场合不同，有的对任何时间序列资料均可，有的只适合于平稳发展的时间序列，有的对时间序列的具体变化形态还有要求。

(4)预测精度不同，有的具有较高的精度，有的只是做一种趋势性的判定，建模者可以根据一些指标(如①平方和误差 $SSE = \sum_{i=1}^{n}(\hat{y}_i - y_i)^2$；②平均绝对误差 $MAE = \frac{1}{n}\sum_{i=1}^{n}|\hat{y}_i - y_i|$；③方均根误差 $RMSE = \sqrt{\frac{1}{n}\sum_{i=1}^{n}(\hat{y}_i - y_i)^2}$；④平均绝对百分比误差[②] $MAPE = \frac{1}{n}\sum_{i=1}^{n}\left|\frac{\hat{y}_i - y_i}{y_i}\times 100\right|$；⑤方均百分比误差 $MSPE = \frac{1}{n}\sqrt{\sum_{i=1}^{n}\left(\frac{y_i - \hat{y}_i}{y_i}\right)^2}$)进行适当的选取。

3. 各种预测方法的比较

我们对烟台市的 GDP 数据进行了多种预测方法的尝试，得出了预测结果，并计算出预测的相对误差。其中最大的误差值达到−17.68%，是由平均发展速度

---

① 如果预测方法采用时间序列分析法，则可将异常数据的前后两期数据取算术平均值或几何平均值作为异常数据的修正值。在具体选择时，若历史数据的变化呈线性趋势时，则宜采用算术平均值作为修正值；若历史数据的变化呈曲线趋势时，则宜用几何平均值作为修正值。

② 一般认为如果 MAPE 的值低于 10，则预测精度较高。

法所得出的；最小的只有-0.518%，是由 ARIMA 模型预测法所得到。总的看来，随机性时间序列分析的预测误差较确定性时间序列分析的小；而时间序列模型法的预测误差又较指标法的小。总之，在案例中解决问题的方案不是唯一的，但存在一个比较优良的解决方案，应该根据限制条件在各种方案的优缺点比较中找出比较优良的方案。

各种时间序列预测方法的特点见表 5-14。

**表 5-14  各种预测方法及其特点**

| 方　　法 | 时间范围 | 适　用　情　况 | 应做工作 |
|---|---|---|---|
| 定性预测法 | 短、中、长期 | 对缺乏历史统计资料或趋势面临转折的事件进行预测 | 需做大量的调查研究工作 |
| 趋势外推法 | 中期到长期 | 当被预测项目的有关变量用时间表示时，用非线性回归 | 只需要因变量的历史资料，但用趋势图试探时很费时间 |
| 分解分析法 | 短期 | 适用于一次性的短期预测或在使用其他预测方法前消除季节变动的因素 | 只需要序列的历史资料 |
| 移动平均法 | 短期 | 不带季节变动的反复预测 | 只需要因变量的历史资料，但初次选择权数时很费力 |
| 指数平滑法 | 短期 | 具有或不具有季节变动的反复预测 | 只需因变量的历史资料，是一切反复预测中最简单的方法，但建立模型所费的时间与自适应过滤不相上下 |
| 博克斯—詹金斯法 | 短期 | 适用于任何序列的发展形态的一种高级预测方法 | 计算过程复杂、烦琐 |
| 景气预测法 | 短、中期 | 适用于时间序列趋势延续及转折预测 | 收集大量历史资料和数据并需进行大量计算 |
| 灰色预测法 | 短、中期 | 适用于时间序列的发展呈指数型趋势 | 收集对象的历史数据 |
| 状态空间模型和卡尔漫滤波 | 短、中期 | 适用于各类时间序列的预测 | 收集对象的历史数据并建立状态空间模型 |

# 第 6 章　因素分析案例

　　因素分析法是用来测定受多种因素影响的某种经济现象总变动中，各个因素的影响方向和影响程度的一种统计分析方法，是经济统计分析中最常用和最重要的方法之一，常用来分析销售收入变动的原因，分析成本下降或增加的原因等，并可以确定影响事物发展的主要原因，提出改进措施。

　　因素分析法主要是通过编制指数体系来进行的，在经济上有联系、在数量上存在等式关系的 3 个或 3 个以上的指数，称为指数体系。利用指数体系测定各影响因素对某种经济现象总体变动的方向和程度所产生的影响，就是因素分析。在经济统计分析中，常用的指数体系和因素分析主要有以下几种类型。

　　(1)对总量指标变动进行二因素分析的综合指数体系。例如：

销售收入指数=销售量指数×销售单价指数
总成本指数=产品产量指数×单位产品成本指数

　　其特点是：分析的对象是总量指标，如销售收入、总成本等的变动；总量指标的变动可以分解为两个因素的影响，其中一个是数量指标指数，如销售量指数、产品产量指数；另一个是质量指标指数，如价格指数和单位产品成本指数。

　　上述综合指数体系可表示为

$$\frac{\sum q_1 p_1}{\sum q_0 p_0} = \frac{\sum q_1 p_0}{\sum q_0 p_0} \times \frac{\sum q_1 p_1}{\sum q_1 p_0} \text{（相对数关系）}$$

$$\sum q_1 p_1 - \sum q_0 p_0 = \left(\sum q_1 p_0 - \sum q_0 p_0\right) + \left(\sum q_1 p_1 - \sum q_1 p_0\right) \text{（绝对数关系）}$$

其中，$p$ 表示质量指标；$q$ 表示数量指标；下标 0 表示基期，1 表示报告期。

　　(2)对总量指标变动进行多因素分析的指数体系及连锁替代法。有些总量指标的变动，可以分解成 3 个或 3 个以上因素的影响，可以编制多因素的指数体系，进而进行因素分析。但这时会遇到因素指标的排列问题及同度量指标的固定在基期还是报告期的选择问题。常用连锁替代法解决多因素指数体系的编制问题。例如：

原材料费用总额=总产量×单位产品原材料消耗量×单位原材料价格

此关系用字母表示为 $N = qmp$，在运用多因素分析法时，一定要注意各因素的排列顺序。各因素之间的排列顺序，要按照它们之间的逻辑关系，符合它们之间相互联系的客观情况，一般是数量指标在前，质量指标在后，相邻两个因素指标相乘或相除有实际的经济意义；各因素的替换必须依据它们之间的客观经济联系，由数量指标到质量指标，按顺序逐次替换。在分析各因素的变动时，可以按综合指数确定同度量因素的一般原则进行，即分析质量指标的变动时将数量指标固定在报告期，分析数量指标的变动时将质量指标固定在基期。具体来说，就是在分析第一个因素变动对总体变动的影响时，只有第一个因素变动，其余因素固定在基期；分析第二个因素变动对总体变动的影响时，在第一个因素已经变动的基础上进行，即第一个因素分子分母均固定在报告期，只有第二个因素分子为报告期、分母为基期，其余因素仍固定在基期，依次类推，直到编制出最后一个因素指数为止。根据这个原则，原材料费用总额指数可以分解为由 3 个指数构成的指数体系：

原材料费用总额指数=生产量指数×单位产品原材料消耗指数×单位原材料价格指数，即

$$\frac{\sum q_1 m_1 p_1}{\sum q_0 m_0 p_0} = \frac{\sum q_1 m_0 p_0}{\sum q_0 m_0 p_0} \times \frac{\sum q_1 m_1 p_0}{\sum q_1 m_0 p_0} \times \frac{\sum q_1 m_1 p_1}{\sum q_1 m_1 p_0} (\text{相对数体系})$$

$$\sum q_1 m_1 p_1 - \sum q_0 m_0 p_0 = \left(\sum q_1 m_0 p_0 - \sum q_0 m_0 p_0\right) + \left(\sum q_1 m_1 p_0 - \sum q_1 m_0 p_0\right)$$
$$+ \left(\sum q_1 m_1 p_1 - \sum q_1 m_1 p_0\right) (\text{绝对数体系})$$

(3) 平均指标指数体系。平均指标是表明社会经济总体一般水平的指标。总体一般水平决定于两个因素：一个是总体内部各部分(组)的水平，另一个是总体的结构，即各部分(组)在总体中所占的比重。总体平均指标的变动是这两个因素变动的综合结果。平均指标变动的因素分析，就是利用指数因素分析方法，从数量上分析总体各部分水平与总体结构这两个因素变动对总体平均指标变动的影响。例如，一个部门的劳动生产率水平决定于部门内各单位(组)的劳动生产率水平和不同劳动生产率水平的单位(组)在部门内的比重两个因素。通过因素分析，可以弄清这两个因素各自影响的方向程度和数量，从而对部门劳动生产率的变动能有深入地认识。

平均指标变动的因素分析是一种重要的统计分析方法，对经济管理与研究有重要的意义。影响总体平均指标变动的上述两类因素具有不同的性质。总体各部分的水平，主要取决于各部分内部的状况，反映了各部分内部各种因素的作用。而总体结构则是一种与总体全局完全有关的因素，总体结构状况确定着总体的一些基本特征。经济管理与研究的一项重要任务就是优化结构，使结构合理化。平均指标的因素分析，为这方面的深入研究提供了重要依据。

依据指数因素分析法的一般原理，便可列出平均指标变动因素分析的指数体系。其指数体系包括：

① 相对数体系 $\dfrac{\overline{x}_1}{\overline{x}_0} = \dfrac{\dfrac{\sum x_1 f_1}{\sum f_1}}{\dfrac{\sum x_0 f_0}{\sum f_0}} = \dfrac{\dfrac{\sum x_1 f_1}{\sum f_1}}{\dfrac{\sum x_0 f_1}{\sum f_1}} \times \dfrac{\dfrac{\sum x_0 f_1}{\sum f_1}}{\dfrac{\sum x_0 f_0}{\sum f_0}}$

② 绝对数体系 $\dfrac{\sum x_1 f_1}{\sum f_1} - \dfrac{\sum x_1 f_1}{\sum f_1} = \left( \dfrac{\sum x_1 f_1}{\sum f_1} - \dfrac{\sum x_0 f_1}{\sum f_1} \right) + \left( \dfrac{\sum x_0 f_1}{\sum f_1} \dfrac{\sum x_0 f_0}{\sum f_0} \right)$

其中，$\overline{x}$ 表示平均指标；$f$ 表示各组总体单位数。

令 $\overline{x}_n = \dfrac{\sum x_0 f_1}{\sum f_1}$，则平均指标变动因素分析的指数体系可用如下简明形式表明：

$$\frac{\overline{x}_1}{\overline{x}_0} = \frac{\overline{x}_1}{\overline{x}_n} \times \frac{\overline{x}_n}{\overline{x}_0}$$

$$\overline{x}_1 - \overline{x}_0 = (\overline{x}_1 - \overline{x}_n) + (\overline{x}_n - \overline{x}_0)$$

上述列出的指数体系包括了 3 个指数，依次称为可变组成指数、结构影响指数、固定构成指数。

① 可变组成指数：简称可变指数，是根据报告期和基期总体平均指标的实际水平对比计算的，包括了总体各部分(组)水平和总体结构两个因素变动的综合影响。它全面地反映了总体平均水平的实际变动状况。在结构影响较大的情况下，可变构成指数的数值有可能超出各个部分的变动程度范围。也就是说，与各个部分(组)的指数相比较，有可能比最大的部分指数还大，也有可能比最小的部分指数还小。

② 结构影响指数：它是将各部分(组)水平固定在基期条件下计算的总平均指标指数，用以反映总体结构变动对总体平均指标变动的影响。

③ 固定构成指数：它是将总体构成(即各部分比重)固定在报告期计算的总平均指标指数。该指数消除了总体结构变动的影响，专门用以综合反映各部分(组)水平变动对总体平均指标变动的影响。因而，在其数值表现上，它总是介乎于各部分(组)指数的范围内。事实上，固定构成指数是各个部分(组)指数的加权算术平均数。

## 案例 1  先达机床厂原材料统计分析

### 一、问题的提出

在辞旧迎新之际,先达机床厂过去一年的财务报表反映了一个引人注目的信息,即销售收入 8214 万元，比上年 7713 万元增长 6.5%；利润额 356 万元，比上年 445 万元下降 20%，绝对值减少 89 万元。厂信息部及时查阅了有关资料：年度机床产量比上年增长 5%，钢材消耗量比上年增长了 27.3%，产品销售成本比上年增长 21.4%。这就初步显示，成本增长幅度大于销售收入增长幅度，钢材总消耗量增长的幅度大于产量增长的幅度，有可能是原材料的消耗过大，增加了成本，导致利润下降，为了弄清利润下降的真正原因，信息部进行了原材料的专题分析。

原材料消耗总量的增加，不能一概认为不合理，要具体情况具体分析。为了分清原材料合理消耗和不合理消耗，搜集整理了如下资料（见表 6-1）。

表 6-1　生产机床消耗钢材统计

| 项目 | 单位 | 报告年度实际 | 上年实际 | 报告年度比上年增减量 | 报告年度比上年增减（%） |
|---|---|---|---|---|---|
| 机床产品产量 | 台 | 420 | 400 | 20 | 5.0 |
| 机床产品净重总量 | 吨 | 1344 | 1200 | 144 | 12.0 |
| 钢材消耗总量 | 吨 | 2037 | 1600 | 437 | 27.3 |
| 其中：工艺性消耗 | 吨 | 1617 | 1400 | 217 | 15.5 |
| 其中：工艺损耗 | 吨 | 273 | 200 | 73 | 36.5 |
| 非工艺性消耗 | 吨 | 420 | 200 | 220 | 110.0 |
| 其中：废品损耗 | 吨 | 100.8 | 40 | 60.8 | 152.0 |
| 废品消耗率 | % | 4.95 | 2.5 | 2.45 | 98.0 |

由表 6-1 可见，钢材消耗量比上年增加 437 吨，为什么呢？

## 二、案例分析

先达机床厂在过去的一年里，机床产量 420 台，比上年 400 台增长 5%，而主要原材料消耗总量达 2037 吨，比上年 1600 增加 437 吨，增长 27.3%，钢材消耗总量的增长幅度大大高于产品产量的增长幅度。这是什么原因呢？下面分三个层次进行分析。

第一层，将钢材消耗总量的增加分解为产量变动与单耗变动两个因素，用连环替代法分析结果如下。

$$钢材消耗总量 = 产量 × 单位产品材料消耗量$$
$$= 产量 × (单位产品净重量 + 单位产品工艺损耗量$$
$$+ 单位产品非工艺损耗量)$$

所以，报告年度钢材消耗总量增加 437 吨是因为：

产量增加而多消耗钢材 $(420-400) × 1600/400 = 80$（吨）；

单耗增加而多消耗钢材 $420 × (2037/420 - 1600/400) = 357$（吨）。

上述两个因素中，由于产量增加而多消耗钢材是合理的，而对于单耗提高而多消耗钢材，还要作具体分析。

第二层，将单耗提高而多消耗的钢材分解为三个因素，用连环替代法分析结果如下。

由于单位产品净重增加而多耗钢材 $420×(1344/420-1200/400)=84$（吨）；

由于单位产品工艺损耗量增加而多耗钢材 $420×(273/420-200/400)=63$（吨）；

由于单位产品非工艺损耗量增加而多耗钢材 $420×(420/420-200/400)=210$（吨）；

三个因素共同影响下，钢材消耗增加 $84+63+210=357$（吨）。上述三个因素中，第一个因素是合理因素，第二、三两个因素是不合理因素。工艺损耗和非工艺损耗是难免的，但上年的损耗水平已经不低，上年平均每台机床工艺损耗 0.5 吨，非工艺损耗 0.5 吨，而报告期平均每台机床工艺损耗上升 0.65 吨，比上年增加 0.15 吨；非工艺损耗上升到 1 吨，比上年增加 1 倍。其中，仅废品损耗一项即达 100.8 吨，比上年增长 1.52 倍，废品损耗高达 4.95%。这显然是浪费现象。上述第二、三因素共计增加消耗 273 吨。

第三层，造成原材料浪费的原因。从现象上看，在生产过程中的各个环节均有浪费，如设计错误造成部分材料浪费，甚至全部浪费；供应部门采购的有些原料质量不合格造成损失；生产车间下料缺乏精确的计算，边角余料过多，有时操作失误，出现返工甚至产品报废。从本质上看，原材料的浪费是管理问题。厂原材料消耗无定额，工作失误造成浪费无赔偿制度，成本高低与职工工资不挂钩，节约、浪费与职工的利益没有关系。这些都属于成本管理问题。

## 三、结论与建议

以上分析说明，钢材消耗总量增加，主要是因为存在严重的浪费现象，仅工艺损耗和非工艺损耗两项就比上年增加 273 吨，占钢材消耗总量增加数的 62.47%，价值 82 万元，占利润减少额 89 万元的 92.1%，这就证明原材料浪费是利润减少的主要原因。经过深入生产过程调查研究，发现钢材浪费的原因是多方面的，而且由来已久，从根本上讲，属于管理问题。

针对上述问题建议全厂干部职工增强成本意识，加强成本管理，努力降低原材料消耗，采取以下措施：

(1)健全岗位责任制。对工作失误造成的损失浪费，由责任人赔偿 30%。

(2)制定并实施材料消耗定额，按定额节约部分奖给当事人 30%，超过定额部分由当事人赔偿 20%。

(3)加强成本预算，搞好成本核算和成本分析，不断总结经验教训，大力降低产品成本。

## 案例 2　昌荣面粉厂利润亏损因素分析

### 一、案例背景

昌荣面粉厂是一个拥有自动化设备的现代化企业，是轻工业定点生产单位，产品质量好，价格合理，建厂初期经济效益较好，年利润在 150 万元左右。可是好景不长，上年利润下降到 31 万元，报告年度则亏损 40 万元，出现利润大滑坡。表 6-2 为昌荣面粉厂近 7 年的销售量。

表 6-2　面粉厂近 7 年的面粉销售量　　　　　　　　（单位：吨）

| 年　份 | 面粉销售量 |
|---|---|
| 2007 | 8030 |
| 2008 | 7800 |
| 2009 | 7552 |
| 2010 | 7080 |
| 2011 | 6320 |
| 2012 | 6000 |
| 2013 | 4240 |

从表 6-2 中可以看出，面粉销售量逐年下降。从 2007 年到 2013 年，面粉销售量减少 3790 吨，2013 年仅为 2007 年的 52.8%，销售量下降幅度较大。那么，面粉厂利润亏损与销售量的骤减有什么关系？还和其他因素有关吗？下面主要运用指数法、逐层分析法和横向对比分析法对昌荣面粉厂利润亏损进行全面分析。

### 二、分析过程

#### 1. 昌荣面粉厂近两年经营情况

从表 6-3 中反映的情况看，报告年度比上年度的利润减少 71 万元，主要是由于销售收入减少使利润减少 61 万元，由于总成本增加使利润减少 14 万元。销售收入为什么会出现骤减呢？

表 6-3　昌荣面粉厂近两年经营情况表

| 项目 | 单位 | 上年度 | 报告年度 | 比上年增减量 | 比上年增减（%） |
|---|---|---|---|---|---|
| 面粉销售量 | 吨 | 6000 | 4240 | −1760 | −29.33 |
| 出厂价 | 元/吨 | 1123 | 1445 | 322 | 28.67 |
| 销售收入 | 万元 | 674 | 613 | −61 | −9.05 |
| 单位成本 | 元/吨 | 967 | 1400 | 433 | 44.78 |
| 总成本 | 万元 | 580 | 594 | 14 | 2.41 |
| 税金 | 万元 | 63 | 59 | −4 | −6.35 |
| 利润 | 万元 | 31 | −40 | −71 | −229.03 |

2. 销售收入变动的影响因素

销售收入受销售量和价格两个因素的影响，即

$$销售收入 = 销售量 \times 出厂价$$

由于销售量减少使销售收入减少约 197 万元，即

$$(4240-6000) \times 1123 = -1976480（元）$$

由于价格上升使销售收入增加约 136 万元，即

$$(1445-1123) \times 4240 = 13652080（元）$$

由于报告年度面粉销售量比上年度减少 1760 吨，使销售收入减少 197 万元；由于面粉出厂价格上涨 28.67%，使销售收入增加 136 万元。两个因素增减相抵，销售收入减少 61 万元。总成本为什么增加呢？

3. 总成本变动的影响因素

总成本受单位成本和产量（销售量）两个因素的影响，即

$$总成本 = 单位成本 \times 产量$$

由于单位成本上升使总成本增加约 184 万元，即

$$(1400-967) \times 4240 = 1835920（元）$$

由于产量减少使总成本减少约 -170 万元，即

$$(4240-6000) \times 967 = -1701920（元）$$

报告年度的单位成本达到 1400 元，比上年度 967 元上升 433 元，由于单位成本上升使总成本增减 184 万元，由于产量减少使总成本减少 170 万元，增减相抵，总成本增加 14 万元。单位总成本为什么增加呢？

4. 单位成本的影响因素

单位成本可分解为单位变动成本和单位固定成本两部分（具体项目见表 6-4），即

$$单位成本 = 单位变动成本 + 单位固定成本$$

由于单位变动成本增加使总成本增加约 138 万元，即

$$(1603.3-738.6) \times 4240 = 1376728（元）$$

由于单位固定成本增加使总成本增加约 46 万元，即

$$(336.7-228.4) \times 4240 = 459192（元）$$

因此，由于单位变动成本和单位固定成本的增加使总成本增加 184 万元。

单位变动成本报告年度为 1063.3 元，比上年度的 738.6 元增加 324.7 元，由于单位变动成本的增加，使总成本增加 138 万元。单位固定成本报告年度为 336.7 元，比上年度的 228.4 元增加 108.3 元，由于单位固定成本的增加，使总成本增加 46 万元。单位变动成本为什么大幅度上升呢？

表6-4  昌荣面粉厂面粉单位成本构成表 (单位：元)

| 项目 | 单位 | 上年度 | | | 报告年度 | | |
|---|---|---|---|---|---|---|---|
| | | 数量 | 单价 | 金额 | 数量 | 单价 | 金额 |
| 单位成本 | 元 | | | 967 | | | 1400 |
| 一、单位变动成本 | 元 | | | 738.6 | | | 1063.3 |
| 小麦 | 吨 | 2.01 | 260 | 522.6 | 2.07 | 390 | 807.3 |
| 电 | 度 | 320 | 0.25 | 80 | 340 | 0.25 | 85 |
| 煤 | 吨 | 1.7 | 80 | 136 | 1.9 | 90 | 171 |
| 二、单位固定成本 | 元 | | | 228.4 | | | 336.7 |
| 固定成本总额 | 万元 | | | 137 | | | 143 |
| (1)管理费 | 万元 | | | 63 | | | 65 |
| (2)财务费 | 万元 | | | 33 | | | 32 |
| (3)折旧费 | 万元 | | | 27 | | | 30 |
| (4)工资 | 万元 | | | 14 | | | 16 |
| 面粉产量 | 吨 | 6000 | | | 4240 | | |

## 5. 单位变动成本的影响因素

单位变动成本可分解为数量和价格两个因素，现计算成本指数，见表6-5：

表6-5  单位变动成本指数计算资料 (单位：元)

| 项目 | 单位 | 数量 | | 价格 | | 金额 | | |
|---|---|---|---|---|---|---|---|---|
| | | 上年度 | 报告年度 | 上年度 | 报告年度 | 上年度 | 报告年度 | 假定 |
| | | $q_0$ | $q_1$ | $p_0$ | $p_1$ | $q_0 p_0$ | $q_1 p_1$ | $q_1 p_0$ |
| 小麦 | 吨 | 2.01 | 2.07 | 260 | 390 | 522.6 | 807.3 | 538.2 |
| 电 | 度 | 320 | 340 | 0.25 | 0.25 | 80 | 85 | 85 |
| 煤 | 吨 | 1.7 | 1.9 | 80 | 90 | 136 | 171 | 152 |
| 合计 | 元 | — | — | — | — | 738.6 | 1063.3 | 775.2 |

$$单位变动成本 = \quad 单耗 \quad \times \quad 价格$$
$$（数量指标）\quad （质量指标）$$

$$单耗指数\ \overline{K}_q = \frac{\sum q_1 p_0}{\sum q_0 p_0} = \frac{775.2}{738.6} \times 100\% = 104.96\%$$

$$\sum q_1 p_0 - \sum q_0 p_0 = 775.2 - 738.6 = 36.6\,(元)$$

$$价格指数\ \overline{K}_q = \frac{\sum q_1 p_1}{\sum q_1 p_0} = \frac{1063.3}{775.2} \times 100\% = 137.16\%$$

$$\sum q_1 p_1 - \sum q_1 p_0 = 1063.3 - 775.2 = 288.1\,(元)$$

$$单位变动成本总指数\ \bar{K}_{qp} = \frac{\sum q_1 p_1}{\sum q_1 p_0} = \frac{1063.3}{738.6} \times 100\% = 143.96\%$$

$$\sum q_1 p_1 - \sum q_0 p_0 = 1063.3 - 738.6 = 324.7\ (元)$$

$$\bar{K}_{qp} = \bar{K}_q \times \bar{K}_p = 104.96\% \times 137.16\% = 143.96\%$$

$$\sum q_1 p_1 - \sum q_0 p_0 = \left(\sum q_1 p_0 - \sum q_0 p_0\right) + \left(\sum q_1 p_1 - \sum q_1 p_0\right)$$
$$= (775.2 - 738.6) + (1063.3 - 775.2)$$
$$= 324.7(元)$$

由此可知，一个因素是单位消耗数量增加 4.96%，使单位变动成本增加 36.6 元，由于单位消耗数量增加使总成本增加 16 万元(36.6×4240=155184 元)；另一个因素是原材料价格上涨 37.16%，使单位变动成本增加 288.1 元。由于原材料价格上涨使总成本增加 122 万元(288.1×4240=1221544 元)。

综上所述，报告年度的利润比上年度的利润减少 71 万元，其原因如下：①销售收入减少使利润减少 61 万元；②单位固定成本增加使利润减少 6 万元；③单位变动成本增加使利润减少 8 万元；④报告年度的税金比上年度税金减少 4 万元，从而使利润增加 4 万元。总计即 4-61-6-8=-71(万元)。

6. 主要经济指标横向对比资料

由表 6-6 知，实物劳动生产率全国最高水平 191.1 吨/人，全国平均水平为 90.45 吨/人，该厂只有 29.2 吨/人，比最高水平低 84.72%，比平均水平低 67.72%。

标煤单耗全国最低为 320 公斤/吨，全国平均水平为 612 公斤/吨，而该厂的标煤单耗达 800 公斤/吨，比全国平均水平高 30.72%。如果标煤单耗降至全国平均水平，以年产量 6500 吨计算，可节约标煤 1222 吨，可节约燃料费 10 万元。

表 6-6　报告年度横向对比资料

| 项目 | 单位 | 全国最高水平 | 全国平均水平 | 本厂水平 | 比最高增减% | 比平均增减% |
|---|---|---|---|---|---|---|
| 企业年产量 | 吨 | 28900 | 9450 | 4240 | −85.33% | −55.13% |
| 实物劳动生产率 | 吨/人 | 191.1 | 90.45 | 29.2 | −84.72% | −67.72% |
| 标煤单耗 | 千克/吨 | 320 | 612 | 800 | 150% | 30.72% |
| 电消耗 | 度/吨 | 320 | 430 | 570 | 78.13% | 32.56% |

电单耗全国最低为 320 度/吨，全国平均水平为 430 度/吨，而该厂的电单耗达 570 度/吨，比全国平均水平高 32.56%。如果电单耗降至全国平均水平，仍以年产量 6500 吨计算，可节约电 91 万度，可节约电费 23 万元。

### 三、结论与建议

昌荣面粉厂利润滑坡原因如下。

#### 1. 产销量骤减，忽视营销管理

上面归纳的利润减少的原因中，第①、②两项实际上都是由产出和销售量减少引起的。因为产销量减少直接减少销售收入，减少利润；同时，也间接地增大了单位固定成本，使利润减少。报告年度的面粉产销量为什么大幅度下降呢？一个原因是原材料供应不足。面粉生产主要原材料是小麦，当时小麦供不应求，价格猛涨，该厂又储备很少，所以原材料供应时断时续，对生产有一定的影响。另一个原因是忽视营销管理。报告年度面粉市场逐渐从供不应求转变为供过于求，市场出现了竞争，该厂对市场竞争形势缺乏思想准备。

#### 2. 生产管理和成本管理松弛

从表 6-5 和表 6-6 可以看出，报告年度与上年度比较，物质消耗上升，几项主要经济指标远远低于全国水平。由于单耗上升，使利润减少 16 万元。报告年度实物劳动生产率低于全国平均水平，而标煤单耗和电单耗均高于全国平均水平。这属于生产管理和成本管理问题。

针对以上问题，提出以下三点建议：

(1)深化经济体制改革，充分调动职工群众的积极性。

(2)全面实行现代科学管理，向管理要效益，建立健全各项规章制度，尽快变人治为制度，加强营销管理、生产管理和成本管理，努力缩小几项经济指标与全国平均水平的距离。

(3)加强市场调查，大力开拓市场，提高设备利用率，加大宣传力度，努力增加产销量。

## 案例 3　西北机车车辆厂资金净利率统计分析

### 一、案例背景

西北机车车辆厂是一个大型国有企业，主要的生产活动有新造电力机车、货车，修理电力机车、货车，锯材加工，铸铜，铸铝等。1996 年下半年该厂统计人员接受了开发第三次工业普查资料的任务。经过精心思考，工厂决定对反映企业效益的核心指标——资金净利率进行分析，以反映企业盈利的实际水平，分析影响企业盈利水平变化的因素，为进一步提高企业经济效益寻求对策，为领导决策提供依据。

资金净利率是指税后利润与有形资产总额的比值，它的值越高，说明企业有形

资金运作效益越佳。第三次工业普查及有关年份的资料表明：1994 年该厂税后利润 3513.6 万元，有形资产总额 38464.6 万元，资金净利率 9.13%；1995 年税后利润 6040.4 万元，有形资产总额 55857.3 万元，资金净利率 10.81%，比 1994 年提高了 1.68 个百分点，即盈利水平有所提高，但提高的幅度不大。在此基础上，统计人员利用有关资料对影响资金净利率的因素进行了分析。

## 二、案例分析

1. 对资金净利率影响因素的分析

影响资金净利率的因素可分解为两个：一个是销售利润率，另一个是资金周转率。前者是说明企业销售收入的收益水平，后者说明企业有形资产周转速度。该厂 1994、1995 年的有关资料见表 6-7。

表 6-7　资金净利率影响因素指标

|  | 资金净利率(元/百元) | 销售利润率(元/百元) | 资金周转率(次) |
|---|---|---|---|
| 1994 年 | 9.13 | 15.89 | 0.5749 |
| 1995 年 | 10.81 | 20.71 | 0.5223 |
| 1995 年为 1994 的百分比(%) | 118.40 | 130.33 | 90.85 |

根据表 6-7 可做如下分析。

(1) 从相对数关系分析。

资金净利率指数=销售利润率指数×资金周转率指数，即

$$118.40\%=130.33\%\times90.85\%$$

这说明，该企业资金净利率 1995 年比 1994 年提高了 18.40%，是由于销售利润率提高 30.33%、资金周转率下降 9.15%共同影响的结果。说明销售利润率提高是企业盈利水平提高的主要因素，而资金周转率下降是企业盈利水平提高幅度不大的原因。

(2) 从绝对数关系分析。

百元资金利润增减额=百元销售收入利润增减额+资金周转影响额，即

$$1.68=2.77+(-1.09)(元/百元)$$

这说明，该企业 1995 年每百元资金实现的净利润比 1994 年增加了 10.81–9.13= 1.68(元)。

其中，由于销售利润率提高使资金净利润增加额为

$$(20.71–15.89)\times0.5749 = 2.77(元/百元)$$

由于资金周转率下降使资金净利润减少额为

$$(0.5223–0.5749)\times20.71= –1.09(元/百元)$$

2. 销售利润率提高原因分析

(1)销售利润率的变动是由税后利润和销售收入决定的，即销售利润率=税后利润/销售收入。1994 年、1995 年销售收入和税后利润的变动情况见表 6-8。

表 6-8　销售收入和税后利润变动表　　　　　　（单位：万元）

| | 1994 年 | 1995 年 | 增加或减少 | |
| --- | --- | --- | --- | --- |
| | | | 绝对额 | % |
| 销售收入 | 22112.6 | 29171.6 | 7059.0 | 31.92 |
| 减:全部成本费用 | 18599.0 | 23099.6 | 4500.6 | 24.20 |
| 所得税 | 0 | 31.6 | 31.6 | |
| 税后利润 | 3513.6 | 6040.4 | 2526.8 | 71.91 |

表 6-8 说明，1995 年销售收入 29171.6 万元，比 1994 年增加 7059 万元，增长了31.92%；税后利润 6040.4 万元，比 1994 年增加 2526.8 万元，增长了 71.91%，由此可以得出结论，销售利润率提高的原因在于税后利润增长的幅度高于销售收入增长的幅度。

(2)税后利润=销售收入−全部成本费用−所得税。1995 年在上交所得税增加31.6 万元的情况下，实现了税后利润大幅度增长，说明销售利润率提高的原因在于成本费用的变动。

(3)全部成本费用=销售收入(百元)×百元销售收入成本费用。1995 年全部成本费用为 23099.6 万元，比 1994 年增加了 4500.6 万元，同时使利润减少 4500.6 万元，而 1995 年销售量也是扩大的，所以销售利润率提高的原因不是全部成本费用的变动，而只能是百元销售收入成本费用的降低。

百元销售收入成本费用=全部成本×100/销售收入

从表 6-8 可以得出，百元销售收入成本费用 1994 年为 84.11 元，1995 年为 79.18元，比 1994 年降低了 4.93 元。

(4)从全部成本费用的构成来看，全部成本费用=制造成本+管理费用+销售费用+财务费用。1994 年、1995 年百元销售收入成本构成情况见表 6-9。

表 6-9　百元销售收入成本费用表　　　　　　（单位：元）

| | 1994 年 | 1995 年 | 减少或增加 |
| --- | --- | --- | --- |
| 制造费用 | 64.40 | 59.15 | −5.25 |
| 管理费用 | 16.63 | 15.45 | −1.18 |
| 销售费用 | 0.12 | 0.20 | 0.08 |
| 财务费用 | 2.96 | 4.38 | 1.42 |
| 合计 | 84.11 | 79.18 | −4.93 |

从表 6-9 可看出，百元销售收入费用降低的原因是制造成本降低了 5.25 元，管理费用降低了 1.18 元，而销售费用、财务费用都是增加的。

(5) 制造成本下降的主要原因是原材料消耗和制造费用下降。该厂 1995 年大力开展了修旧利废活动，取得了显著成效。新造 SS3 型机车原材料由 1994 年单台 264.7 万元下降到 217.9 万元；同时，自制半成品由 48.4 万元上升到 78.5 万元，总的来说单台用料下降了 16.7 万元。新造 C62A 单台原材料由 9.2 万元下降到 8 万元，下降了 1.2 万元。新造 SS3 型机车制造费用由 1994 年的 54.4 万元下降为 1995 年的 27.2 万元，下降了 27.2 万元。单台用料和制造费用的下降，使总制造成本比 1994 年减少，利润相应增加。

(6) 有关资料表明，销售费用增加的主要原因是市场销售扩大，相应的广告费及销售服务费比上年有较大的增加；财务费用增加的主要项目是利息支出增加 6.28 万元，究其原因，是贷款增加，利率上调所致。

3. 资金周转率降低原因分析

资金周转率是指有形资产相对于销售收入来讲的，即资金周转率=销售收入/有形资产总额。1995 年销售收入增加，资金周转率应该是提高的，为什么反而下降了？从表 6-10 可以看出，1995 年有形资产总额为 55857.3 万元，比 1994 年增长了 45.2%，高于销售收入的增长幅度 31.92%，这是资金周转率下降的原因。

表 6-10　有形资产变动表　　　　　　　　（单位：万元）

| | 1994 年 | 1995 年 | 增加 | |
| --- | --- | --- | --- | --- |
| | | | 绝对额 | % |
| 固定资产 | 16655.9 | 28697.9 | 12042.5 | 72.3 |
| 流动资产 | 21809.2 | 27159.4 | 5350.2 | 24.5 |
| 有形资产总额 | 38464.6 | 55857.3 | 17392.7 | 45.2 |

表 6-10 可以看出，1995 年固定资产增长了 72.3%，流动资产增长了 24.5%。经核实查证，固定资产增加的主要原因是 1994 年清产核资评估的土地按规定增加 1995 年固定资产，价值 10639 万元，购入及自制固定资产增加 889 万元，基本建设转入固定资产 514.5 万元，若扣除土地一项，则固定资产仅比 1994 年增长 8.43%。

流动资产增加的主要原因是：应收款 1995 年为 9854.2 万元，比 1994 年增加 3696.6 万元，增长了 60%；存货 1995 年为 12395.5 万元，比 1994 年增加了 1009.6 万元，增长了 8.9%；现金及有价证券 1995 年为 4903 万元，比 1994 增加了 644 万元，增长了 13.13%。应收账款增加是由于 1995 年市场销售较 1994 增大，外欠车款增加，部内调价款不到位也是其增加的一个原因。存货增加主要是在制品较 1994 年增加了 850 万元。由于应收账款与存货的增加，资金紧张，贷款增加、利息支出也相应增加。

我们用图形综合说明以上对资金净利率提高原因的分析过程，如图 6-1 所示。

（1995年与1994年相比）　　　　　　绝对数单位：万元

```
                    ┌─────────────────────────────┐
                    │  资金净利率10.81%,提高18.40%  │
                    └─────────────────────────────┘
        ┌───────────────────────────┐      ×      ┌───────────────────────────┐
        │ 销售利润率20.71%,提高30.33% │             │ 资金周转率0.5223次，降低9.15% │
        └───────────────────────────┘             └───────────────────────────┘
    ┌──────────┐         ┌──────────┐          ┌──────────┐        ┌──────────┐
    │ 税后利润  │   ÷     │ 销售收入  │          │ 销售收入  │   ÷    │ 有形资产  │
    │ 6040.4   │         │ 29171.6  │          │ 29171.9  │        │ 55857.3  │
    │ 增长71.9% │         │ 增长31.92%│          │ 增长31.92%│        │ 增长45.2% │
    └──────────┘         └──────────┘          └──────────┘        └──────────┘
┌──────────┐ ┌──────────┐ ┌──────────┐    ┌──────────────┐ ┌──────────┐
│ 销售收入  │ │ 全部成本  │ │ 所得税31.6│    │ 固定资产28697.9│ │ 流动资产  │
│ 29171.6  │─│ 23099.6  │─│（上年为0） │    │ 增长72.3%扣除土地│+│ 27159.4  │
│ 增长31.92%│ │ 增长24.2% │ │          │    │ 实增8.43%     │ │ 增长24.5% │
└──────────┘ └──────────┘ └──────────┘    └──────────────┘ └──────────┘
┌──────────┐   ┌──────────────┐      ┌──────────┐ ┌──────────┐ ┌──────────┐
│ 销售收入  │ × │ 百元销售收入成本 │      │ 现金有价  │ │ 应收款    │ │ 存货      │
│ 29171.6  │   │ 费用79.18元，  │      │ 证券4903.6│+│ 9854.2   │+│ 12395.5  │
│          │   │ 降低4.93元     │      │ 增长13.13%│ │ 增长60%   │ │ 增长8.9%  │
└──────────┘   └──────────────┘      └──────────┘ └──────────┘ └──────────┘
┌──────────┐ ┌──────────┐ ┌──────────┐ ┌──────────┐
│ 制造成本  │ │ 管理费用  │ │ 销售费用  │ │ 财务费用  │
│ 59.15元， │+│ 15.45元， │+│ 0.20元，  │+│ 4.38元，  │
│ 降低5.25元 │ │ 降低1.18元 │ │ 增加0.08元 │ │ 增加1.42元 │
└──────────┘ └──────────┘ └──────────┘ └──────────┘
┌──────────┐   ┌──────────┐        ┌──────────┐
│ 原材料下降 │ + │ 制造费用下降│   +   │ 其他费用增加│
└──────────┘   └──────────┘        └──────────┘
```

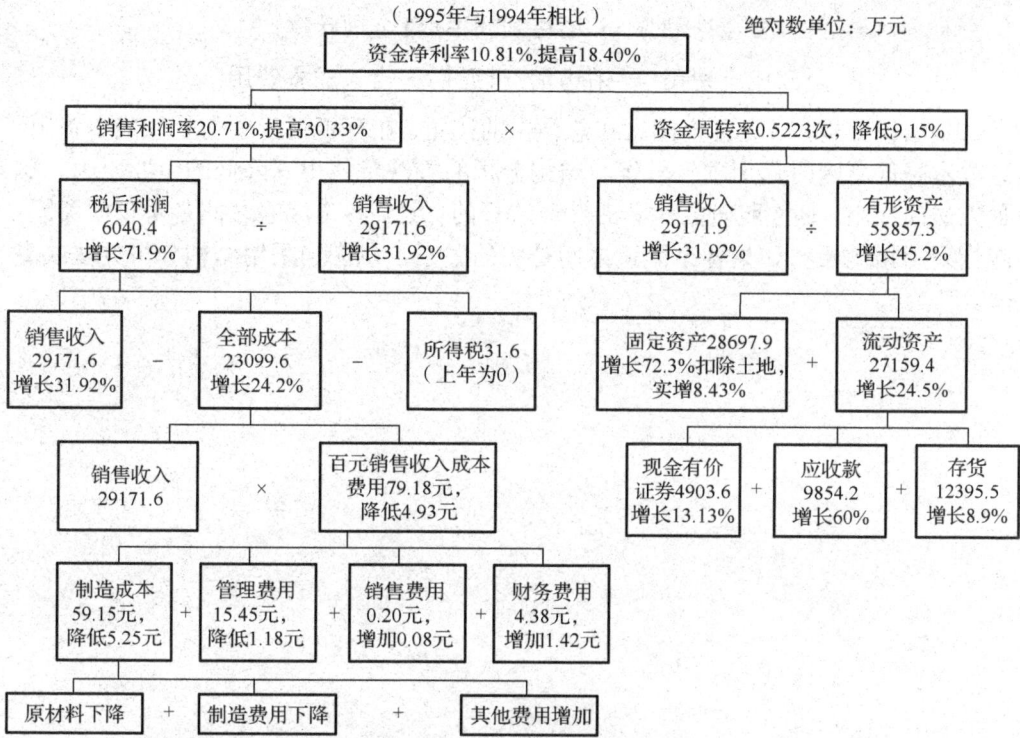

图 6-1　资金净利率提高原因分析图

## 三、小结

（1）资金净利率是反映企业盈利水平和经济效益的核心指标,是反映国有企业资产运作能力、资产增值能力的主要指标。本案例将它作为分析对象，就可以从投入与产出两方面深入分析企业的问题，找出提高经济效益的途径。

（2）本案例在分析时层层分解，逐步深入。从资产净利率到销售收入利润率和资金周转率，再分析两者提高和降低的原因，分为四、五层分析，直到探究出影响资金利润率提高的主要原因为止，逐步深入，层次分明，结论明确，对策有据。这些层次是怎么层层分解的呢？主要是根据事物内部固有的联系，用定性分析的方法进行分解。对于这类复杂的事物，研究者只有具备广泛的知识，理解研究对象的内在规律，才有可能做出正确的分解。

（3）本案例对每个层次都进行了定量分析,通过定量分析分清了主要因素和次要因素，揭示了事物的性质。这里使用的定量分析方法，一是指数法，即应用指数体系分析各个因素影响的方向和程度，例如：

$$资金净利率 = 销售利润率×资金周转率$$

$$全部成本费用 = 销售量×百元销售收入成本费用$$

二是结构分析，研究各个因素在总体中的比重。在分析百元销售收入成本费用、制造成本降低原因时运用项目分组、结构分析的方法，找出其降低的主要原因。这两种方法的应用，是按照研究对象的性质选择的。如果各个因素之间是乘积的关系，就应当采用指数法；如果各个因素之间是和的关系，就应当采用结构分析方法或离差法。

# 第7章 多元统计分析案例

多元统计分析是讨论多个随机变量理论和统计方法的总称。其内容包括一元统计学中某些方法的直接推广，如多元回归分析，也包括多个随机变量特有的一些问题，如主成分分析、因子分析、聚类分析、判别分析、对应分析等。

多元统计分析是解决实际问题的有效的数据处理方法，其应用范围非常广泛。多元统计分析方法可以应用于地质科学、气象科学、医疗卫生、体育、语言学、考古学、教育学、心理学以及经济学、管理学等各个方面。下面我们以经济学和管理学为例，了解一下多元分析方法的应用。

（1）简化数据结构。对多个变量进行降维处理，选择数目较小的变量子集合。在商业经济中，为了能够全面刻画所研究对象的数量特征，往往要调查多方面的统计数据。数据维数越多，反映问题越全面，但同时也给数据分析带来困难。这时就要用降维的方法将很复杂的数据综合成商业指数形式，处理方法主要有主成分分析、因子分析和对应分析等。

（2）对研究对象进行分类与判别。比如，根据各地区的经济发展水平、经济发展特征对我国各地区的经济发展类型进行划分，需要通过反映各地区经济情况的多项数据测算各地区经济发展的相似度，并以此对各地经济类型进行划分和归类。用来处理这一问题的多元统计方法主要是聚类分析、判别分析等。

（3）建立经济模型。经济模型一般是指把经济变量之间的依存关系通过数学表达形式加以模拟。例如，根据我国几十年来财政收入与国民收入、工农业总值、人口、就业人口、固定投资等相关因素，利用回归方法建立预测模型，对今后的财政收入进行预测。

（4）研究经济现象之间的相互关系。当我们研究两组变量之间的相关程度时，只用简单直线相关系数是不够的，在多元统计分析中，用典型相关分析可以处理两组变量之间的相关程度的分析和测算。

由于现实问题的复杂性和每种多元分析方法特殊的应用场合和自身的局限性，所以在处理问题时有必要将各种多元分析方法结合运用。

## 案例1 企业员工绩效考核分析——基于多元统计分析

### 一、案例背景

随着现代人力资源管理理论的迅速发展，绩效考评技术水平也在不断提高。绩效的多因性、多维性，要求对绩效实施多标准大样本科学有效的评价。对企业来说，对上千人进行多达 50～60 个标准的考核是很常见的现象。但是，目前多标准大样本大型企业绩效考评问题仍然困扰着许多人力资源管理从业人员。为此，有必要将当今国际上最流行的视窗统计软件 SPSS 应用于绩效考评之中。

在分析企业员工绩效水平时，由于员工绩效水平的指标很多，各指标之间还有一定的关联性，缺乏有效的方法进行比较。本案例将列举某企业的具体情况确定适当的考核标准，采用主成分分析以及聚类分析方法，比较出各员工的绩效水平，从而为企业绩效管理提供一定的科学依据。

## 二、案例分析

### 1. 主成分分析

为了分析某企业绩效水平，按照综合性、可比性、实用性和易操作性的选取指标原则，本案例选择了影响某企业绩效水平的成果、行为、态度等 6 个经济指标，见表 7-1。

表 7-1    变量和考评指标名称表

| 变量 | 指标名称 | 变量 | 指标名称 |
|---|---|---|---|
| X1 | 工作产量 | X4 | 工作损耗 |
| X2 | 工作质量 | X5 | 工作态度 |
| X3 | 工做出勤 | X6 | 工作能力 |

对某企业，搜集整理了 28 名员工 2009 年第 1 季度的数据资料，见表 7-2。

表 7-2    某企业职工绩效考评结果

| 职工代号 | X1 | X2 | X3 | X4 | X5 | X6 |
|---|---|---|---|---|---|---|
| 1 | 9.68 | 9.62 | 8.37 | 8.63 | 9.86 | 9.74 |
| 2 | 8.09 | 8.83 | 9.38 | 9.79 | 9.98 | 9.73 |
| 3 | 7.46 | 8.73 | 6.74 | 5.59 | 8.83 | 8.46 |
| 4 | 6.08 | 8.25 | 5.04 | 5.92 | 8.33 | 8.29 |
| 5 | 6.61 | 8.36 | 6.67 | 7.46 | 8.38 | 8.14 |
| 6 | 7.69 | 8.85 | 6.44 | 7.45 | 8.19 | 8.1 |
| 7 | 7.46 | 8.93 | 5.7 | 7.06 | 8.58 | 8.36 |
| 8 | 7.6 | 9.28 | 6.75 | 8.03 | 8.68 | 8.22 |
| 9 | 7.6 | 8.26 | 7.5 | 7.63 | 8.79 | 7.63 |
| 10 | 7.16 | 8.62 | 5.72 | 7.11 | 8.19 | 8.18 |
| 11 | 6.04 | 8.17 | 3.95 | 8.08 | 8.24 | 8.65 |
| 12 | 6.27 | 7.94 | 3 | 4.52 | 7.16 | 7.81 |
| 13 | 6.61 | 8.5 | 4.34 | 5.61 | 8.52 | 8.36 |
| 14 | 7.39 | 8.44 | 5.92 | 5.37 | 8.83 | 7.47 |

续表

| 职工代号 | X1 | X2 | X3 | X4 | X5 | X6 |
|---|---|---|---|---|---|---|
| 15 | 7.83 | 8.79 | 3.85 | 5.35 | 8.58 | 8.03 |
| 16 | 7.36 | 8.53 | 5.39 | 7.09 | 8.23 | 8.04 |
| 17 | 7.24 | 8.61 | 4.69 | 3.98 | 9.04 | 8.07 |
| 18 | 6.49 | 8.03 | 4.56 | 7.18 | 8.54 | 8.57 |
| 19 | 5.43 | 7.67 | 4.22 | 3.87 | 8.41 | 7.6 |
| 20 | 4.57 | 7.4 | 2.96 | 3.02 | 8.74 | 7.97 |
| 21 | 6.43 | 8.38 | 4.87 | 4.87 | 8.78 | 8.37 |
| 22 | 5.88 | 7.89 | 3.87 | 6.34 | 8.37 | 8.19 |
| 23 | 3.94 | 6.91 | 2.97 | 6.77 | 8.17 | 8.16 |
| 24 | 4.82 | 7.3 | 3.07 | 5.87 | 6.32 | 6.01 |
| 25 | 4.02 | 7.26 | 2.28 | 5.63 | 9.66 | 9.07 |
| 26 | 3.87 | 6.96 | 2.79 | 4.92 | 5.32 | 6.23 |
| 27 | 4.15 | 7.5 | 1.56 | 4.81 | 8.44 | 8.38 |
| 28 | 4.99 | 7.52 | 2.11 | 6.23 | 8.3 | 8.14 |

应用 SPSS 数据统计分析系统首先对变量主成分进行分析，找到样本的主成分及各变量在主成分中的得分。具体步骤如下：

(1)在菜单栏上执行"分析—降维—因子分析"，打开因子分析对话框，将要分析的变量都放入"变量"窗口中，如图 7-1 所示。

(2)选择"Regression"，勾选"Save as variable"和"Display factor score coefficient matrix"，如图 7-2 所示，再单击"继续"按钮，返回主对话框。

(3)在主对话框中单击"确定"按钮，输出数据处理结果，见表 7-3、表 7-4、表 7-5。

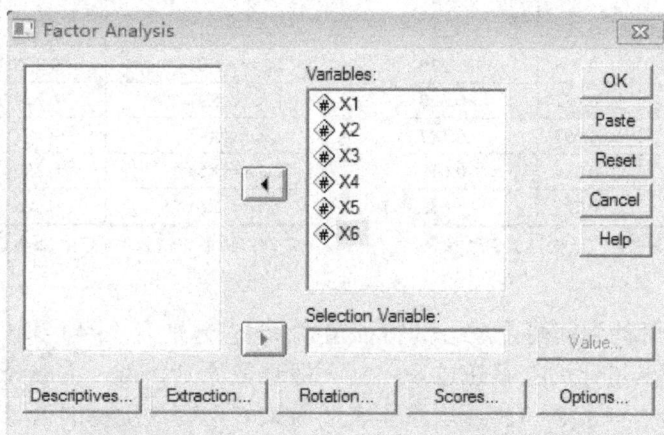

图 7-1　主成分分析主对话框

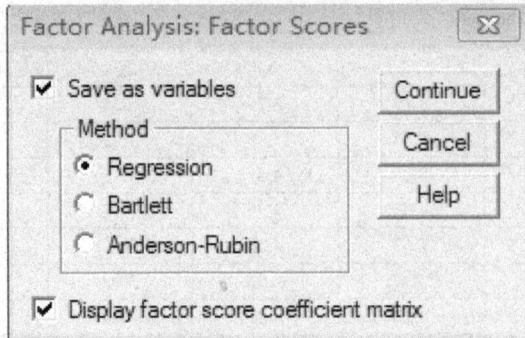

图 7-2 因子得分对话框

**表 7-3 解释的总方差**

| | 成分 | 初始特征值 | | | 提取平方和载入 | | |
|---|---|---|---|---|---|---|---|
| | | 合计 | 方差的% | 累积% | 合计 | 方差的% | 累积% |
| 原始 | 1 | 3.944 | 65.739 | 65.739 | 3.944 | 65.739 | 65.739 |
| | 2 | 1.080 | 18.000 | 83.740 | 1.080 | 18.000 | 83.740 |
| | 3 | 0.650 | 10.832 | 94.571 | | | |
| | 4 | 0.211 | 3.520 | 98.092 | | | |
| | 5 | 0.080 | 1.337 | 99.428 | | | |
| | 6 | 0.034 | 0.572 | 100.000 | | | |

注：提取方法为主成分分析。

**表 7-4 成分矩阵**

| | 成分 | |
|---|---|---|
| | 1 | 2 |
| Zscore(X1) | 0.897 | −0.319 |
| Zscore(X2) | 0.899 | −0.239 |
| Zscore(X3) | 0.882 | −0.320 |
| Zscore(X4) | 0.697 | −0.187 |
| Zscore(X5) | 0.732 | 0.618 |
| Zscore(X6) | 0.729 | 0.633 |

注：提取方法为主成分；已提取了 2 个成分。

**表 7-5 因子得分系数矩阵**

| | 成分 | |
|---|---|---|
| | 1 | 2 |
| Zscore(X1) | 0.227 | −0.295 |
| Zscore(X2) | 0.228 | −0.221 |
| Zscore(X3) | 0.224 | −0.297 |
| Zscore(X4) | 0.177 | −0.173 |
| Zscore(X5) | 0.186 | 0.572 |
| Zscore(X6) | 0.185 | 0.587 |

注：提取方法为主成分；系数已被标准化。

从表 7-3 中可得到前两个成分的特征值大于 1，分别为 3.944 和 1.08，所以选取两个主成分。根据累计贡献率超过 80%的一般选取原则，第一主成分和第二主成分的累计贡献率已达到了 83.74%的水平，表明原来 6 个变量反映的信息可由两个主成分反映 83.74%。

从表 7-4 可看出，第一主成分与工作质量、工作产量以及工作出勤高度正相关，因此可以反映影响该企业绩效的工作成绩因素。第二主成分与工作能力以及工作态度高度正相关，因此可以反映影响该企业员工绩效的能力与态度因素。

因为本案例要研究职工工作绩效成绩的得分，根据两个主成分的表示重点不同，我们可以看到第一主成分反映的是绩效成绩的得分，所以计算每个样本在第一主成分方向的得分。

可以对数据进行标准化处理，并用每个样本乘以第一主成分得分矩阵，即得各样本在第一主成分的综合得分。

例如，1 号样本在第一主成分方向的综合得分为

$2.24478 \times 0.227 + 2.06671 \times 0.228 + 1.82854 \times 0.224 + 1.54332 \times 0.177 + 1.56685 \times 0.1865 + 2.07013 \times 0.185 = 2.337944$

其他各样本均按此方法算出综合得分，并按各样本在第一主成分方向的综合得分的降序顺序排列数据，得到的就是各个员工工作绩效成绩的得分，见表 7-6。

表 7-6　第一主成分得分

| 职工代号 | X1 | X2 | X3 | X4 | X5 | X6 | 各样本在第一主成分的综合得分 |
|---|---|---|---|---|---|---|---|
| 1 | 2.24478 | 2.06671 | 1.82854 | 1.54332 | 1.56685 | 2.07013 | 2.337944 |
| 2 | 1.1618 | 0.91894 | 2.34746 | 2.28639 | 1.69646 | 2.05718 | 2.099889 |
| 8 | 0.82805 | 1.57273 | 0.9962 | 1.15898 | 0.29239 | 0.10131 | 1.047965 |
| 7 | 0.73269 | 1.06423 | 0.45672 | 0.53762 | 0.18438 | 0.28265 | 0.693014 |
| 6 | 0.88935 | 0.948 | 0.83692 | 0.78745 | −0.23684 | −0.05412 | 0.690811 |
| 3 | 0.73269 | 0.77365 | 0.99106 | −0.40402 | 0.45439 | 0.41218 | 0.653969 |
| 9 | 0.82805 | 0.0908 | 1.38154 | 0.90275 | 0.41119 | −0.66291 | 0.631764 |
| 5 | 0.15374 | 0.23609 | 0.9551 | 0.79385 | −0.03163 | −0.00231 | 0.436871 |
| 10 | 0.52836 | 0.61384 | 0.467 | 0.56965 | −0.23684 | 0.0495 | 0.430435 |
| 16 | 0.66458 | 0.48308 | 0.29745 | 0.55684 | −0.19364 | −0.13184 | 0.365784 |
| 15 | 0.98471 | 0.86083 | −0.49379 | −0.55776 | 0.18438 | −0.14479 | 0.217974 |
| 14 | 0.68501 | 0.35232 | 0.56975 | −0.54494 | 0.45439 | −0.87015 | 0.190535 |
| 18 | 0.072 | −0.24336 | −0.129 | 0.61449 | 0.14118 | 0.55466 | 0.169598 |
| 11 | −0.2345 | −0.03995 | −0.44241 | 1.19101 | −0.18284 | 0.65828 | 0.137142 |
| 17 | 0.58285 | 0.59931 | −0.06221 | −1.43534 | 0.68121 | −0.09298 | 0.110463 |
| 13 | 0.15374 | 0.43949 | −0.24203 | −0.39121 | 0.11958 | 0.28265 | 0.086176 |
| 21 | 0.03114 | 0.26515 | 0.03028 | −0.86523 | 0.40039 | 0.2956 | 0.050319 |
| 4 | −0.20726 | 0.07628 | 0.11762 | −0.19263 | −0.08563 | 0.19198 | −0.01782 |
| 22 | −0.34348 | −0.44676 | −0.48351 | 0.07641 | −0.04243 | 0.06245 | −0.27095 |
| 25 | −1.61037 | −1.36207 | −1.30044 | −0.3784 | 1.35084 | 1.2023 | −0.5607 |
| 28 | −0.94968 | −0.98432 | −1.38778 | 0.00595 | −0.11803 | −0.00231 | −0.77219 |
| 19 | −0.64998 | −0.76639 | −0.30369 | −1.5058 | 0.00077 | −0.70176 | −0.78652 |

| 职工代号 | X1 | X2 | X3 | X4 | X5 | X6 | 各样本在第一主成分的综合得分 |
|---|---|---|---|---|---|---|---|
| 12 | −0.07784 | −0.37411 | −0.93051 | −1.08943 | −1.3493 | −0.42975 | −0.8347 |
| 23 | −1.66486 | −1.87057 | −0.94592 | 0.35186 | −0.25844 | 0.02359 | −0.99773 |
| 27 | −1.52182 | −1.01338 | −1.67036 | −0.90366 | 0.03317 | 0.30855 | −1.04736 |
| 20 | −1.23575 | −1.15867 | −0.95106 | −2.05029 | 0.35719 | −0.22251 | −1.09536 |
| 24 | −1.06547 | −1.30395 | −0.89454 | −0.22466 | −2.25654 | −2.76126 | −1.70985 |
| 26 | −1.71253 | −1.79793 | −1.0384 | −0.8332 | −3.3366 | −2.4763 | −2.25747 |

2. 聚类分析

为了把各个员工工作绩效成绩分类，更好地描述成绩区间，这里采用聚类分析对员工进行分类(计划分为4类：优秀、良好、及格、不及格)。

分类的步骤为：

(1)在菜单栏上执行"分析—分类—系统分类"，把标准化后的变量输入变量框中，在"分群框"中选择"个案"，在"输出框"中选择"统计量"、"图"。

(2)在"统计量"中选择"合并进程表"、"单一方案"(聚类数为4)。

(3)在"绘制"中选择"树状图"、"所有聚类"、"垂直"。

(4)在"方法"中选择"组间连接"、"平方欧式距离"。"标准化"选择"无"(因为采用的是已经标准化后的数据)。

(5)在"保存"中选择"单一方案"(聚类数为4)。

(6)单击"确定"按钮。

得到表7-7和图7-3、图7-4。

表7-7 聚类表

| 阶 | 群集组合 | | 系数 | 首次出现阶群集 | | 下一阶 |
|---|---|---|---|---|---|---|
| | 群集1 | 群集2 | | 群集1 | 群集2 | |
| 1 | 10 | 16 | 0.099 | 0 | 0 | 3 |
| 2 | 13 | 21 | 0.423 | 0 | 0 | 5 |
| 3 | 6 | 10 | 0.528 | 0 | 1 | 4 |
| 4 | 6 | 7 | 0.565 | 3 | 0 | 7 |
| 5 | 4 | 13 | 0.640 | 0 | 2 | 13 |
| 6 | 11 | 18 | 0.682 | 0 | 0 | 8 |
| 7 | 5 | 6 | 1.010 | 0 | 4 | 12 |
| 8 | 11 | 22 | 1.351 | 6 | 0 | 22 |
| 9 | 27 | 28 | 1.355 | 0 | 0 | 18 |
| 10 | 15 | 17 | 1.436 | 0 | 0 | 13 |
| 11 | 19 | 20 | 1.569 | 0 | 0 | 23 |
| 12 | 5 | 8 | 1.724 | 7 | 0 | 15 |

续表

| 阶 | 群集组合 | | 系数 | 首次出现阶群集 | | 下一阶 |
| --- | --- | --- | --- | --- | --- | --- |
| | 群集 1 | 群集 2 | | 群集 1 | 群集 2 | |
| 13 | 4 | 15 | 1.944 | 5 | 10 | 16 |
| 14 | 3 | 14 | 2.022 | 0 | 0 | 16 |
| 15 | 5 | 9 | 2.234 | 12 | 0 | 20 |
| 16 | 3 | 4 | 2.295 | 14 | 13 | 20 |
| 17 | 24 | 26 | 2.301 | 0 | 0 | 26 |
| 18 | 23 | 27 | 2.327 | 0 | 9 | 21 |
| 19 | 1 | 2 | 3.329 | 0 | 0 | 27 |
| 20 | 3 | 5 | 3.931 | 16 | 15 | 22 |
| 21 | 23 | 25 | 4.107 | 18 | 0 | 24 |
| 22 | 3 | 11 | 4.123 | 20 | 8 | 25 |
| 23 | 12 | 19 | 4.390 | 0 | 11 | 24 |
| 24 | 12 | 23 | 6.328 | 23 | 21 | 25 |
| 25 | 3 | 12 | 11.123 | 22 | 24 | 26 |
| 26 | 3 | 24 | 24.501 | 25 | 17 | 27 |
| 27 | 1 | 3 | 28.620 | 19 | 26 | 0 |

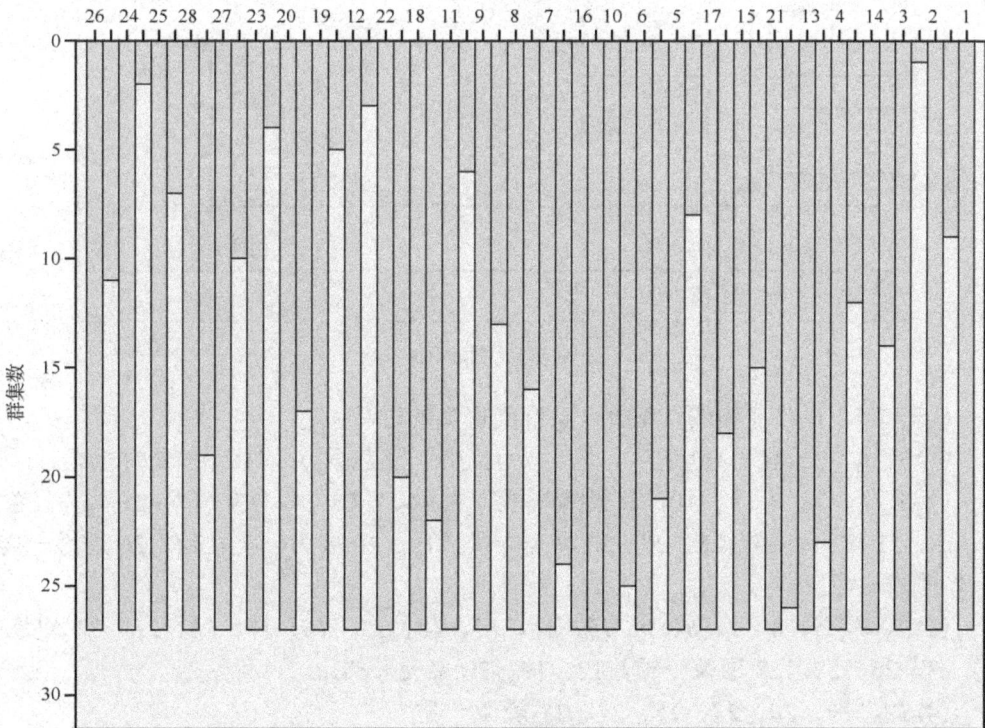

图 7-3　冰柱图

使用平均连接（组间）的树状图
重新调整距离聚类合并

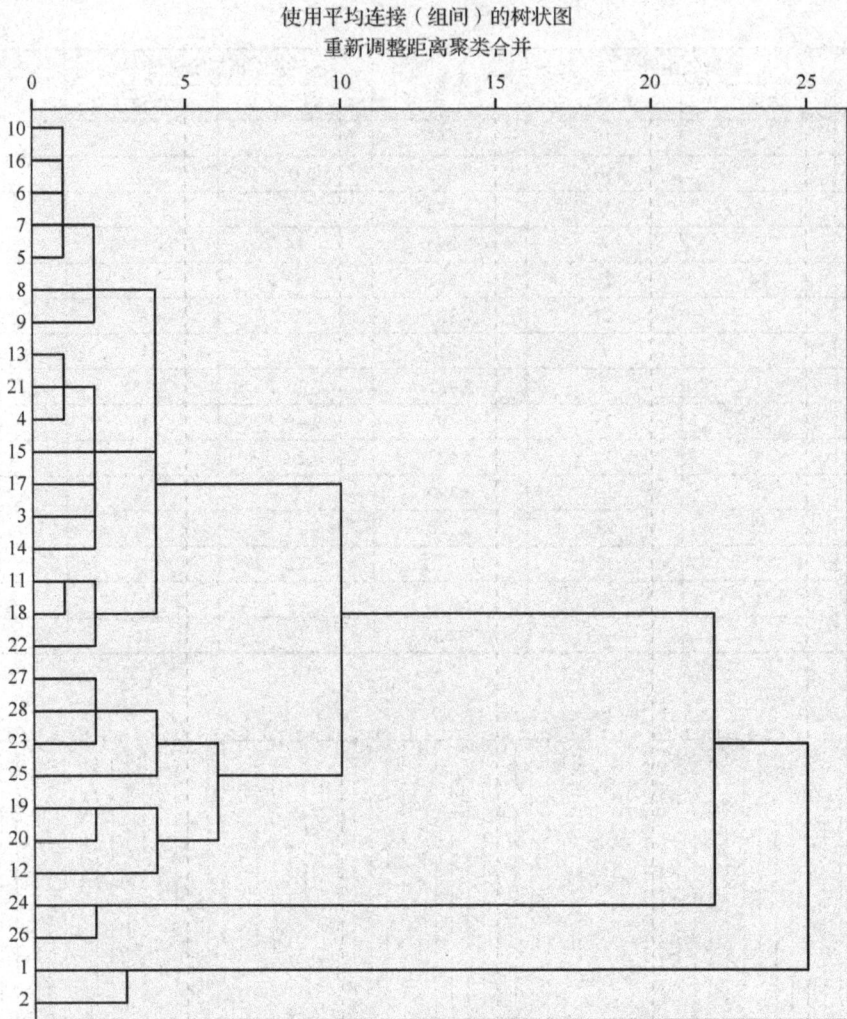

图 7-4　树状图

从表 7-7、图 7-3 和图 7-4 中可以看到聚类的过程：

(1) 5、6、7、10、16 聚为一类，4、13、21 聚为一类，11、18 聚为一类。

(2) 5、6、7、8、9、10、16 聚为一类，3、4、13、14、15、17、21 聚为一类，11、18、22 聚为一类，23、27、28 聚为一类，19、20 聚为一类，**24、26 聚为一类，1、2 聚为一类。**

(3) **3、4、5、6、7、8、9、10、11、13、14、15、16、17、18、21、22 聚为一类，**23、25、27、28 聚为一类，12、19、20 聚为一类。

(4) **12、19、20、23、25、27、28 聚为一类。**

(注：黑色斜体字为最终类别。)

　　根据以上结果，可以把表 7-6 进行一定的处理，把同一类别的样本在主成分方向的得分(工作绩效成绩得分)用不同标识标记，如表中第二类别加粗，第三类别为斜体，第四类别为斜体加粗，其余为第一类别。

　　从表 7-8 中可以看到，第一类别的样本的工作绩效成绩得分最高，其次是第二类别、第三类别，得分最低的是第四类别。因此，可以把最终的分类结果和计划分类结合起来，即：

表 7-8　改进的主成分得分表

| 职工代号 | X1 | X2 | X3 | X4 | X5 | X6 | 各样本在第一主成分的得分 |
|---|---|---|---|---|---|---|---|
| 1 | 2.24478 | 2.06671 | 1.82854 | 1.54332 | 1.56685 | 2.07013 | **2.337944** |
| 2 | 1.1618 | 0.91894 | 2.34746 | 2.28639 | 1.69646 | 2.05718 | **2.099889** |
| 8 | 0.82805 | 1.57273 | 0.9962 | 1.15898 | 0.29239 | 0.10131 | **1.047965** |
| 7 | 0.73269 | 1.06423 | 0.45672 | 0.53762 | 0.18438 | 0.28265 | **0.693014** |
| 6 | 0.88935 | 0.948 | 0.83692 | 0.78745 | −0.23684 | −0.05412 | **0.690811** |
| 3 | 0.73269 | 0.77365 | 0.99106 | −0.40402 | 0.45439 | 0.41218 | **0.653969** |
| 9 | 0.82805 | 0.0908 | 1.38154 | 0.90275 | 0.41119 | −0.66291 | **0.631764** |
| 5 | 0.15374 | 0.23609 | 0.9551 | 0.79385 | −0.03163 | −0.00231 | **0.436871** |
| 10 | 0.52836 | 0.61384 | 0.467 | 0.56965 | −0.23684 | 0.0495 | **0.430435** |
| 16 | 0.66458 | 0.48308 | 0.29745 | 0.55684 | −0.19364 | −0.13184 | **0.365784** |
| 15 | 0.98471 | 0.86083 | −0.49379 | −0.55776 | 0.18438 | −0.14479 | **0.217974** |
| 14 | 0.68501 | 0.35232 | 0.56975 | −0.54494 | 0.45439 | −0.87015 | **0.190535** |
| 18 | 0.072 | −0.24336 | −0.129 | 0.61449 | 0.14118 | 0.55466 | **0.169598** |
| 11 | −0.2345 | −0.03995 | −0.44241 | 1.19101 | −0.18284 | 0.65828 | **0.137142** |
| 17 | 0.58285 | 0.59931 | −0.06221 | −1.43534 | 0.68121 | −0.09298 | **0.110463** |
| 13 | 0.15374 | 0.43949 | −0.24203 | −0.39121 | 0.11958 | 0.28265 | **0.086176** |
| 21 | 0.03114 | 0.26515 | 0.03028 | −0.86523 | 0.40039 | 0.2956 | **0.050319** |
| 4 | −0.20726 | 0.07628 | 0.11762 | −0.19263 | −0.08563 | 0.19198 | **−0.01782** |
| 22 | −0.34348 | −0.44676 | −0.48351 | 0.07641 | −0.04243 | 0.06245 | *−0.27095* |
| 25 | −1.61037 | −1.36207 | −1.30044 | −0.3784 | 1.35084 | 1.2023 | *−0.5607* |
| 28 | −0.94968 | −0.98432 | −1.38778 | 0.00595 | −0.11803 | −0.00231 | *−0.77219* |
| 19 | −0.64998 | −0.76639 | −0.30369 | −1.5058 | 0.00077 | −0.70176 | *−0.78652* |
| 12 | −0.07784 | −0.37411 | −0.93051 | −1.08943 | −1.3493 | −0.42975 | *−0.8347* |
| 23 | −1.66486 | −1.87057 | −0.94592 | 0.35186 | −0.25844 | 0.02359 | *−0.99773* |
| 27 | −1.52182 | −1.01338 | −1.67036 | −0.90366 | 0.03317 | 0.30855 | *−1.04736* |
| 20 | −1.23575 | −1.15867 | −0.95106 | −2.05029 | 0.35719 | −0.22251 | *−1.09536* |
| 24 | −1.06547 | −1.30395 | −0.89454 | −0.22466 | −2.25654 | −2.76126 | ***−1.70985*** |
| 26 | −1.71253 | −1.79793 | −1.0384 | −0.8332 | −3.3366 | −2.4763 | ***−2.25747*** |

(1)"优秀"为第一类，包括职工 1、2。

(2)"良好"为第二类，包括职工 3、4、5、6、7、8、9、10、11、13、14、15、16、17、18、21、22。

(3)"及格"为第三类，包括职工 12、19、20、23、25、27、28。

(4)"不及格"为第四类，包括职工 24、26。

## 三、小结

本案例采用多元统计分析中的主成分分析以及聚类分析方法，对企业各员工的绩效水平进行比较，按绩效水平高低归类，从而为企业绩效管理提供一定的科学依据。

# 案例 2  江苏省私人汽车拥有情况的分析——基于主成分分析

## 一、案例背景

江苏省位于东部沿海地区，地理条件优越，经济发达，交通便利，交通基础设施不断完善，城市公共交通设施日益健全，成为私人汽车消费的热点地区。从近年江苏省私人汽车的发展情况来看，一方面满足了人们的消费欲望，提高了生活质量；另一方面也大大推动了经济的快速发展，在一定程度上也加快了交通基础设施建设的步伐。但从长远来看，私人汽车持续增长的趋势也带来了一些负面影响，如私人汽车的快速增长对城市治安和交通管理提出了严峻的挑战；带来的噪声污染、空气污染则威胁到居民的身心健康等，这些日益凸显的社会问题值得重视。

本案例将针对影响私人汽车拥有量的因素，运用多元统计的方法进行主成分分析，以寻求影响私人汽车拥有量的综合指标因素。

## 二、私人汽车拥有量的影响因素的主成分分析

### 1. 选取指标

影响私人汽车拥有量的因素多种多样，但是大部分因素之间又有着一定的相关性，因此希望找到较少的几个彼此不相关的综合指标尽可能全面地反映原来多个变量的信息。主成分分析就是在此基础上将多个变量指标间的问题化为较少的几个新指标(新指标间互不相关)间的问题。

首先选取如下 7 个变量作为影响私人汽车拥有量的因素，相关数据见表 7-9：

$X_1$——人均生产总值；

$X_2$——全社会固定资产投资额；

$X_3$——居民消费价格指数；

$X_4$—社会消费品零售总额；

$X_5$—居民储蓄存款余额；

$X_6$—年末实有道路长度；

$X_7$—原材料、燃料、动力购进价格指数。

### 表 7-9　各影响因素的相关数据

| 年份 | $X_1$ (元) | $X_2$ (亿元) | $X_3$ (上年=100) | $X_4$ (亿元) | $X_5$ (亿元) | $X_6$ (千米) | $X_7$ (上年=100) |
|---|---|---|---|---|---|---|---|
| 2003 | 16743 | 5335.8 | 101 | 4194.50 | 7638.18 | 25541 | 106.5 |
| 2004 | 20031 | 6827.59 | 104.1 | 4892.18 | 8863.1 | 26598 | 116.3 |
| 2005 | 24616 | 8739.71 | 102.1 | 5735.50 | 10581.27 | 28674 | 107.6 |
| 2006 | 28526 | 10071.42 | 101.6 | 6706.19 | 12183.47 | 27058 | 106.4 |
| 2007 | 33837 | 12268.07 | 104.3 | 7985.90 | 13014.92 | 27706 | 105 |
| 2008 | 40014 | 15060.45 | 105.4 | 9905.10 | 16721.18 | 28761 | 115 |
| 2009 | 44253 | 18949.88 | 99.6 | 11484.1 | 20080.63 | 30003 | 91.9 |
| 2010 | 52840 | 23184.28 | 103.8 | 13606.8 | 23334.48 | 31899 | 112.8 |

注：数据来源：《2003—2011 年江苏统计年鉴》。

### 2. 主成分分析

运用 SPSS 统计分析软件进行主成分分析步骤如下：

（1）先在 SPSS 中准备好要处理的数据，然后在菜单栏上执行"分析—降维—因子分析"，打开因子分析对话框，将要分析的变量都放入"变量"窗口中。

（2）选择"描述"，勾选"相关系数"，单击"继续"按钮，返回主对话框。

（3）选择"得分"，勾选"保存为变量"和"显示因子得分系数矩阵"，再单击"继续"按钮，返回主对话框。

（4）在主对话框中单击"确定"按钮，输出数据处理结果，见表 7-10～表 7-12。

### 表 7-10　相关系数矩阵

| | $X_1$ | $X_2$ | $X_3$ | $X_4$ | $X_5$ | $X_6$ | $X_7$ |
|---|---|---|---|---|---|---|---|
| $X_1$ | 1.0000 | 0.9929 | 0.1557 | 0.9963 | 0.9900 | 0.9200 | −0.1683 |
| $X_2$ | 0.9929 | 1.0000 | 0.0878 | 0.9977 | 0.9975 | 0.9379 | −0.1953 |
| $X_3$ | 0.1557 | 0.0878 | 1.0000 | 0.1167 | 0.0636 | 0.0873 | 0.8087 |
| $X_4$ | 0.9963 | 0.9977 | 0.1167 | 1.0000 | 0.9967 | 0.9214 | −0.1823 |
| $X_5$ | 0.9900 | 0.9975 | 0.0636 | 0.9967 | 1.0000 | 0.9332 | −0.2009 |
| $X_6$ | 0.9200 | 0.9379 | 0.0873 | 0.9214 | 0.9332 | 1.0000 | −0.1226 |
| $X_7$ | −0.1683 | −0.1953 | 0.8087 | −0.1823 | −0.2009 | −0.1226 | 1.0000 |

表 7-10 表示各个变量之间的相关系数矩阵，由输出的数据可得 $X_1$、$X_2$、$X_4$、

$X_5$、$X_6$ 这 5 个变量相互之间的相关系数均达到 0.9 以上，因此这 5 个变量高度相关。

表 7-11  相关矩阵特征值

|  | 矩阵特征值 | 差异值 | 贡献率 | 累计贡献率 |
|---|---|---|---|---|
| 1 | 4.91947118 | 3.11201224 | 0.7028 | 0.7028 |
| 2 | 1.80745894 | 1.62169872 | 0.2582 | 0.9610 |
| 3 | 0.18576021 | 0.10321414 | 0.0265 | 0.9875 |
| 4 | 0.08254607 | 0.07955734 | 0.0118 | 0.9993 |
| 5 | 0.00298870 | 0.00151100 | 0.0004 | 0.9997 |
| 6 | 0.00147780 | 0.00118070 | 0.0002 | 1 |
| 7 | 0.00029710 | 0 | 1 |  |

表 7-11 给出了相关矩阵特征值、差异值、贡献率、累计贡献率。特征值越大，它所对应的主成分变量包含的信息就越多。由输出结果，可以看到前两个主成分累计特征值的贡献率为 96.1%，说明前两个主成分几乎包含了原来 7 个指标的信息。因此可以考虑将这原来的 7 个影响因素用前两个主成分来说明。

表 7-12  特征向量

|  | $Z_1$ | $Z_2$ | $Z_3$ | $Z_4$ | $Z_5$ | $Z_6$ | $Z_7$ |
|---|---|---|---|---|---|---|---|
| $X_1$ | 0.447708 | 0.039513 | −0.203903 | 0.125335 | −0.810397 | 0.288531 | −0.026799 |
| $X_2$ | 0.450030 | 0.002415 | −0.020370 | 0.162134 | 0.502964 | 0.656568 | 0.294466 |
| $X_3$ | 0.039329 | 0.713089 | −0.582806 | −0.350789 | 0.115666 | −0.085805 | 0.080629 |
| $X_4$ | 0.448827 | 0.018709 | −0.119879 | 0.251729 | 0.262606 | −0.227418 | −0.774458 |
| $X_5$ | 0.449189 | −0.009427 | 0.029663 | 0.277532 | 0.034522 | −0.647483 | 0.547549 |
| $X_6$ | 0.428967 | 0.029199 | 0.506639 | −0.742635 | −0.020243 | −0.051621 | −0.062205 |
| $X_7$ | −0.090854 | 0.699032 | 0.588568 | 0.378223 | −0.079639 | 0.068464 | −0.051043 |

由表 7-12 相关数据给出的特征向量可以写出主成分的表达式，其中 $Z_1$、$Z_2$ 可以用如下表达式表示：

$$Z_1 = 0.447708X_1 + 0.45003X_2 + 0.039329X_3 + 0.448827X_4 + 0.449189X_5$$
$$+ 0.428967X_6 - 0.090854X_7$$

$$Z_2 = 0.039513X_1 + 0.002415X_2 + 0.713089X_3 + 0.018709X_4 - 0.009427X_5$$
$$+ 0.029199X_6 + 0.699032X_7$$

由此可以看出，决定第一主成分 $Z_1$ 大小的主要是 $X_1$——人均生产总值、$X_2$——全社会固定资产投资额、$X_4$——社会消费品零售总额、$X_5$——居民储蓄存款余额、$X_6$——年末实有道路长度，决定第二主成分 $Z_2$ 大小的，主要是 $X_3$——居民消费价格指数、$X_7$——原材料、燃料、动力购进价格指数。$Z_1$ 主要反映的是经济发展水平指标，$Z_2$

主要反映的是人民生活物价指标。选取这两个主成分作为影响私人汽车拥有量因素的综合评价指标。以这两个主成分的贡献率为权数求加权均值，得主成分综合得分为 $E = 0.7028Z_1 + 0.2582Z_2$。

综合表 7-10～表 7-12，可以看出人均生产总值、固定资产投资等这些经济方面的因素对私人汽车拥有量的影响占主导地位，其次消费水平、燃料价格等生活物价方面的因素对私人汽车拥有量的影响也较大。综上所述，影响私人汽车拥有情况的因素可用两个综合指标因素概括，即经济发展水平以及生活消费物价水平。

### 三、小结

主成分分析法是一种降维的统计方法，设法将原来众多具有一定相关性的指标，重新组合成一组新的互相无关的综合指标来代替原来的指标。主成分分析的主要作用体现在四个方面：第一，主成分分析能降低所研究的数据空间的维数；第二，可通过因子负荷的结论，弄清变量间的某些关系；第三，可由主成分分析构造回归模型，即把各个主成分作为新自变量代替原来自变量做回归分析；第四，用主成分分析筛选回归变量。

## 案例 3　房地产市场价格影响因素分析及预测

### 一、案例背景

目前我国房地产市场的过度开发使其价格不断攀升，若不及时进行调控，将危害到国民经济的发展。因此，分析房价的影响因素以寻求控制房价的有效政策是急需关注的问题。本案例运用因子分析与多元线性回归分析法，找出影响房地产市场价格的因素，从而进行房价预测，为房地产市场的稳步发展提出建议。

### 二、房地产市场价格影响因素分析

设商品房均价为 $Y$，并选取以下影响房地产价格的 6 个指标：

$Y$—商品房均价（元/平方米）；

$X_1$—全社会固定资产投资额（亿元）；

$X_2$—居民可支配收入（元）；

$X_3$—销售面积（万平方米）；

$X_4$—房地产投资额（亿元）；

$X_5$—竣工面积（万平方米）；

$X_6$—城镇居民家庭人均住宅建筑面积（平方米）。

2009—2014 年的指标见表 7-13。

表 7-13　2009—2014 年各年的指标

|  | $n$ | $Y$ | $X_1$ | $X_2$ | $X_3$ | $X_4$ | $X_5$ | $X_6$ |
|---|---|---|---|---|---|---|---|---|
| 2009 | 1 | 2449.48 | 110.35 | 9010 | 22.1 | 10.17 | 50.1 | 34.1 |
| 2010 | 2 | 2499.03 | 101.52 | 10345 | 44.4 | 10.63 | 77.2 | 34.9 |
| 2011 | 3 | 3377.99 | 100.26 | 11931 | 60.1 | 10.82 | 83.4 | 35.9 |
| 2012 | 4 | 3429.90 | 101.82 | 14047 | 45.1 | 11.42 | 90.1 | 37.4 |
| 2013 | 5 | 3530.35 | 102.01 | 15943 | 41.8 | 11.91 | 50.4 | 38.3 |
| 2014 | 6 | 3673.02 | 103.58 | 17617 | 44.9 | 12.21 | 69.5 | 39.7 |

1. 相关性检验

相关性就是两个变量间的变化趋势的一致性，如果两个变量变化趋势一致，那么就可认为这两个变量间存在着一定的关系。需要做相关性检验时，运用 SPSS 软件做相关系数矩阵是最简单直观的方法，本案例的具体操作方法可参考案例 2。

各指标间具有相关性是因子分析的前提，而通过表 7-14 可以看出，各指标间是存在着较大的相关性的，因此可以对这 6 个指标进行因子分析。

表 7-14　相关系数矩阵

|  | $Y$ | $X_1$ | $X_2$ | $X_3$ | $X_4$ | $X_5$ | $X_6$ |
|---|---|---|---|---|---|---|---|
| $Y$ | 1.000 | −0.532 | 0.903 | 0.570 | 0.876 | 0.224 | 0.900 |
| $X_1$ | −0.532 | 1.000 | −0.401 | −0.917 | −0.423 | −0.649 | −0.386 |
| $X_2$ | 0.903 | −0.401 | 1.000 | 0.341 | 0.996 | 0.025 | 0.998 |
| $X_3$ | 0.570 | −0.917 | 0.341 | 1.000 | 0.329 | 0.703 | 0.335 |
| $X_4$ | 0.876 | −0.423 | 0.996 | 0.329 | 1.000 | 0.020 | 0.993 |
| $X_5$ | 0.224 | −0.649 | 0.025 | 0.703 | 0.020 | 1.000 | 0.052 |
| $X_6$ | 0.900 | −0.386 | 0.998 | 0.335 | 0.993 | 0.052 | 1.000 |

2. 确定公共因子

因子分析就是把变量按照相关性的大小来进行分组，每组变量代表一个基本结构，而基本结构就是公共因子。对于所研究的问题，就可以用个数最少的且不可测的公共因子的线性函数与特殊因子的和来描述原来所观测的每一个分量。

在确定公共因子个数时，首先要选择与原变量数目相等的个数，然后计算因子总方差，结果见表 7-15，初始特征值大于 1 的因子就是公共因子。通过表 7-15 可以看出，符合条件的特征值有 2 个，累积方差贡献率达到了 93.217%，可概括原来 6 个指标的绝大部分信息。因此，选择前两个因子作为公共因子。

表 7-15　解释的总方差

| 成分 | 初始特征值 | | | 提取平方和载入 | | | 旋转平方和载入 | | |
|---|---|---|---|---|---|---|---|---|---|
| | 合计 | 方差的% | 累积(%) | 合计 | 方差的% | 累积(%) | 合计 | 方差的% | 累积(%) |
| 1 | 3.623 | 60.386 | 60.386 | 3.623 | 60.386 | 60.386 | 3.093 | 51.546 | 51.546 |
| 2 | 1.970 | 32.831 | 93.217 | 1.970 | 32.831 | 93.217 | 2.500 | 41.671 | 93.217 |
| 3 | 0.323 | 5.382 | 98.599 | | | | | | |
| 4 | 0.084 | 1.397 | 99.996 | | | | | | |
| 5 | 0.000 | 0.004 | 100.000 | | | | | | |
| 6 | 2.944E−17 | 4.906E−16 | 100.000 | | | | | | |

注：提取方法：主成分分析。

### 3. 决定因素与命名

为了对因素做出更有效的解释，对最初的成分矩阵进行旋转，反映出原始变量在公共因子上的相对重要性，从而对公共因子进行命名。

从表 7-16 与表 7-17 可以看出，旋转后的成分矩阵与旋转前的成分矩阵有明显的差异，旋转后的载荷量明显地向 0 和 1 两极分化了。由旋转后的表 7-17 可判断出 $X_2$(居民可支配收入)、$X_4$(房地产投资额)、$X_6$(城镇居民家庭人均住宅建筑面积)这 3 个变量在第一主因子 $F_1$ 上有较大载荷。房地产投资额影响着房地产市场的销售，居民人均可支配收入决定了人们对商品房的购买力，从而决定了其销售情况，城镇居民家庭人均住宅面积也从侧面影响人们对商品房的购买，间接影响了房地产的销售，所以称 $F_1$ 为房地产市场销售因子。$X_3$(销售面积)、$X_1$(全社会固定资产投资额)、$X_5$(竣工面积)这 3 个变量在第二主因子 $F_2$ 上存在较大载荷，可以称 $F_2$ 为房地产市场开发因子。

表 7-16　成分矩阵(因子载荷矩阵)

| | 成分 | |
|---|---|---|
| | 1 | 2 |
| $X_4$ | 0.888 | 0.456 |
| $X_2$ | 0.887 | 0.458 |
| $X_6$ | 0.885 | 0.452 |
| $X_1$ | −0.762 | 0.563 |
| $X_3$ | 0.716 | −0.635 |
| $X_5$ | 0.413 | −0.792 |

表 7-17　旋转成分矩阵

| | 成分 | |
|---|---|---|
| | 1 | 2 |
| $X_2$ | 0.991 | 0.125 |
| $X_4$ | 0.990 | 0.127 |
| $X_6$ | 0.986 | 0.129 |
| $X_3$ | 0.231 | 0.929 |
| $X_1$ | −0.309 | −0.895 |
| $X_5$ | −0.108 | 0.887 |

### 4. 计算因子得分

因子分析的最终目标是减少变量个数，以便在进一步的分析中用较少的因子代替原有变量参与建模。

根据表 7-18，可得出以下因子函数：

$$F_1 = -0.011X_1 + 0.333X_2 - 0.020X_3$$
$$+ 0.333X_4 - 0.134X_5 + 0.331X_6$$

$$F_2 = -0.355X_1 - 0.053X_2 + 0.378X_3$$
$$- 0.052X_4 + 0.396X_5 - 0.051X_6$$

表 7-18　成分得分系数矩阵

|  | 成分 | |
|---|---|---|
|  | 1 | 2 |
| $X_1$ | −0.011 | −0.355 |
| $X_2$ | 0.333 | −0.053 |
| $X_3$ | −0.020 | 0.378 |
| $X_4$ | 0.333 | −0.052 |
| $X_5$ | −0.134 | 0.396 |
| $X_6$ | 0.331 | −0.051 |

同时，在因子模型中，以两个主因子各自贡献率在累计贡献率中的比重作为权数，将两个因子综合为一个综合因子 $F$，即

$$F = (60.386 / 93.217)F_1 + (32.831 / 93.217)F_2$$

据此分别算出因子得分和综合得分，见表 7-19。

表 7-19　因子得分表

| 年　份 | 因子得分 | | 综合得分 $F$ |
|---|---|---|---|
|  | $F_1$ | $F_2$ |  |
| 2009 | −1.08453 | −1.61841 | −1.27 |
| 2010 | −0.85557 | 0.50254 | −0.38 |
| 2011 | −0.53115 | 1.19718 | −0.08 |
| 2012 | 0.13460 | 0.62806 | 0.31 |
| 2013 | 0.99286 | −0.51107 | 0.46 |
| 2014 | 1.34379 | −0.19831 | 0.80 |

从每年的因子得分，可以分析出影响房地产市场价格的因素。由表 7-19 可知，2009—2014 年这 6 年间，综合得分越来越高，说明房地产市场销售额逐年上升，房地产市场的开发力度也在逐步加大。

## 三、多元线性回归分析

为了对房价进行定量预测，选取 2009—2014 年的年度数据作为研究样本，以 $Y$ 作为被解释变量，$F_1$、$F_2$ 作为解释变量，进行多元回归分析，设定模型为

$$\hat{Y} = b_0 + b_1F_1 + b_2F_2$$

用 SPSS 软件进行二元回归分析，步骤如下：

(1)在主菜单"分析"中选择"回归-线性"。

(2)在主对话框中将因变量(这里是 $Y$)选入"因变量"，将自变量(这里是 $F_1$、$F_2$)选入"自变量"。

(3)选择"统计量"，勾选"估计"和"模型拟合度"。

(4)单击"保存"按钮、"确定"按钮，输出结果见表 7-20～表 7-22。

表 7-20　模型概要 b

| Model | R | R Square | Adjusted R Square | Std. Error of the Estimate |
|---|---|---|---|---|
| 1 | 0.926[a] | 0.857 | 0.762 | 263.63419 |

a　Predictors: (Constant)，$F_1$、$F_2$。

b　Dependent Variable: $Y$。

从表 7-20 来看，回归模型的判定系数是 0.857，即 $F_1$、$F_2$ 两个自变量构建的回归模型对因变量 $Y$ 的解释度达到了 85.7%，解释度较高。

表 7-21　参数估计和检验 a

| Model | | Unstandardized Coefficients | | StandardizeCoefficients | $t$ | Sig. |
|---|---|---|---|---|---|---|
| | | B | Std.Error | Beta | | |
| 1 | (Constant) | 3159.962 | 107.628 | | 29.360 | 0.000 |
| | F1 | 462.747 | 117.901 | 0.856 | 3.925 | 0.029 |
| | F2 | 191.445 | 117.901 | 0.354 | 3.624 | 0.023 |

a　Dependent Variable: Y

表 7-22　方差分析 b

| Model | | Sum of Squares | df | Mean Square | F | Sig. |
|---|---|---|---|---|---|---|
| 1 | Regression | 1253925.334 | 2 | 626962.667 | 9.021 | .034[a] |
| | Residual | 208508.961 | 3 | 69502.987 | | |
| | Total | 1462434.295 | 5 | | | |

a　Predictors: (Constant)，$F_1$

b　Dependent Variable: $Y$

由表 7-21 可知，建立的回归模型为

$$\hat{Y} = 3159.962 + 462.747F_1 + 191.445F_2$$

回归系数 $F_1$、$F_2$ 均通过显著性检验，说明 $F_1$、$F_2$ 对预测因变量 $Y$ 的作用是显著的。从表 7-22 的方差分析结果来看，模型的 $F$ 统计量是 9.021，$P$ 值是 0.034，小于 0.05，说明模型通过线性关系的检验。

在因子分析部分，$F_1$ 被定性为房地产市场销售因子，在主因子 $F_1$ 上有着较大载荷的 3 个变量分别为居民可支配收入、房地产投资额、城镇居民家庭人均住宅建筑面积。$F_2$ 被定性为房地产市场开发因子，在主因子 $F_2$ 上有着较大载荷的变量为销售面积、全社会固定资产投资额与竣工面积。而回归模型表明了 $F_1$、$F_2$ 对商品房均价有着正向影响，也就是说居民可支配收入、销售面积、竣工面积、房地产投资额、城镇居民家庭人均住宅建筑面积、全社会固定资产投资额均为房价的主要影响因素。

## 四、预测

将各年份的 $F_1$、$F_2$ 得分代入回归模型，得到预测值，见表 7-23。

表 7-23　2009—2014 年预测值与真实值

| 年　　份 | 预测值 | 真实值 | 预测相对误差（%） |
|---|---|---|---|
| 2009 | 2274.24 | 2449.48 | 0.071542 |
| 2010 | 2764.05 | 2499.03 | −0.10605 |
| 2011 | 3093.44 | 3377.99 | 0.084236 |
| 2012 | 3256.24 | 3429.9 | 0.050631 |
| 2013 | 3341.15 | 3530.35 | 0.053592 |
| 2014 | 3766.20 | 3673.02 | −0.02537 |

对比表 7-23 的预测值和真实值，二者较为接近，预测相对误差较小，说明建立的二元线性回归模型预测能力较强。

例如，根据某县最新统计数据，得知 2015 年居民可支配收入为 19575 元，销售面积为 43.6 万平方米，房地产投资额为 12.75 亿元，城镇居民家庭人均住宅建筑面积为 40.5 万平方米，竣工面积为 73.3 万平方米，全社会固定资产投资额为 105.21 亿元。通过 SPSS 软件可以计算出 $F_1$=1.41572、$F_2$=−0.25532，根据模型可计算出 2015 年某县房价为 3766.20 元每平方米。

## 五、小结

多元线性回归是分析两个及两个以上自变量的回归问题。在许多实际问题中，当因变量与各自变量为线性关系时，称为多元线性回归。模型可表述为

$$Y = \beta_0 + \beta_1 X_1 + \beta_2 X_2 + \cdots + \beta_k X_k + \varepsilon$$

**1. 多元线性回归模型的检验**

（1）回归系数的显著性检验。对于 $H_0 : \beta_i = 0 \ (i = 1, 2, 3, \cdots, k)$，计算回归系数估计值 $b_i$ 的 $t$ 统计值，即

$$t_{b_i} = b_i / S_{b_i} \ (i = 1, 2, 3, \cdots, k)$$

根据给定的显著性水平 $\alpha$，查 $t$ 分布表中自由度为 $n - k - 1$ 的临界值 $t_c$，将 $t_{b_i}$ 与 $t_c$ 比较，若 $|t_{b_i}| > t_c$，则拒绝 $H_0$，认为系数 $\beta_i$ 显著不为 0，参数的 $t$ 检验通过；反之，则检验不通过。

（2）回归方程的显著性检验。对于 $H_0 : \beta_i = 0 \ (i = 1, 2, 3, \cdots, k)$，计算回归方程的 $F$ 统计值，即

$$F = \frac{\sum (\hat{Y} - Y)^2 / 1}{\sum (Y - \hat{Y})^2 / (n - 2)}$$

若统计量 $F$ 服从 $F$ 分布，即 $F \sim F(1, n - 2)$，则检验通过。

（3）$R^2$ 检验。拟合优度检验通过计算拟合优度 $R^2$ 来判定回归模型对样本数据的拟合程度，从而评价预测模型的优劣。计算公式如下：

$$R^2 = \frac{\sum (\hat{Y}_i - \bar{Y})^2}{\sum (Y_i - \bar{Y})^2}$$

一般来说，$R^2$ 越接近 1，回归方程能够解释的 $Y$ 总变差的比例越高，回归模型对样本数据的拟合程度越高，因变量总变异中用回归模型解释的部分越大，模型对预测越有意义。通常，$R^2$ 在 0.8 以上，可以认为所建回归模型能够解释总变差的 80% 以上，拟合优度较高。

# 第8章 质量管理统计分析方法案例

产品的质量，大而言之，是一个国家的立国之本，如果一个国家的产品质量很差，那么在目前的国际竞争中根本无立足之地，而且大量浪费资源，对整个国家的生存带来不利影响；小而言之，是一个企业的生存之本，一个企业的产品质量得不到社会的认可，企业是不可能生存的，所以产品的质量管理在企业中处于重要的地位。在产品质量管理中，一个企业必须采用各种手段方法保证产品的质量，如增强企业的全员质量意识，对生产产品的原材料进行严格的控制，对生产产品的工艺逐步完善、改进，对产品加强检验、检测，保证不合格产品不流入市场等。保证企业的产品出现在市场上时有良好的质量信誉，才能使企业处在良性的发展轨道上，才能使企业生存发展。

本章两个案例是统计分析方法在质量管理中的应用，案例1应用的是排列图和鱼刺图，案例2应用的是控制图。

## 案例1 光明锁厂产品质量分析

### 一、问题的提出

在过去一年里，由于原材料供应紧张、价格持续上涨等原因，为减少成本费用，提高经济效益，光明锁厂对铜锁生产采取了水平连铸新工艺，使铜锁锁体全部由价格便宜的黄杂铜代替了价格较贵的电解铜，全年共消耗黄杂铜1680吨。黄杂铜每千克进价为2.86元，而电解铜每千克的进价为14.6元。但是，由此也出现了锁体质量不稳定、正品率下降等问题。正品率全年平均为83.54%，最低时为73.77%，大大低于厂定指标85.54%。这对企业的生存和发展是非常不利的，那么是什么原因致使铜锁的正品率下降呢？各个部门和职工对产品质量下降的原因看法不一样。有人认为是由于厂里对铜锁生产采用了水平连铸新工艺，用黄杂铜代替了电解铜，影响了产品的质量，使正品率低于厂定标准；另一些人认为应当具体问题具体分析，原材料质量不良当然是其中的原因之一，但并非是唯一原因，设备生产工艺和人员方面都不同程度地存在着一些问题。为了统一思想认识，很好地解决产品质量问题，厂长召开了经济活动分析会，专门分析产品质量下降的问题。

## 二、案例分析

### 1. 影响产品质量的主要因素分析

在不同观点相持不下的情况下，厂长点名要有关部门负责人谈看法。

综合统计负责人首先发了言，他说："我们组织人员对不合格品进行了抽样调查，抽出 7000 件不合格品，查得不合格的原因及件次情况如下：

裂纹：5712 件次；气孔：970 件次；缩凹：924 件次；砂眼：468 件次；其他：314 件次。"

对不合格锁体按其影响产品质量的原因做 ABC 分析，见表 8-1。

表 8-1　不合格锁体影响因素 ABC 分析

| 不合格原因 | 件次 | 累计件次 | 累计件次百分比(%) | 类别 | 占总件次百分比(%) |
|---|---|---|---|---|---|
| 裂纹 | 5712 | 5712 | 68.09 | A | 79.66 |
| 气孔 | 970 | 6682 | 79.66 | | |
| 缩凹 | 924 | 7606 | 90.68 | B | 11.02 |
| 砂眼 | 468 | 9074 | 96.26 | | |
| 其他 | 314 | 8388 | 100 | C | 9.32 |
| 合计 | 8388 | — | — | — | |

由表 8-1 可见，影响铜锁质量不良的主要原因是裂纹和气孔，其不合格件次占全部不合格件次的 79.66%，特别是裂纹一项就占了全部不合格件次的 68.09%。可见，抓住裂纹这一主要矛盾，分析其产生的原因，找出解决问题的方法，是提高铜锁质量的关键。

### 2. 影响铜锁裂纹的主要原因

设备科长说："从产生裂纹的原因来看，设备方面也存在着一些问题，主要有：①由于内套强度不够，造成结晶体变形；②熔化炉是 20 世纪 50 年代的设备，已经老化了；③牵引轮太扁了。"

劳资科长说："如果从人员管理方面找原因，我认为有两条，一是操作人员水平低于往年，且责任心不强，去年我们厂面临生产工人大换班，一大批老工人退休，招了一大批新工人。由于生产任务紧，没有进行较好的上岗前培训，所以，造成炉料添加不合理，达不到 ZHP$_6$59-3 的工艺要求。第二个原因是操作人员岗位变动过于频繁，刚熟悉一个岗位，又换了新的岗位，总是处于不熟练的状态。"

生产工艺科长说："大家都谈产生裂纹的原因，我也说几句吧，我从工艺方面看，冷却水温度不稳定，有时高，有时低，也是产生裂纹的原因。另外，铜液温度过低，达不到浇铸温度 1000～1100℃，沸腾去气未达到标准——这不仅是裂纹产生的原因，同时也是气孔产生的原因，再则就是拉速过快。"

在原材料方面究竟存在什么问题呢？供应科长说："我们协同检查科对黄杂铜进

行过分析，如果说它影响锁体裂纹，主要有两方面的原因，一是杂质高，使炉料混杂；二是炉料成分不够稳定。"

根据厂经济活动分析会上讨论的意见，影响铜锁裂纹的主要原因有以下方面：

(1)人员方面。主要原因有两个：一是操作新工人太多，没有进行较好的上岗前培训，操作技术不规范；二是操作人员岗位变动过于频繁，还有责任心不强。由于这些因素影响，使得炉料添加不合理，达不到工艺要求。

(2)设备方面。主要原因有：设备内套强度不够，造成结晶体变形；熔化炉过于老化；牵引轮太扁。

(3)生产工艺方面。主要是铜液温度过低，达不到浇铸温度1000～1100℃标准，使锁体产生许多气孔。另外，冷却水温度不稳定也是气孔产生的原因。

(4)材料方面。主要是黄杂铜含杂质过高，造成炉料不稳定。

综上所述，铜锁产生裂纹的原因如图 8-1 所示。

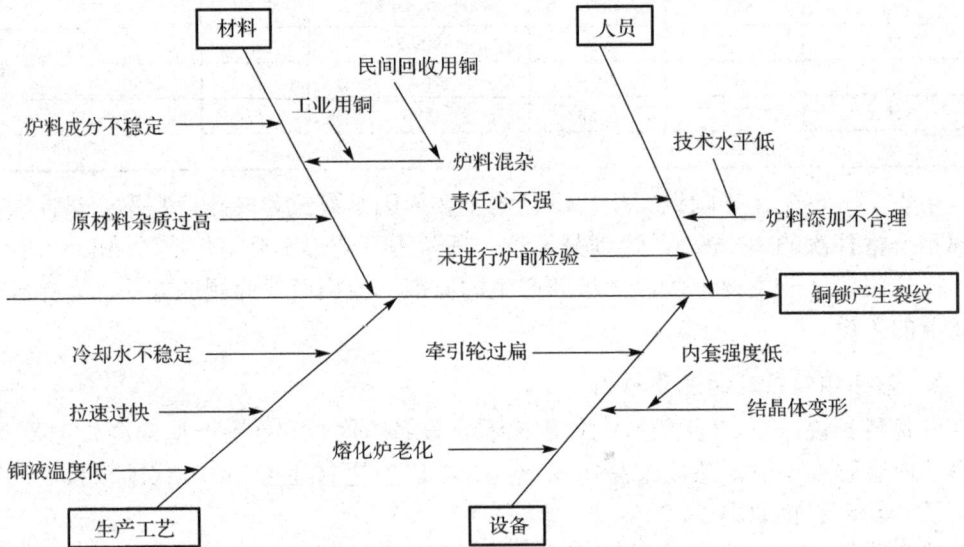

图 8-1　铜锁产生裂纹的原因鱼刺图

可见，影响铜锁裂纹的因素是多方面的，材料不良只是其中的一个方面，而不是问题的全部，把产品质量下降的原因全部归罪于黄杂铜代替电解铜这一材质问题，显然是欠妥的。

从经济效益角度来看黄杂铜代替电解铜也是可行的，过去一年里，由于黄杂铜代替电解铜节约了原材料费用(14.6–2.86)×1680000=1972.32(万元)，大大降低了成本费用，增加了利润。

因此，否定水平连铸新工艺，否定黄杂铜代替电解铜的决策，其理由都是不充分的。

## 三、建议

根据以上分析，提出如下建议：

(1)继续坚持黄杂铜代替电解铜的决策和水平连铸的工艺路线。

(2)加强对工作人员的岗位培训和提高责任心教育，实行定员定岗制，提高工人的熟练程度。

(3)对熔化炉进行技术改造，提高设备内套强度，更换牵引轮。

(4)改进生产工艺，提高铜液的温度，稳定冷却水的温度，以保证去气和减少裂纹的产生。

(5)对黄杂铜进行投料前的检验和分类，弄清材质成分，针对不同的材质，采取不同的工艺控制方法。或者增加投料前去杂质的工序，以确保材料符合生产的质量要求。

## 四、小结

本案例运用了产品质量影响因素分析的两种主要方法。

(1)ABC 法，也称主次因素分析法。首先整理出影响产品质量原因的统计资料，然后按影响程度由大到小排列，并计算出各种因素造成的质量问题占全部问题的百分比及累计百分比，最好按累计百分比判断出影响质量的主要因素、次要因素、一般因素。通常主要因素指累计百分比在 80% 以下的那几个因素，也称 A 类因素；次要因素指累计百分比在 80%～90% 的因素，也称 B 类因素；一般因素指累计百分比在 90%～100% 的因素，也称 C 类因素。ABC 法的特点是能够明显地分清影响质量的主次因素，以便针对主要因素，重点解决。

(2)因果关系图，也称鱼刺图。由许多箭头组成，图的中间是一条粗箭头，表示需要分析原因的产品某一质量特性，也就是总的质量问题。两边有几个大箭头，表示影响产品质量的几个基本因素。每个大箭头旁又有若干小箭头，分别表示影响基本因素的具体原因。因果关系图能够全面直观地展现影响产品质量的人、设备、材料、工艺、环境等方面的因素，但不能确切反映各种因素对质量的影响程度，分不清主次。

因果关系图是定性分析方法，ABC 法是定量分析法，分析时可将两者结合使用，以取得最佳效果。

# 案例 2   统计过程控制在企业产品质量管理中的应用

## 一、案例背景

随着我国市场竞争日趋激烈，对企业来说，只有不断提高产品质量，才能在市场中站稳脚跟、拥有自己的一席之地。质量的优劣，直接关系到企业的生存和发展，质量管理已成为企业管理的核心内容，而产品的质量变异其实是有规律可循的，在实际生产中，产品质量的偶然波动与异常波动总是交织在一起的。异常因素是注意的对象，由异常造成的质量变异可用控制图发现，一旦发现产品质量有异常波动，就应尽快找出其异常因素，加以排除。我们需要掌握产品的规律，发现出现异常的原因并加以改进，此时投资少、见效快、简单易行的统计过程控制(SPC)就成为首选。

为了研究统计控制过程图在企业质量管理上的应用，本案例抽取汽车发动机组装厂加工凸轮轴的样本数据。凸轮轴长度不符合规格是一个长期以来的问题，它会引起装配时配合不良，导致废品率和返工率都居高不下。现在一个月中从工厂使用的所有凸轮轴中收集共 125 个观测值(25 个样本，每个样本中 5 个凸轮轴)，见表 8-2。

表 8-2  凸轮轴样本数据

| 样本号 | $x_1$ | $x_2$ | $x_3$ | $x_4$ | $x_5$ |
|---|---|---|---|---|---|
| 1 | 47 | 32 | 44 | 35 | 20 |
| 2 | 19 | 37 | 31 | 25 | 34 |
| 3 | 19 | 11 | 16 | 11 | 44 |
| 4 | 29 | 29 | 42 | 59 | 38 |
| 5 | 28 | 12 | 45 | 36 | 25 |
| 6 | 40 | 35 | 11 | 33 | 33 |
| 7 | 15 | 30 | 12 | 11 | 26 |
| 8 | 35 | 44 | 32 | 20 | 38 |
| 9 | 27 | 37 | 26 | 37 | 35 |
| 10 | 23 | 45 | 26 | 31 | 32 |
| 11 | 23 | 44 | 40 | 32 | 18 |
| 12 | 31 | 25 | 24 | 47 | 22 |
| 13 | 22 | 37 | 19 | 38 | 14 |
| 14 | 37 | 32 | 12 | 50 | 30 |
| 15 | 25 | 40 | 24 | 13 | 19 |
| 16 | 7 | 31 | 23 | 40 | 32 |
| 17 | 38 | 0 | 41 | 48 | 37 |
| 18 | 35 | 12 | 29 | 24 | 20 |
| 19 | 31 | 20 | 35 | 40 | 47 |
| 20 | 12 | 27 | 33 | 24 | 31 |
| 21 | 52 | 42 | 52 | 40 | 25 |
| 22 | 20 | 31 | 15 | 24 | 28 |
| 23 | 29 | 47 | 41 | 3 | 22 |
| 24 | 23 | 27 | 22 | 32 | 54 |
| 25 | 42 | 34 | 15 | 20 | 32 |

从以上数据能判断生产过程是否稳定吗？

## 二、分析过程

凸轮轴长度属于计量值数据类型，可以通过均值-标准差控制图（$\bar{x}$ - $s$ 控制图）判断生产过程的均值和标准差是否处于所要求的统计控制状态。根据以上数据，利用公式计算 $\bar{x}$ 控制图、$s$ 控制图的中心线和上下控制线，见表 8-3。

表 8-3　中心线和上下控制线的计算结果

| 项目 | $\bar{x}$ 控制图 | $s$ 控制图 |
| --- | --- | --- |
| 中心线 | 29.672 | 10.8825 |
| 上控制限 UCL | 29.672+1.427×10.8825=45.2013 | 2.089×10.8825=22.7336 |
| 下控制限 LCL | 29.672−1.427×10.8825=14.1427 | 0 |

在 Minitab 中绘制 $\bar{x}$ - $s$ 控制图的步骤如下：

（1）在 Minitab 中新建一个工作表。执行"文件—新建—工作表"，并将数据输入工作表中，如图 8-2 所示。

| → | C1<br>x1 | C2<br>x2 | C3<br>x3 | C4<br>x4 | C5<br>x5 | C6 |
| --- | --- | --- | --- | --- | --- | --- |
| 1 | 47 | 32 | 44 | 35 | 20 | |
| 2 | 19 | 37 | 31 | 25 | 34 | |
| 3 | 19 | 11 | 16 | 11 | 44 | |
| 4 | 29 | 29 | 42 | 59 | 38 | |
| 5 | 28 | 12 | 45 | 36 | 25 | |
| 6 | 40 | 35 | 11 | 33 | 33 | |
| 7 | 15 | 30 | 12 | 11 | 26 | |
| 8 | 35 | 44 | 32 | 20 | 38 | |
| 9 | 27 | 37 | 26 | 37 | 35 | |
| 10 | 23 | 45 | 26 | 31 | 32 | |
| 11 | 23 | 44 | 40 | 32 | 18 | |
| 12 | 31 | 25 | 24 | 47 | 22 | |
| 13 | 22 | 37 | 19 | 38 | 14 | |
| 14 | 37 | 32 | 12 | 50 | 30 | |
| 15 | 25 | 40 | 24 | 13 | 19 | |

图 8-2　Minitab 数据输入界面

（2）依次单击"统计—控制图—子组的变量控制图"，选择"Xbar-S"控制图。

（3）在对话框中选择"子组的观测值位于多列的同一行中"，将"x1"、"x2"、"x3"、"x4"、"x5"选入，如图 8-3 所示，单击"确定"按钮，输出 $\bar{x}$ - $s$ 控制图，如图 8-4 所示。

也可以利用 Excel 绘制 $\bar{x}$ - $s$ 控制图，步骤如下：

（1）将原始数据输入 Excel 中，并利用软件提供的计算均值函数 AVERAGE 和计算标准差函数 STDEV 分别计算得到每组原始数据的均值和标准差。

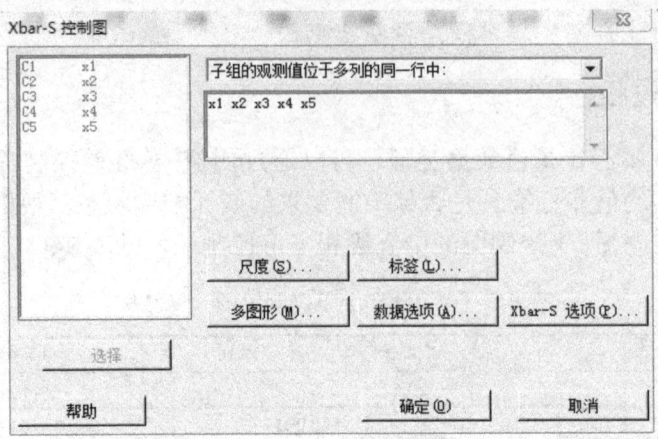

图 8-3　$\bar{x}-s$ 控制图对话框

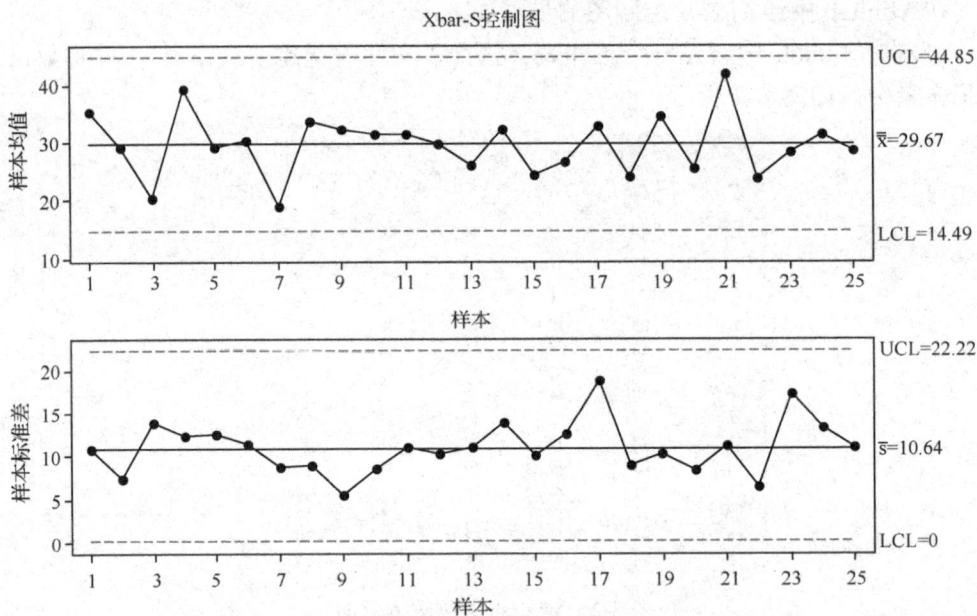

图 8-4　$\bar{x}-s$ 控制图

(2) 将 $\bar{x}$ 控制图和 $s$ 控制图的中心线、上下控制线结果输入 Excel，结果如图 8-5 所示。

(3) 绘制 $\bar{x}$ 控制图时，同时选择 $\bar{x}$、CL、UCL、LCL 这 4 列数据，在菜单中选择插入折线图，得到图 8-6 所示的结果。

(4) 对获得的图像就行格式修改，即可得到 $\bar{x}$ 控制图，如图 8-7 所示。

用同样的方法可以得到 $s$ 控制图。

| | A | B | C | D | E | F | G | H | I | J | K | L | M | N | O |
|---|---|---|---|---|---|---|---|---|---|---|---|---|---|---|---|
| 1 | x1 | x2 | x3 | x4 | x5 | x̄ | s | x̄图 | CL | UCL | LCL | s图 | CL | UCL | LCL |
| 2 | 47 | 32 | 44 | 35 | 20 | 35.6 | 10.69112 | | 29.672 | 45.2013 | 14.1427 | | 10.8825 | 22.734 | 0 |
| 3 | 19 | 37 | 31 | 25 | 34 | 29.2 | 7.224957 | | 29.672 | 45.2013 | 14.1427 | | 10.8825 | 22.734 | 0 |
| 4 | 19 | 11 | 16 | 11 | 44 | 20.2 | 13.73681 | | 29.672 | 45.2013 | 14.1427 | | 10.8825 | 22.734 | 0 |
| 5 | 29 | 29 | 42 | 59 | 38 | 39.4 | 12.34099 | | 29.672 | 45.2013 | 14.1427 | | 10.8825 | 22.734 | 0 |
| 6 | 28 | 12 | 45 | 36 | 25 | 29.2 | 12.35718 | | 29.672 | 45.2013 | 14.1427 | | 10.8825 | 22.734 | 0 |
| 7 | 40 | 35 | 11 | 33 | 33 | 30.4 | 11.21606 | | 29.672 | 45.2013 | 14.1427 | | 10.8825 | 22.734 | 0 |
| 8 | 15 | 30 | 12 | 11 | 26 | 18.8 | 8.642916 | | 29.672 | 45.2013 | 14.1427 | | 10.8825 | 22.734 | 0 |
| 9 | 35 | 44 | 32 | 20 | 38 | 33.8 | 8.899438 | | 29.672 | 45.2013 | 14.1427 | | 10.8825 | 22.734 | 0 |
| 10 | 27 | 37 | 26 | 37 | 35 | 32.4 | 5.458938 | | 29.672 | 45.2013 | 14.1427 | | 10.8825 | 22.734 | 0 |
| 11 | 23 | 45 | 26 | 31 | 32 | 31.4 | 8.443933 | | 29.672 | 45.2013 | 14.1427 | | 10.8825 | 22.734 | 0 |
| 12 | 23 | 44 | 40 | 32 | 18 | 31.4 | 10.99091 | | 29.672 | 45.2013 | 14.1427 | | 10.8825 | 22.734 | 0 |
| 13 | 31 | 25 | 24 | 47 | 22 | 29.8 | 10.18332 | | 29.672 | 45.2013 | 14.1427 | | 10.8825 | 22.734 | 0 |
| 14 | 22 | 37 | 19 | 38 | 14 | 26 | 10.88577 | | 29.672 | 45.2013 | 14.1427 | | 10.8825 | 22.734 | 0 |
| 15 | 37 | 32 | 12 | 50 | 30 | 32.2 | 13.7186 | | 29.672 | 45.2013 | 14.1427 | | 10.8825 | 22.734 | 0 |
| 16 | 25 | 40 | 24 | 13 | 19 | 24.2 | 10.03494 | | 29.672 | 45.2013 | 14.1427 | | 10.8825 | 22.734 | 0 |
| 17 | 7 | 31 | 23 | 40 | 32 | 26.6 | 12.502 | | 29.672 | 45.2013 | 14.1427 | | 10.8825 | 22.734 | 0 |
| 18 | 38 | 0 | 41 | 48 | 37 | 32.8 | 18.83348 | | 29.672 | 45.2013 | 14.1427 | | 10.8825 | 22.734 | 0 |

图 8-5　Excel 中输入数据及中心线和上下控制线

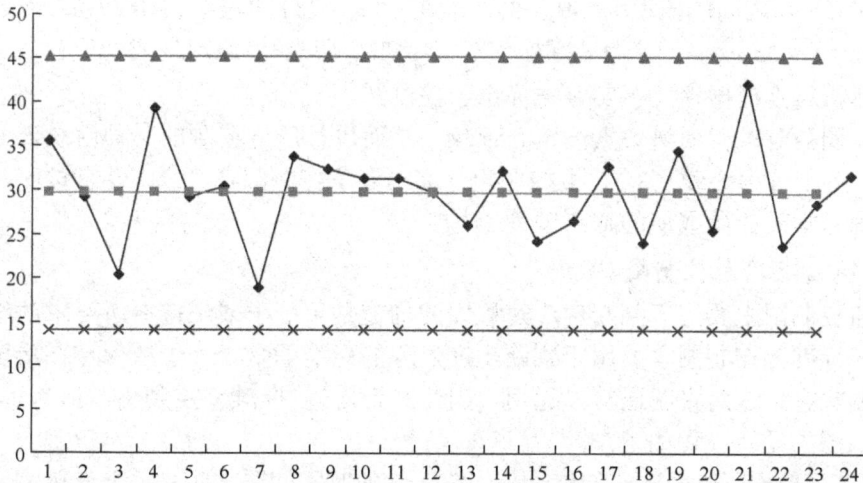

图 8-6　初步得到的 x̄ 控制图

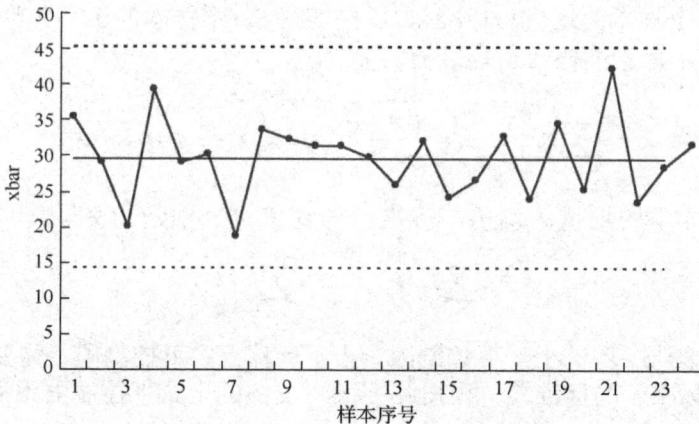

图 8-7　完成后的 x̄ 控制图

从以上的 $\bar{x}$ 控制图和 $s$ 控制图中可以看出，该汽车发动机组装厂加工凸轮轴的均值都在上下控制线之内，而且样本点的排列是随机的，因此处于或保持在所要求的统计控制状态。标准差控制图表明生产过程的标准差也在上下控制线里，样本点随机排列，所以同样处于或保持在所要求的统计控制状态，即生产过程是稳定的。

## 三、小结

### 1. 控制图原理

控制图又称管理图，是判断和预报生产过程中质量状况是否发生异常波动的一种有效方法。控制图由正态分布演变而来，正态分布可用两个参数，即均值 $\mu$ 和标准差 $\sigma$ 来决定。正态分布有个结论，即无论均值 $\mu$ 和标准差 $\sigma$ 取何值，产品质量特性值落在 $\mu \pm 3\sigma$ 之间的概率为 99.73%，落在 $\mu \pm 3\sigma$ 之外的概率为 0.27%，而超过一侧，即大于 $\mu + 3\sigma$ 或小于 $\mu - 3\sigma$ 的概率为 0.135%，即 "3$\sigma$ 原理" 或 "千分之三" 原理，哈休特就是根据这一事实首先提出了控制图。

控制图是对过程质量数据测定、记录，从而进行质量控制的一种用统计方法设计的图，图上有中心线（CL）、上控制限（UCL）和下控制限（LCL），并有按照时间顺序抽取的样本统计量数值的描点序列。

### 2. 均值-标准差控制图

均值控制图主要用于判断生产过程中的均值是否处于或保持在所要求的统计控制状态，标准差控制图主要用于判断生产过程的标准差是否处于或保持在所要求的统计控制状态，这两张图通常一起用，因此称为均值-标准差控制图，记为 $\bar{x} - s$ 图。

控制图的设计过程如下：

(1) 搜集数据。根据选定的特性值，按一定的时间间隔，抽取一个容量为 $n$ 的样本，共取 $k$ 个样本，一般要求 $k \geqslant 25, n = 4$、5。

(2) 计算每个样本的均值与标准差，以 $x_{ij}$ 表示第 $i$ 个样本的第 $j$ 个观察值，用 $\bar{x}_i$ 与 $s_i$ 分别表示第 $i$ 个样本的均值与标准差，即

$$\bar{x}_i = \frac{1}{n} \sum x_{ij}, \qquad s_i = \sqrt{\frac{1}{n-1} \sum_{j=1}^{n} (x_{ij} - \bar{x}_i)^2} \qquad i = 1, 2, \cdots, k$$

计算 $k$ 个样本的均值的均值与标准差的均值，分别记为 $\bar{\bar{x}}$ 与 $\bar{s}$，即

$$\bar{\bar{x}} = \sum_{i=1}^{k} \bar{x}_i / k, \qquad \bar{s} = \sum_{i=1}^{k} s_i / k$$

(3) 计算 $\bar{x}$ 图与 $s$ 图的上、下控制限。为了计算上、下控制限，需要给出样本均值的标准差与标准差的标准差。根据 3$\sigma$ 原则，$\bar{x}$ 图的上、下控制限为 $\bar{\bar{x}} \pm 3\sigma_{\bar{x}}$，根据正态分布理论，有 $\bar{x}$ 图的上、下控制限为

$$\overline{\overline{x}} \pm 3\overline{s} / (C_2 \sqrt{n}) = \overline{\overline{x}} \pm A_1^* \overline{s}$$

上控制限为 $B_4\overline{s}$，下控制限为 $B_3\overline{s}$。若 $B_3 < 0$，则用 0 代替。其系数由表 8-4 给出。

表 8-4　$\overline{x} - s$ 图的系数表

| 样本大小 | $A_1$ | $C_2$ | $B_3$ | $B_4$ |
|---|---|---|---|---|
| 2 | 2.659 | 0.7979 | — | 3.267 |
| 3 | 1.954 | 0.8862 | — | 2.568 |
| 4 | 1.628 | 0.9213 | — | 2.266 |
| 5 | 1.427 | 0.9400 | — | 2.089 |
| 6 | 1.287 | 0.9515 | 0.029 | 1.970 |
| 7 | 1.182 | 0.9594 | 0.113 | 1.882 |
| 8 | 1.099 | 0.9650 | 0.179 | 1.815 |

# 第9章 综合评价案例

## 一、综合评价分析的意义

比较，是统计分析中最常用的方法。传统的比较分析法，经常是通过对反映总体某一方面特征的单个指标在不同时间、不同空间进行比较，以说明分析对象在一定时间、地点、条件下的状况。若被比较总体的状况需要多个指标来说明时，由于各个指标的变动方向和变动程度不一致，就会出现不同指标所说明的状态相互矛盾的情况，使分析者难以得出结论。例如，某企业生产经营中，一些指标好于去年，另一些指标差于去年，今年该企业的生产经营是进步了还是退步了？

综合评价分析法是解决上述问题的有效方法。它用于多个指标、多个单位同时进行评价和比较，又称多变量综合评价分析法，简称综合评价法。其基本思想是将多个指标转化为一个能够反映综合情况的指标来进行评价。综合评价的应用领域和范围非常广泛。从学科领域上看，在自然科学中广泛应用于各种事物的特征和性质的评价，如环境监测综合评价、药物临床试验综合评价、地质灾害综合评价、气候特征综合评价、产品质量综合评价等；在社会科学中广泛应用于总体特征和个体特征的综合评价，如社会治安综合评价、生活质量综合评价、社会发展综合评价、教学水平综合评价、人居环境综合评价等；在经济学学科领域更为普遍，如综合经济效益评价、小康建设进程评价、生产方式综合评价、房地产市场景气程度综合评价等。现代综合评价方法包括主成分分析法、数据包络分析法、模糊评价法等。

## 二、综合评价分析法的步骤

(1)根据评价分析的目的，选择若干指标，确定综合评价指标体系。
(2)收集数据，并对不同计量单位的指标数据进行同度量处理。
(3)确定指标体系中各指标的权数，以保证评价的科学性。
(4)对经过处理后的指标进行汇总，计算出综合评价指数或综合评价分值。
(5)根据评价指数或分值对参评单位进行排序，并由此得出结论。

## 三、建立综合评价分析指标体系

建立综合评价分析指标体系，是综合评价的基础和依据，其科学性是关系评价分析结论正确与否的关键。建立综合评价分析指标体系应遵循以下原则：

（1）科学性原则。指标体系要能够客观反映对象本身的性质、特点、内在关系和变动过程，且指标体系内部指标之间要具有一定的逻辑关系。

（2）全面性原则。指标体系应尽可能从各个角度反映分析对象的全貌。如在评价科技能力时，应考虑到人才因素、技术因素、知识因素、效能因素、科技投入因素等各方面。

（3）敏感性原则。指标体系中各指标能比较敏感地反映分析对象的变化。有些指标从理论上讲是重要的，但它的变化过多受政策因素制约，不能或不能完全显示出总体的实际变化，这样的指标不宜编入指标体系。

（4）精简节约原则。要删除重复和关联度高的指标，使指标体系包括的指标尽可能少，且每个指标要相互独立。

（5）实用性原则。指标体系中包含的指标的历史数据、现实数据均应较易收集，有些理论上很重要的指标，却因缺乏必要的统计数据而不能进入指标体系，必须寻找合适的有统计资料的指标代替。

为了全面反映被评价对象的情况，评价者总希望所选取的评价指标越多越好。但是，过多的评价指标不仅会增加评价工作的难度，而且会因为评价指标间的相互联系造成评价信息相互重叠、相互干扰。因此，需要从初步构建的评价指标体系中选取一部分有代表性的评价指标来简化原有的指标体系。解决这一问题有两条途径：一条是从指标体系去定性分析各评价指标间的相互关系，从而选出一些指标来代替原始的指标体系；另一条是用定性分析的方法，根据指标间的关系去定量地选取代表性指标。当然，应尽量把这两种方法结合起来。选取部分有代表性指标的定量分析方法较多，主要有 4 种：极小广义方差法（协方差法）、极大不相关法、主成分分析法、系统聚类法。

（1）极小广义方差法。它是根据条件广义方差极小的原则来选取代表性指标的。这种方法的基本思路是：

设有 $p$ 个备选指标，要从 $p$ 个备选指标中选取一个指标作为上述 $p$ 个指标的代表性指标。如果 $p$ 个指标的总变动性由它们的协方差矩阵的行列式值（称为广义方差）来表示，则从 $p$ 个指标中去掉某个指标后剩下的 $p-1$ 个指标的广义方差（此时实际上是条件广义方差）就反映了在剔除该指标后，剩下的 $p-1$ 个指标变动的程度。如果这一条件广义方差很小，就表示剔除该指标后余下的 $p-1$ 个指标几乎不怎么变化了，也就表示该指标具有"代表"性。因此，从这个观点出发，使条件广义方差最小的那个指标就最具有代表性，这个指标就为我们所要选取的代表性指标之一。重复这一过程，就可以选取若干个有代表性的评价指标。

（2）极大不相关法。极大不相关法是根据各个指标之间的相关系数大小来选择评价指标的方法。其基本思路是：把 $p$ 个指标中那些可以由其他指标"代替"的指标剔除掉，剩下的指标便是彼此不能代替的，并能全面反映原有的 $p$ 个指标信息的指标体系。其基本步骤是：逐个计算每个指标与除去该指标后余下的 $p-1$ 个指标间的复相关系数，那么使这 $p-1$ 个复相关系数值最大的那个指标在很大程度上可以被余下的 $p-1$ 个指标提供的评价信息所决定，因此应剔除这个指标。重复这一过程，直至留下若干个相关性较小的指标为止。

(3) 主成分分析方法。主成分分析法是根据多元分析中的主成分分析方法来寻找备选指标体系中的主要指标的方法。它的基本思想和作法是：对 $m$ 个指标作主成分分析可得 $p$ 个主成分，其中最后一个主成分包含原来 $p$ 个指标的信息是最少的，因而在该主成分中起主要作用的指标对全部原始信息的贡献是很少的，所以剔除最后一个主成分中较大系数所对应的指标对综合评价不会产生大的影响。对剩下的指标重复作主成分分析，并重复剔除指标这一过程，就可以选出若干有代表性的评价指标，从而达到简化原来的评价指标体系之目的。

(4) 系统聚类法。系统聚类分析法的基本思路是：如果有 $n$ 个指标，首先将每个指标都看作一类，然后根据指标间的相似程度、通过比较类间的距离进行并类。每次距离的确定都可将最近的两类加以合并，余下 $n-1$ 类。对于余下的 $n-1$ 类指标，重复上述方法再选择距离最近的进行分类，直至所有指标合并成一类为止，形成一个由小到大的分类系统。最后整个分类结果形成一张聚类图，来反映所有指标间的亲疏关系。在各个类型中选择一个具有代表性的指标来代替一类指标形成评价指标体系。

## 四、确定评价指标的转换和综合方法

### 1. 评价指标同质性转换

综合评价的最终目的就是要将描述被评价对象的多个指标的信息加以综合得到一个综合数值，然后对于综合数值进行比较分析，对被评价事物进行整体性评价。多个指标的综合应以各评价指标的同质性为前提。非同质的指标是不可比的，当然也就不能综合。但评价指标体系中的各个具体指标往往是非同质的。一方面，各指标的实际数值的量纲不同；另一方面，由于各评价指标反映的是被评价事物的不同侧面。因此，采用的指标形式可以有所不同，可以是总量指标，也可以是相对数指标或平均数指标，这样就会产生各评价指标的实际数值在数量级上存在差异。指标的同质化转换，可以用无量纲化的方法加以解决。所谓指标的无量纲化，就是消除量纲和数量级的影响，将指标的实际值转化为可以综合的指标评价值，解决评价指标的可综合性问题。由此可见，指标的无量纲化处理是解决各个指标同质性的方法，是综合评价中的重要基础工作。在此只介绍几种常用的无量纲化方法。

(1) 阈值法。阈值也称临界值，就是经济现象中衡量经济变量发展变化的一些重要的特征指标值，如极大值、极小值、满意值和不允许值等。因此阈值法也就是临界值法。

(2)标准化法。这种方法显然主要适用无量纲化值允许为负值或者为零的情形。其方法就是统计学中的数据标准化。

2. 确定汇总综合的方法

在将指标实际值转化为指标评价值后，就可根据被评价事物的特点，选取恰当的合成方法将各指标的评价值综合成一个指标，以得到一个整体性的评价。合成的方法较多，有打分法、功效系数法等，各种方法分别有其适用场合，这将在后面的内容中具体介绍。

## 五、确定评价指标的权数

影响事物发展变化的因素有很多，而各个影响因素的影响程度是不同的，有主次之分。也就是说，在综合评价中，评价指标体系中的各个指标对被评价事物的作用有大有小，其重要性有所不同。因此，需要加权处理。权数是衡量各指标在综合评价中相对重要程度的一个数值，一般以相对数形式表示。由于多指标的综合一般采用加权平均的方法，因此，权数的确定直接影响着综合评价的结果，即权数的变动会改变被评价对象的优劣顺序。所以，权数确定在综合评价中是十分敏感而又重要的工作。在实践中，常用的确定权数的方法主要有以下两种。

(1)德尔菲法(Delphi Method)。德尔菲法也称专家调查法，采用通信方式分别将所需解决的问题单独发送到各个专家手中，征询意见，然后回收汇总全部专家的意见，并整理出综合意见；随后将该综合意见和预测问题再分别反馈给专家，再次征询意见，各专家依据综合意见修改自己原有的意见，然后再汇总。这样多次反复，逐步取得比较一致的预测结果的决策方法。德尔菲法依据系统的程序，采用匿名发表意见的方式，即专家之间不得互相讨论，不发生横向联系，只能与调查人员发生关系，通过多轮次调查专家对问卷所提问题的看法，经过反复征询、归纳、修改，最后汇总成专家基本一致的看法，作为预测的结果。这种方法具有广泛的代表性，较为可靠。

(2)离差权法。其基本思想是若某一指标在每个样品中的取值差异不大，则认为该指标提供的信息量较少，因此，在进行指标综合时，赋予的权重相应应该较小；反过来，则应该相应赋予较大权重。

## 六、综合评价分析指标值的计算方法

1. 打分综合法

打分综合法是综合评价分析企业的综合方法，这种方法原是西方国家计算经济景气的常用方法。基本步骤如下：

(1)将每项指标的实际值与基期值计划值或其他标准值进行比较,确定每项指标的得分。凡是实际值好于标准值的计 100 分;实际值与标准值持平的计 50 分;实际值劣于标准值的计 0 分。

(2)计算某一类指标的平均得分。其计算公式为

$$某类指标平均得分 = \frac{\sum(某类指标得分 \times 该项指标的权数)}{\sum(各类指标的权数)}$$

(3)计算综合评价总得分。其计算公式为

$$综合评价总得分 = \frac{\sum(某类指标得分 \times 该项指标的权数)}{\sum(各类指标的权数)}$$

(4)根据各总体综合评价总得分的多少,从大到小排列,确定各评价总体的名次。

这种方法计算简单,但由于按各项指标的变动幅度赋分,实际操作中会出现"鞭打快牛"的现象。例如,对基础好、水平高的企业,由于其指标改善难度大,其评价总分数往往低于基础差、水平低,指标改善相对容易的企业。另外,赋分方法过于简单和粗糙,指标只要改善了,改善 10% 计 10 分,改善 80% 也计 10 分;退步 10% 计 0 分,退步 80% 也计 0 分。这样计算所得的评价总分就不可能客观、准确地反映总体某方面的实际水平和变动状况。因此,在进行准确评价时,不宜使用这种方法。

2. 分排队法

这种方法与打分综合法基本相同,都是根据评价总体得分多少排序。不同之处是打分方法。该方法将指标体系中各指标的实际值,按照优劣程度分别排队。其中,正指标从大到小依次排列,逆指标从小到大依次排列。指标排在第一名的评价单位得 100 分,指标排在最后一名的得 0 分,指标居于中间的评价单位,按以下公式计算得分:

$$X_i = 100 - \frac{n-1}{N-1} \times 100$$

式中,$X_i$ 为某评价单位第 $i$ 项指标的得分;$N$ 为第 $i$ 项指标的排队评价单位总数;$n$ 为某评价单位第 $i$ 项指标的排列名次数。以下步骤与打分综合法相同。

打分排队法给每个评价单位的每项指标实际值赋分,再加权计算总分数,较打分综合法要准确、客观一些。

3. 综合指数法

综合指数法是指在确定一套合理的指标体系的基础上,对各项单项指标个体指数加权平均,计算出综合评价指数,用以综合评价的一种方法。基本步骤如下:

(1)用各项指标实际值分别除以各项指标的评价标准值,得出各项指标的单项评价指数。

$$k_i = \frac{\text{实际值}}{\text{对比标准值（常用平均值）}}$$

（2）对于各项指标评价指数进行加权算术平均，得出综合评价指数

$$\bar{K} = \frac{\sum k_i w_i}{\sum w_i} \times 100\%$$

【例 9-1】　设有甲、乙两地区的有关资料见表 9-1，利用综合指数法，比较两地经济效益水平。

表 9-1　甲乙两地经济效益综合评价计算表（综合指数法）

| 指标 | 单位 | 权重(%) | 标准值 | 指标值 | | | |
| --- | --- | --- | --- | --- | --- | --- | --- |
| | | | | 甲地 | | 乙地 | |
| | | | | 实际 | 单项指数 | 实际 | 单项指数 |
| 社会成本净值率 | 元/百元 | 25 | 48 | 48 | 1.00 | 55 | 1.15 |
| 社会成本利税率 | 元/百元 | 25 | 28 | 28 | 1.00 | 30 | 1.07 |
| 社会劳动生产率 | 元/人 | 10 | 20000 | 20000 | 1.00 | 22000 | 1.10 |
| 投资效果系数 | 元/百元 | 20 | 0.52 | 0.56 | 1.08 | 0.52 | 1.00 |
| 技术进步效益系数 | 元/百元 | 20 | 62 | 62 | 1.00 | 68 | 1.10 |

根据以上资料，分别计算甲乙两地综合评价指数为

$$\bar{K}_{甲} = \frac{\sum k_i w_i}{\sum w_i}$$
$$= 25\% \times 1 + 25\% \times 1 + 10 \times 1 + 20\% \times 1.08 + 20\% \times 1$$
$$= 101.6\%$$

$$\bar{K}_{乙} = \frac{\sum k_i w_i}{\sum w_i}$$
$$= 25\% \times 1.15 + 25\% \times 1.07 + 10 \times 1.1 + 20\% \times 1 + 20\% \times 1.1$$
$$= 108.5\%$$

由此可见，乙地经济效益好于甲地。

### 4. 功效系数法

该方法是利用特定的方法，将每个指标的实际值转化为用百分制表示的分数，再汇总计算综合评价分析值的方法。具体步骤如下：

（1）根据经验和评价目的，对每个指标确定一个上限值（或称满意值）$x_{ih}$ 和一个下限值（或称不允许值）$x_{is}$。例如，上限值可以是所有参评企业的最优值，也可以是同行业、全国、世界的先进水平，还可以是某一时期的奋斗目标等。下限值可以是所有参评企业的最差值，也可以是同行业全国、世界的最低水平，也可以是某一时期的最差值。

(2)计算每项指标的功效系数，公式为

$$d_i = \frac{x_i - x_{is}}{x_{ih} - x_{is}} \times 40 + 60$$

其中，$d_i$ 是第 $i$ 个指标的功效系数；$x_i$ 是第 $i$ 个指标的实际值；$x_{ih} - x_{is}$ 是 $i$ 个指标的上限值与下限值之差，表明某指标允许的分布范围，是用来衡量指标所达满意程度的尺度；"×40+60"的运算是为了使计算结果不为 0，并转化为人们习惯的百分制的分数。

(3)将各项指标的功效系数得分，用相应的权数加权平均，求出各类指标的功效系数综合得分和评价总体功效系数总得分。

(4)按照各评价总体的功效系数总得分，从大到小排序，确定名次。

【例 9-2】 利用表 9-2 中有关数据，采用功效系数法评价甲乙两地经济效益水平。

表 9-2　甲乙两地经济效益综合评价计算表（功效系数法）

| 指标 | 单位 | 权重(%) | 最优值 | 最差值 | 指标值 | | | |
|---|---|---|---|---|---|---|---|---|
| | | | | | 甲地 | | 乙地 | |
| | | | | | 实际 | 单项功效系数 | 实际 | 单项功效系数 |
| 社会成本净值率 | 元/百元 | 25 | 60 | 45 | 48 | 68.00 | 55 | 86.67 |
| 社会成本利税率 | 元/百元 | 25 | 35 | 24 | 28 | 75.55 | 30 | 81.82 |
| 社会劳动生产率 | 元/人 | 10 | 22000 | 15000 | 20000 | 88.57 | 22000 | 100.00 |
| 投资效果系数 | 元/百元 | 20 | 0.6 | 0.5 | 0.56 | 84.00 | 0.52 | 68.00 |
| 技术进步效益系数 | 元/百元 | 20 | 68 | 56 | 62 | 80.00 | 68 | 100.00 |

甲地经济效益水平指标功效系数综合得分为

$$= 68 \times 25\% + 75.55 \times 25\% + 88.57 \times 10\% + 84 \times 20\% + 80 \times 20\%$$
$$= 77.5445$$

乙地经济效益水平指标功效系数综合得分为

$$= 86.67 \times 25\% + 81.82 \times 25\% + 100 \times 10\% + 68 \times 20\% + 100 \times 20\%$$
$$= 85.7225$$

上述计算结果表明，乙地经济效益水平指标综合评价得分最高，即乙地经济效益好于甲地。

本章 3 个案例分别介绍综合评价分析中常用的 3 种方法，案例 1 采用综合指数法，案例 2 采用层次分析法，案例 3 采用模糊综合评价法。

## 案例1　企业经济效益综合评价

### 一、案例背景、意义

经济效益是企业在经济活动中所取得的劳动成果与劳动消耗的比值。企业的经济效益是企业技术管理、业务管理、行政管理、财务管理的综合结果，是其经济运行状况、工作效率和经营管理水平的集中反映。不断提高经济效益是企业发展的目标，经济效益的量化有利于对企业发展有更清晰的认识和把握，为企业良性发展提供决策。影响企业经济效益的指标很多，单一的经济指标难以对企业经济效益做出客观、公正的评价，必须构建一个评价指标体系，然后按一定的方法计算综合分值来判断经济效益的高低，即综合评价方法。企业的经济效益综合评价，其实质就是用赋予各个效益评价指标的等级的办法，将内容不同、计量单位有异、计算结果优劣交错、各有所长甚至互相矛盾的指标转化为同度量、可以互相比较、加权综合的单项指标，以此作为衡量和比较企业经济效益优劣的依据。

通过企业经济效益综合值的计算，以进一步加强经济管理，减少损失浪费，降低服务成本，寻找挖掘内部潜力的途径。

本案例研究的对象是某市甲、乙两个工业企业的经济效益状况，借助于综合指数评价的方法进行比较和分析。

### 二、案例分析

#### 1. 评价指标体系的构建

(1)评价指标的选择与权重确定。国家统计局所采用的工业经济效益指标体系包括总资产贡献率、资产保值增值率、资产负债率、流动资金周转率、成本费用利润率、全员劳动生产率和工业产品销售率等7项。我们认为这套指标体系值得商榷。因为其中资产保值增值率和资产负债率是反映企业经营发展或偿债能力的指标，而不是严格的经济效益指标。经济效益指标必须是产出与投入两方面的指标对比的比率，二者缺一不可。对总资产贡献率的定义和计算也颇有争议。此外，即使要将资产负债率纳入指标体系进行综合评价，也必须考虑到该指标是个适度指标，不是越高越好或越低越好，计算评价值时应该先进行同向化处理。国际公认标准是以50%为宜，一般认为我国企业负债率较高，应以60%为适度值。根据经济效益的定义和建立评价指标体系的原则，我们最终选择了6个指标构成评价指标体系(见表9-3)。其中既涉及生产环节，也涉及流通环节；既包括人力财力利用的效益指标、也包括物耗方面的效益指标，比较全面地反映了企业的经济效益状况，而且指标也比较精简，容易搜集数据。为了分析方便，反映流动资金周转速度的指标选择 "年周转次数"而不用"周转天数"、反映物耗的指标选择 "增加值率"而不用"中间投入率"，这样，所选指标都是正指标，无须再进行同向化处理。

根据各评价指标的重要程度，并参考有关经济效益评价中的权数分配方案，确定各评价指标的权数（见表9-3）。

(2)确定评价方法。为了从多种不同角度进行比较分析，我们试用几种常用方法对两个企业的经济效益进行综合评价。由于不同方法有不同的评价标准和资料的要求，我们可以搜集到的数据有该地区同行业的平均数、满意值、不容许值、最优值。因此选择指数法、功效系数法和最优值距离法。由于只有两个企业，没有其他同类企业的具体数据，所以未选择排队计分法。

2. 综合评价指标值的计算

搜集所研究企业各评价指标的实际数据和比较标准数据，并分别计算各单项评价值和综合评价值（见表 9-3）。由单项评价值计算综合评价值的合成方法均采用加权算术平均法。

表 9-3　甲、乙两企业经济效益评价指标及相关计算

| 评价指标<br>比较标准<br>及评价值 | | 资金<br>利润率<br>(%) | 全员劳动<br>生产率<br>(元/人) | 成本费<br>用<br>利润率<br>(%) | 增加<br>值率<br>(%) | 流动资金<br>周转率<br>(次/年) | 工业产品<br>销售率<br>(%) | 合计 |
|---|---|---|---|---|---|---|---|---|
| 权数(%) | (1) | 25 | 12 | 18 | 16 | 14 | 15 | 100 |
| 行业平均数 | (2) | 8.4 | 35000 | 4.5 | 32 | 1.55 | 96 | — |
| 满意值 | (3) | 15 | 50000 | 6.5 | 42 | 1.85 | 100 | — |
| 不容许值 | (4) | 5 | 25000 | 0 | 28 | 1.0 | 80 | — |
| 最优值 | (5) | 16 | 55000 | 9.5 | 43 | 1.95 | 100 | — |
| 甲企业 实际值 | (6) | 8.0 | 40000 | 3.8 | 33 | 1.56 | 96 | — |
| 甲企业 单项指数(%) | (7) | 95.24 | 114.29 | 84.44 | 103.13 | 100.65 | 100 | 98.32 |
| 甲企业 功效系数 | (8) | 72 | 84 | 83.38 | 74.29 | 86.35 | 92 | 80.86 |
| 甲企业 最优值距离(%) | (9) | 50 | 27.27 | 60 | 23.26 | 20 | 4 | 33.69 |
| 乙企业 实际值 | (10) | 9.1 | 33000 | 4.6 | 38 | 1.5 | 98 | — |
| 乙企业 单项指数(%) | (11) | 108.33 | 94.29 | 102.22 | 118.75 | 96.77 | 102.08 | 104.66 |
| 乙企业 功效系数 | (12) | 76.4 | 72.8 | 88.31 | 88.57 | 83.53 | 96 | 84.0 |
| 乙企业 最优值距离(%) | (13) | 43.13 | 40 | 51.57 | 11.63 | 23.08 | 2 | 30.26 |

表 9-3 中各种单项评价值和综合评价值的计算过程简要说明如下。

采用指数法进行综合评价，以各评价指标的行业平均数为比较标准值，即

$$甲企业单项指标 (7) = \frac{实际值(6)}{行业标准值(2)} \times 100\%$$

$$乙企业单项指标(11) = \frac{实际值(10)}{行业标准值(2)} \times 100\%$$

式中，带括号的数字表示该指标在表 9-3 中所在行的编号(以下同)，如甲企业资金利润率的单项指数=8.0/8.4×100%=95.24%，乙企业资金利润率的单项指数=9.1/8.4×100%=108.33%。将单项评价指数加权算术平均，即得

$$甲企业的综合评价指数 = \sum k_i w_i / \sum w_i = \sum k_i w_i$$

$$= 95.24 \times 25\% + 114.29 \times 12\% + 84.44 \times 18\% + 103.13 \times 16\% + 100.65 \times 14\% + 100 \times 15\%$$

$$= 98.32(\%)$$

乙企业的综合评价指数

$$= 108.33 \times 25\% + 94.29 \times 12\% + 102.22 \times 18\% + 118.75 \times 16\% + 96.77 \times 14\% + 102.08 \times 15\%$$

$$= 104.66(\%)$$

采用功效系数法进行综合评价，计算公式为

$$功效系数(8) = \frac{实际值(6) - 不容许值(4)}{满意值(3) - 不容许值(4)} \times 40 + 60$$

例如，甲企业资金利润率的功效系数 $= \frac{8.0 - 5}{15 - 5} \times 40 + 60 = 72$。

将甲企业各评价指标的功效系数加权算术平均，即得甲企业的综合功效系数为80.86。同理，可求得乙企业的综合功效系数为 84.0。

根据最优值距离法进行综合评价，甲企业各指标的单项评价值即最优值距离的计算公式为

$$\left| 1 - \frac{实际值(6)}{最优值(5)} \right| \times 100\%$$

例如，甲企业资金利润率的最优值距离=|1−8.0/16|×100%=50%。将甲企业各最优值距离进行加权算术平均，即得甲企业的综合评价值为 33.69%。同理，可求得乙企业的综合评价值为 30.26%。

## 三、结论

根据以上计算结果可得出结论：总体说来，甲企业的经济效益不如乙企业的经济效益好。

从指数法计算结果来看，乙企业的经济效益指数为 104.66%，不仅高于甲企业，而且高于 100%，即高于该地区同行业平均水平，这主要是其资金利润率和增加值率两个指标大大高于平均水平。而甲企业的综合经济效益为 98.32%，低于该地区同行业平均水平，主要是由于其成本费用利润率和资金利润率较低，只有劳动生产率

大大高于平均水平。这说明甲企业要提高经济效益，还要在降低成本费用、增加利润方面努力。

甲、乙企业的综合功效系数分别为 80.86 和 84，从最优值距离法计算结果来看，甲、乙企业的综合评价值分别为 33.69%和 30.26%，这都说明乙企业的经济效益整体状况更接近该地区同行业的满意水平和最好水平。但同时也应该看到，与满意水平和最优水平相比，两个企业都还存在相当大的差距，尤其在资金利润率、成本费用利润率和劳动生产率三个方面。

值得注意的是，其中，甲企业的劳动生产率、乙企业的资金利润率和成本费用利润率，虽然它们都高于该地区同行业的平均水平，但仍然大大低于满意水平和最优水平，这说明在这些方面仍然还有很大的发展空间，大有潜力可挖。

# 案例 2  层次分析法选择合适的生产方案

层次分析法(AHP)是美国运筹学家萨蒂(A.L.Saaty)于 20 世纪 70 年代提出的，是一种定性与定量相结合的决策分析方法。应用 AHP 方法，决策者通过将复杂问题分解为若干层次和若干因素，在各因素之间进行简单的比较和计算，从而得出不同方案的权重，为最佳行动方案的选择提供依据。

AHP 法首先把问题层次化，按问题性质和总目标将此问题分解成不同层次，构成一个多层次的分析结构模型。然后通过定性指标模糊量化的方法，确定最低层(供决策的方案、措施等)相对于最高层(总目标)的相对重要性的权值或相对优劣次序的排序。

本案例介绍 AHP 在挑选合适的工作中的应用。

## 一、案例背景

经双方面谈，已有 3 个工作单位表示愿意录用某毕业生。该生根据已有信息建立了一个层次结构模型，如图 9-1 所示。要求用 AHP 方法为该生选择合适的工作提供决策依据。

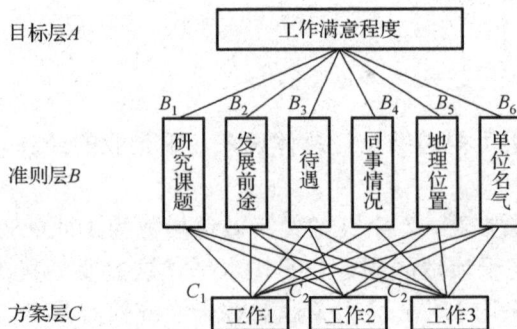

图 9-1  层次结构模型

## 二、分析过程

(1)首先根据层次结构模型，构建判断矩阵 $A$，即

| $A$ | $B_1$ | $B_2$ | $B_3$ | $B_4$ | $B_5$ | $B_6$ |
|------|------|------|------|------|------|------|
| $B_1$ | 1 | 1 | 1 | 4 | 1 | 1/2 |
| $B_2$ | 1 | 1 | 2 | 4 | 1 | 1/2 |
| $B_3$ | 1 | 1/2 | 1 | 5 | 3 | 1/2 |
| $B_4$ | 1/4 | 1/4 | 1/5 | 1 | 1/3 | 1/3 |
| $B_5$ | 1 | 1 | 1/3 | 3 | 1 | 1/3 |
| $B_6$ | 2 | 2 | 2 | 3 | 3 | 1 |

利用特征向量法，借助 Matlab 可求得(程序见本案例后附录 A)

$$W_A=(0.1587 \quad 0.1842 \quad 0.1882 \quad 0.0508 \quad 0.1246 \quad 0.2935)^{\mathrm{T}}$$

进一步，可求出：

$$AW_A=(1.0058 \quad 1.1940 \quad 1.2136 \quad 0.3136 \quad 0.7805 \quad 1.8819)^{\mathrm{T}}$$

最大特征根为

$$\lambda_{\max}(A) = \frac{1}{6}\sum_{i=1}^{n}\frac{(AW_A)_i}{W_{A(i)}}$$

$$= \frac{1}{6}\left(\frac{1.0058}{0.1587}+\frac{1.1940}{0.1842}+\frac{1.2136}{0.1882}+\frac{0.3136}{0.0508}+\frac{0.7805}{0.1246}+\frac{1.8819}{0.2935}\right)$$

$$= 6.3524$$

一致性指标为

$$\mathrm{CI}_A = \frac{\lambda_{\max}(A)-n}{n-1} = \frac{6.3524-6}{6-1} = 0.0705$$

检验系数为

$$\mathrm{CR}_A = \frac{\mathrm{CI}_A}{\mathrm{RI}_A} = \frac{0.0705}{1.24} = 0.0568 < 0.1000$$

(2)分析对方案层构建判断矩阵，用同样的方法借助 Matlab 求特征根并进行一致性检验，结果如下：

| $B_1$ | $C_1$ | $C_2$ | $C_3$ |
|------|------|------|------|
| $C_1$ | 1 | 1/4 | 1/2 |
| $C_2$ | 4 | 1 | 3 |
| $C_3$ | 2 | 1/3 | 1 |

| $B_2$ | $C_1$ | $C_2$ | $C_3$ |
|------|------|------|------|
| $C_1$ | 1 | 1/4 | 1/5 |
| $C_2$ | 4 | 1 | 1/2 |
| $C_3$ | 5 | 2 | 1 |

$W_{B_1} = (0.1373 \quad 0.6232 \quad 0.2395)^{\mathrm{T}}$      $W_{B_2} = (0.0982 \quad 0.3339 \quad 0.5679)^{\mathrm{T}}$

$\lambda_{\max}(B_1) = 3.0183$                   $\lambda_{\max}(B_2) = 3.0247$

$CI_{B_1} = 0.0092$                       $CI_{B_2} = 0.0123$

$RI_{B_1} = 0.58$                          $RI_{B_2} = 0.58$

$CR_{B_1} = 0.0158 < 0.1000$          $CR_{B_2} = 0.0213 < 0.1000$

| $B_3$ | $C_1$ | $C_2$ | $C_3$ |
|-------|-------|-------|-------|
| $C_1$ | 1 | 3 | 1/3 |
| $C_2$ | 1/3 | 1 | 7 |
| $C_3$ | 3 | 1/7 | 1 |

| $B_4$ | $C_1$ | $C_2$ | $C_3$ |
|-------|-------|-------|-------|
| $C_1$ | 1 | 1/3 | 5 |
| $C_2$ | 3 | 1 | 7 |
| $C_3$ | 1/5 | 1/7 | 1 |

$W_{B_3} = (0.2243 \quad 0.6196 \quad 0.1561)^{\mathrm{T}}$      $W_{B_4} = (0.1749 \quad 0.1924 \quad 0.6327)^{\mathrm{T}}$

$\lambda_{\max}(B_3) = 3.1093$                   $\lambda_{\max}(B_4) = 3.0092$

$CI_{B_3} = 0.0546$                       $CI_{B_4} = 0.0046$

$RI_{B_3} = 0.58$                          $RI_{B_4} = 0.58$

$CR_{B_3} = 0.0942 < 0.1000$          $CR_{B_4} = 0.0079 < 0.1000$

| $B_5$ | $C_1$ | $C_2$ | $C_3$ |
|-------|-------|-------|-------|
| $C_1$ | 1 | 1 | 7 |
| $C_2$ | 1 | 1 | 7 |
| $C_3$ | 1/7 | 1/7 | 1 |

| $B_6$ | $C_1$ | $C_2$ | $C_3$ |
|-------|-------|-------|-------|
| $C_1$ | 1 | 7 | 9 |
| $C_2$ | 1/7 | 1 | 1 |
| $C_3$ | 1/9 | 1 | 1 |

$W_{B_5} = (0.4667 \quad 0.4667 \quad 0.0667)^{\mathrm{T}}$      $W_{B_6} = (0.7978 \quad 0.1053 \quad 0.0969)^{\mathrm{T}}$

$\lambda_{\max}(B_5) = 3.0000$                   $\lambda_{\max}(B_6) = 3.0070$

$CI_{B_5} = 0.0000$                       $CI_{B_6} = 0.0035$

$RI_{B_5} = 0.58$                          $RI_{B_6} = 0.58$

$CR_{B_5} = 0.0000 < 0.1000$          $CR_{B_6} = 0.0061 < 0.1000$

(3) 计算层次总排序, 结果见表 9-4。

表 9-4　计算层次排序结果

| 准则 | | 研究课题 | 发展前途 | 待遇 | 同事情况 | 地理位置 | 单位名气 | 总排序权值 |
|------|------|------|------|------|------|------|------|------|
| 准则层权值 | | 0.1587 | 0.1842 | 0.1882 | 0.0508 | 0.1246 | 0.2935 | |
| 方案层 | 工作1 | 0.1373 | 0.0982 | 0.2243 | 0.1749 | 0.4667 | 0.7978 | 0.3833 |
| 单排序 | 工作2 | 0.6232 | 0.3339 | 0.6196 | 0.1924 | 0.1053 | 0.6327 | 0.3758 |
| 权值 | 工作3 | 0.2395 | 0.5679 | 0.1561 | | 0.0667 | 0.0969 | 0.2409 |

(4) 计算方案层对准则层的总检验系数。

$$
\begin{aligned}
\mathrm{CR}_{C-B} &= \frac{\displaystyle\sum_{j=1}^{m} \mathrm{CI}_{B_j} \boldsymbol{W}_{A_j}}{\displaystyle\sum_{j=1}^{m} \mathrm{RI}_{B_j} \boldsymbol{W}_{A_j}} \\
&= \frac{\left(\begin{array}{l} 0.1587 \times 0.0092 + 0.1842 \times 0.0123 + 0.1882 \times 0.0546 + \\ 0.0508 \times 0.0046 + 0.1246 \times 0.0000 + 0.2935 \times 0.0035 \end{array}\right)}{0.58 \times (0.1587 + 0.1842 + 0.1882 + 0.0508 + 0.1246 + 0.2935)} \\
&= 0.0263 < 0.1000
\end{aligned}
$$

根据 AHP 方法的原理可知，该生最满意的工作为工作 1（层次总排序最大）。

## 三、小结

### 1. 层次分析法的原理与步骤

运用层次分析法建模，大体上可按下面 4 个步骤进行。

第一步：建立递阶层次结构模型。

应用 AHP 分析决策问题时，首先要把问题条理化、层次化，构造出一个有层次的结构模型。在这个模型下，复杂问题被分解为元素的组成部分。这些元素又按其属性及关系形成若干层次。上一层次的元素作为准则对下一层次有关元素起支配作用。这些层次可以分为 3 类。

(1) 最高层。这一层次中只有 1 个元素，一般它是分析问题的预定目标或理想结果，因此也称目标层。

(2) 中间层。这一层次中包含了为实现目标所涉及的中间环节，它可以由若干个层次组成，包括所需考虑的准则、子准则，因此也称准则层。

(3) 最底层。这一层次包括了为实现目标可供选择的各种措施、决策方案等，因此也称措施层或方案层。

递阶层次结构中的层次数与问题的复杂程度及需要分析的详尽程度有关，一般地层次数不受限制。每一层次中各元素所支配的元素一般不要超过 9 个，因为支配的元素过多会给两两比较判断带来困难。

下面结合一个实例来说明递阶层次结构的建立。

【例 9-3】　假期旅游有 $P_1$、$P_2$、$P_3$　3 个旅游胜地供你选择，试确定一个最佳地点。

在此问题中，你会根据诸如景色、费用、居住、饮食和旅途条件等一些准则去反复比较 3 个候选地点，可以建立如图 9-2 所示的层次结构模型。

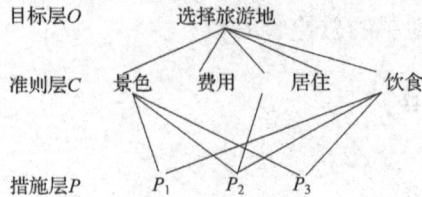

图 9-2  例 9-3 层次结构模型

第二步：构造出各层次中的所有判断矩阵。

层次结构反映了因素之间的关系，但准则层中的各准则在目标衡量中所占的比重并不一定相同，在决策者的心目中，它们各占有一定的比重。

在确定影响某因素的诸因子在该因素中所占的比重时，遇到的主要困难是这些比重常常不易定量化。此外，当影响某因素的因子较多时，直接考虑各因子对该因素有多大程度的影响时，常常会因考虑不周全、顾此失彼而使决策者提出与他实际认为的重要性程度不相一致的数据，甚至有可能提出一组隐含矛盾的数据。为看清这一点，可作如下假设：将一块重为 1 千克的石块砸成 $n$ 小块，你可以精确称出它们的质量，设为 $w_1,\cdots,w_n$，现在，请人估计这 $n$ 小块的质量占总质量的比例(不能让他知道各个小石块的质量)，此人不仅很难给出精确的比值，而且完全可能因顾此失彼而提供彼此矛盾的数据。

设现在要比较 $n$ 个因子 $X = \{x_1,\cdots,x_n\}$ 对某因素 $Z$ 的影响大小，怎样比较才能提供可信的数据呢？Saaty 等人建议可以采取对因子进行两两比较建立成对比较矩阵的办法，即每次取两个因子 $x_i$ 和 $x_j$，以 $a_{ij}$ 表示 $x_i$ 和 $x_j$ 对 $Z$ 的影响大小之比，全部比较结果用矩阵 $A = (a_{ij})_{n\times n}$ 表示，称 $A$ 为 $Z - X$ 之间的成对比较判断矩阵(简称判断矩阵)。容易看出，若 $x_i$ 与 $x_j$ 对 $Z$ 的影响之比为 $a_{ij}$，则 $x_j$ 与 $x_i$ 对 $Z$ 的影响之比应为 $a_{ji} = 1/a_{ij}$。

**定义 1**  若矩阵 $A = (a_{ij})_{n\times n}$ 满足

(1) $a_{ij} > 0$；

(2) $a_{ji} = \dfrac{1}{a_{ij}}$ ($i, j = 1, 2, \cdots, n$)

则称之为正互反矩阵(易见 $a_{ii} = 1$，$i = 1,\cdots,n$)。

关于如何确定 $a_{ij}$ 的值，Saaty 等建议引用数字 1~9 及其倒数作为标度。表 9-5 列出了 1~9 标度的含义。

从心理学观点来看，分级太多会超越人们的判断能力，既增加了判断的难度，又容易因此而提供虚假数据。Saaty 等人还用试验方法比较了在各种不同标度下人们判断结果的正确性，试验结果也表明，采用 1~9 标度最为合适。

表 9-5　判断矩阵中各元素的确定

| 标 度 | 含 义 |
|---|---|
| 1 | 表示两个因素相比，具有相同重要性 |
| 3 | 表示两个因素相比，前者比后者稍重要 |
| 5 | 表示两个因素相比，前者比后者明显重要 |
| 7 | 表示两个因素相比，前者比后者强烈重要 |
| 9 | 表示两个因素相比，前者比后者极端重要 |
| 2，4，6，8 | 表示上述相邻判断的中间值 |
| 倒数 | 若因素 $i$ 与因素 $j$ 的重要性之比为 $a_{ij}$，那么因素 $j$ 与因素 $i$ 重要性之比为 $a_{ji} = 1/a_{ij}$。 |

最后应该指出，一般地，做 $\dfrac{n(n-1)}{2}$ 次两两判断是必要的。有人认为把所有元素都和某个元素比较，即只做 $n-1$ 次比较就可以了。这种做法的弊病在于，任何一个判断的失误均可导致不合理的排序，而个别判断的失误对于难以定量的系统往往是难以避免的。进行 $\dfrac{n(n-1)}{2}$ 次比较可以提供更多的信息，通过各种不同角度的反复比较，从而导出一个合理的排序。

第三步：层次单排序及一致性检验。

判断矩阵 $A$ 对应于最大特征值 $\lambda_{\max}$ 的特征向量 $W$，经归一化后即为同一层次相应因素对于上一层次某因素相对重要性的排序权值，这一过程称为层次单排序。

上述构造成对比较判断矩阵的办法虽能减少其他因素的干扰，较客观地反映出一对因子影响力的差别。但综合全部比较结果时，其中难免包含一定程度的非一致性。如果比较结果是前后完全一致的，则矩阵 $A$ 的元素还应当满足

$$a_{ij}a_{jk} = a_{ik} \qquad \forall i, j, k = 1, 2, \cdots, n \tag{9-1}$$

**定义 2**　满足关系式(9-1)的正互反矩阵称为一致矩阵。

需要检验构造出来的(正互反)判断矩阵 $A$ 是否严重地非一致，以便确定是否接受 $A$。

**定理 1**　正互反矩阵 $A$ 的最大特征根 $\lambda_{\max}$ 必为正实数，其对应特征向量的所有分量均为正实数。$A$ 的其余特征值的模均严格小于 $\lambda_{\max}$。

**定理 2**　若 $A$ 为一致矩阵，则

(1) $A$ 必为正互反矩阵；

(2) $A$ 的转置矩阵 $A^{\mathrm{T}}$ 也是一致矩阵；

(3) $A$ 的任意两行成比例，比例因子大于零，从而 $\mathrm{rank}(A) = 1$（同样，$A$ 的任意两列也成比例）；

(4) $A$ 的最大特征值 $\lambda_{\max} = n$，其中，$n$ 为矩阵 $A$ 的阶，$A$ 的其余特征根均为零。

(5)若 $A$ 的最大特征值 $\lambda_{\max}$ 对应的特征向量为 $W = (w_1, \cdots, w_n)^{\mathrm{T}}$，则 $a_{ij} = \dfrac{w_i}{w_j}$，$\forall i, j = 1, 2, \cdots, n$，即

$$A = \begin{pmatrix} \dfrac{w_1}{w_1} & \dfrac{w_1}{w_2} & \cdots & \dfrac{w_1}{w_n} \\ \dfrac{w_2}{w_1} & \dfrac{w_2}{w_2} & \cdots & \dfrac{w_2}{w_n} \\ \vdots & \vdots & \vdots & \vdots \\ \dfrac{w_n}{w_1} & \dfrac{w_n}{w_2} & \cdots & \dfrac{w_n}{w_n} \end{pmatrix}$$

**定理 3**　$n$ 阶正互反矩阵 $A$ 为一致矩阵当且仅当其最大特征根 $\lambda_{\max} = n$，且当正互反矩阵 $A$ 非一致时，必有 $\lambda_{\max} > n$。

根据定理 3，我们可以由 $\lambda_{\max}$ 是否等于 $n$ 来检验判断矩阵 $A$ 是否为一致矩阵。由于特征根连续地依赖于 $a_{ij}$，故 $\lambda_{\max}$ 比 $n$ 大得越多，$A$ 的非一致性程度也就越严重，$\lambda_{\max}$ 对应的标准化特征向量也就越不能真实地反映出 $X = \{x_1, \cdots, x_n\}$ 在对因素 $Z$ 的影响中所占的比重。因此，对决策者提供的判断矩阵有必要做一次一致性检验，以决定是否能接受它。

对判断矩阵的一致性检验的步骤如下：

(1)计算一致性指标 CI。

$$CI = \frac{\lambda_{\max} - n}{n - 1}$$

(2)查找相应的平均随机一致性指标 RI。对 $n = 1, \cdots, 9$，Saaty 给出了 RI 的值，见表 9-6。

表 9-6　RI 系数表

| $n$ | 1 | 2 | 3 | 4 | 5 | 6 | 7 | 8 | 9 |
|---|---|---|---|---|---|---|---|---|---|
| RI | 0 | 0 | 0.58 | 0.90 | 1.12 | 1.24 | 1.32 | 1.41 | 1.45 |

RI 的值是这样得到的：用随机方法构造 500 个样本矩阵，随机地从 1～9 及其倒数中抽取数字构造正互反矩阵，求得最大特征根的平均值 $\lambda'_{\max}$，并定义

$$RI = \frac{\lambda'_{\max} - n}{n - 1}$$

(3)计算一致性比例 CR。

$$CR = \frac{CI}{RI}$$

当 $CR < 0.10$ 时，认为判断矩阵的一致性是可以接受的，否则应对判断矩阵作适当修正。

第四步：层次总排序及一致性检验。

上面我们得到的是一组元素对其上一层中某元素的权重向量。我们最终要得到各元素，特别是最低层中各方案对于目标的排序权重，从而进行方案选择。总排序权重要自上而下地将单准则下的权重进行合成。

设上一层次（$A$ 层）包含 $A_1, \cdots, A_m$ 共 $m$ 个因素，它们的层次总排序权重分别为 $a_1, \cdots, a_m$。又设其后的下一层次（$B$ 层）包含 $n$ 个因素 $B_1, \cdots, B_n$，它们关于 $A_j$ 的层次单排序权重分别为 $b_{1j}, \cdots, b_{nj}$（当 $B_i$ 与 $A_j$ 无关联时，$b_{ij} = 0$）。现求 $B$ 层中各因素关于总目标的权重，即求 $B$ 层各因素的层次总排序权重 $b_1, \cdots, b_n$，计算按表 9-7 所列方式进行，即 $b_i = \sum_{j=1}^{m} b_{ij} a_j$，$i = 1, \cdots, n$。

表 9-7 层次总排序权重计算表

| 层A<br>层B | $A_1$<br>$a_1$ | $A_2$<br>$a_2$ | $\cdots$<br>$\cdots$ | $A_m$<br>$a_m$ | B层总排序权值 |
|---|---|---|---|---|---|
| $B_1$ | $b_{11}$ | $b_{12}$ | $\cdots$ | $b_{1m}$ | $\sum_{j=1}^{m} b_{1j} a_j$ |
| $B_2$ | $b_{21}$ | $b_{22}$ | $\cdots$ | $b_{2m}$ | $\sum_{j=1}^{m} b_{2j} a_j$ |
| $\vdots$ | $\vdots$ | $\vdots$ | $\vdots$ | $\vdots$ | $\vdots$ |
| $B_n$ | $b_{n1}$ | $b_{n2}$ | $\cdots$ | $b_{nm}$ | $\sum_{j=1}^{m} b_{nj} a_j$ |

对层次总排序也需作一致性检验，检验仍像层次总排序那样由高层到低层逐层进行。这是因为虽然各层次均已经过层次单排序的一致性检验，各成对比较判断矩阵都已具有较为满意的一致性。但当综合考察时，各层次的非一致性仍有可能积累起来，引起最终分析结果较严重的非一致性。

设 $B$ 层中与 $A_j$ 相关的因素的成对比较判断矩阵在单排序中经一致性检验，求得单排序一致性指标为 $CI(j)$，（$j = 1, \cdots, m$），相应的平均随机一致性指标为 $RI(j)$ [$CI(j)$、$RI(j)$ 已在层次单排序时求得]，则 $B$ 层总排序随机一致性比例为

$$CR = \frac{\sum_{j=1}^{m} CI(j) a_j}{\sum_{j=1}^{m} RI(j) a_j}$$

当 CR < 0.10 时，认为层次总排序结果具有较满意的一致性并接受该分析结果。

2. 层次分析法的应用

在应用层次分析法研究问题时，遇到的主要困难有两个：(1)如何根据实际情况抽象出较为贴切的层次结构；(2)如何将某些定性的量作比较接近实际定量化处理。层次分析法对人们的思维过程进行了加工整理，提出了一套系统分析问题的方法，为科学管理和决策提供了较有说服力的依据。但层次分析法也有其局限性，主要表现在：

(1)它在很大程度上依赖于人们的经验，主观因素的影响很大，它至多只能排除思维过程中的严重非一致性，却无法排除决策者个人可能存在的严重片面性。

(2)比较、判断过程较为粗糙，不能用于精度要求较高的决策问题。AHP 至多只能算是一种半定量(或定性与定量结合)的方法。

AHP 方法经过几十年的发展，许多学者针对 AHP 的缺点进行了改进和完善，形成了一些新理论和新方法，像群组决策、模糊决策和反馈系统理论，近几年成为该领域的一个新热点。

在应用层次分析法时，建立层次结构模型是十分关键的一步。

## 附录 A  Matlab 计算程序

```
clc
a=[1, 1, 1, 4, 1, 1/2
   1, 1, 2, 4, 1, 1/2
   1, 1/2, 1, 5, 3, 1/2
   1/4, 1/4, 1/5, 1, 1/3, 1/3
   1, 1, 1/3, 3, 1, 1/3
   2, 2, 2, 3, 3, 1];
[x, y]=eig(a);eigenvalue=diag(y);lamda=eigenvalue(1);
ci1=(lamda-6)/5;cr1=ci1/1.24
w1=x(:, 1)/sum(x(:, 1))
b1=[1, 1/4, 1/2;4, 1, 3;2, 1/3, 1];
[x, y]=eig(b1);eigenvalue=diag(y);lamda=eigenvalue(1);
ci21=(lamda-3)/2;cr21=ci21/0.58
w21=x(:, 1)/sum(x(:, 1))
b2=[1 1/4 1/5;4 1 1/2;5 2 1];
[x, y]=eig(b2);eigenvalue=diag(y);lamda=eigenvalue(1);
ci22=(lamda-3)/2;cr22=ci22/0.58
w22=x(:, 1)/sum(x(:, 1))
b3=[1 1/4 2;4 1 3; 1/2 1/3 1];
```

```
[x, y]=eig(b3);eigenvalue=diag(y);lamda=eigenvalue(1);
ci23=(lamda-3)/2;cr23=ci23/0.58
w23=x(:, 1)/sum(x(:, 1))
b4=[1  1  1/4;1  1  1/3;4  3  1];
[x, y]=eig(b4);eigenvalue=diag(y);lamda=eigenvalue(1);
ci24=(lamda-3)/2;cr24=ci24/0.58
w24=x(:, 1)/sum(x(:, 1))
b5=[1  1  7;1  1  7;1/7  1/7  1];
[x, y]=eig(b5);eigenvalue=diag(y);lamda=eigenvalue(2);
ci25=(lamda-3)/2;cr25=ci25/0.58
w25=x(:, 2)/sum(x(:, 2))
b6=[1  7  9;1/7  1  1 ;1/9  1  1];
[x, y]=eig(b6);eigenvalue=diag(y);lamda=eigenvalue(1);
ci26=(lamda-3)/2;cr26=ci26/0.58
w26=x(:, 1)/sum(x(:, 1))
w_sum=[w21, w22, w23, w24, w25, w26]*w1
ci=[ci21, ci22, ci23, ci24, ci25, ci26];
cr=ci*w1/sum(0.58*w1)
```

# 案例3  人力资源管理的模糊综合评价

## 一、案例背景

综合评价就是对多种因素所影响的事物或现象做出总的评价，即对评判对象的全体，根据所给的条件，给每个对象赋予一个实数，通过总分法和加权平均等计算方法得到综合评分，再据此排序择优。可是当各个因素都是模糊概念，权重亦带有模糊性时，传统的总分法和加权平均等计算方法就不适用了。模糊数学使用数学方法研究和处理客观存在的模糊现象，借助于模糊数学的模糊综合评价则应用而生。本案例介绍模糊综合评价在人力资源管理中的应用。

## 二、人力资源管理的模糊综合评价

### 1. 人力资源管理评价指标体系

现代企业人力资源管理主要有人力资源规划、招聘与配置、培训与开发、薪酬福利管理、绩效管理、劳动关系管理等六大功能。以这六大功能模块为出发点，结合人力资源管理同素异构、能位匹配、动态优势、奖惩强化等基本原理，设置一套与现代人力资源管理相关的,诸如员工职业资格考评和员工满意度等评价指标体系。考虑到人们对事物认识、判断的模糊性，本案例选用的评价方法是模糊综合评价，因而对指标的选择相对可以粗一些，建立的人力资源管理评价指标体系，见表9-8。

**表9-8　人力资源管理评价指标体系**

| 评价指标 | 指标内容 |
|---|---|
| 人力资源规划 | 岗位、职务的分析与设计；岗位评价 |
| 招聘与配置 | 招聘的时间、成本和渠道分析；员工组织发展 |
| 培训与开发 | 培训投入评价；培训效果评价 |
| 薪资福利管理 | 薪酬数量、结构及其变化状况 |
| 绩效管理 | 业绩考核内容、结构及其与薪资挂钩情况 |
| 其他方面 | 员工满意度、忠诚度及健康状况等 |

2. 人力资源管理评价矩阵的建立

根据前面的分析可知，对人力资源管理进行评价需要从人力资源规划、招聘与配置、培训与开发、薪酬福利管理、绩效管理和其他等6个方面着手，并由此组成了人力资源管理因素集合 $U = \{u_1, u_2, \cdots, u_6\}$。本案例将一个公司的人力资源管理水平分为优秀、良好、中等、合格和较差五等，并由此构成评语集合{优秀、良好、中等、合格、较差}；设 $R = \{r_{ij}\}(i = 1, 2, \cdots, 5; j = 1, 2, \cdots, 6)$ 是从 $V$ 到 $U$ 的模糊关系，即是一个模糊子集，$r_{ij}$ 表示被评对象是第 $i$ 种评语在第 $j$ 个因素达到的可能程度。

本案例选取3家公司 $(s)$，邀请了30人对这3家公司人力资源管理的6个方面进行评价，得到被研究公司 $s_1$ 岗位其职务的评价结果为6人合20%的优秀、7人合23%的良好、14人合47%的中等、3人合10%的合格和0人合0%的较差，则综合30位专家对 $s_1$ 公司 $u_1$ 的评价向量为(0.20，0.23，0.47，0.10，0.00)。

同理可得到 30 位专家对 $s_1$ 公司的 $u_2 \sim u_6$ 各个因素的评价向量分别为(0.07，0.10，0.37，0.30，0.17)、(0.20，0.37，0.17，0.17，0.10)、(0.37，0.43，0.13，0.00，0.07)、(0.20，0.47，0.17，0.10，0.07)和(0.03，0.00，0.23，0.60，0.13)。于是得到对 $s_1$ 公司人力资源管理水平的评价矩阵

$$R_1 = \begin{pmatrix} 0.20 & 0.07 & 0.20 & 0.37 & 0.20 & 0.03 \\ 0.23 & 0.10 & 0.37 & 0.43 & 0.47 & 0.00 \\ 0.47 & 0.37 & 0.17 & 0.13 & 0.17 & 0.23 \\ 0.10 & 0.30 & 0.17 & 0.00 & 0.10 & 0.60 \\ 0.00 & 0.17 & 0.10 & 0.07 & 0.07 & 0.13 \end{pmatrix}$$

采用同样的数据处理方法得到对 $s_2$ 公司和 $s_3$ 公司的人力资源管理水平的评价矩阵分别为

$$R_2 = \begin{pmatrix} 0.13 & 0.50 & 0.67 & 0.13 & 0.40 & 0.07 \\ 0.10 & 0.27 & 0.20 & 0.40 & 0.37 & 0.37 \\ 0.47 & 0.13 & 0.03 & 0.17 & 0.00 & 0.40 \\ 0.21 & 0.10 & 0.07 & 0.07 & 0.17 & 0.17 \\ 0.20 & 0.00 & 0.03 & 0.07 & 0.07 & 0.10 \end{pmatrix}$$

$$R_3 = \begin{pmatrix} 0.00 & 0.03 & 0.00 & 0.03 & 0.10 & 0.07 \\ 0.07 & 0.20 & 0.20 & 0.30 & 0.17 & 0.07 \\ 0.23 & 0.17 & 0.63 & 0.27 & 0.67 & 0.20 \\ 0.17 & 0.57 & 0.13 & 0.07 & 0.03 & 0.57 \\ 0.53 & 0.03 & 0.03 & 0.07 & 0.03 & 0.10 \end{pmatrix}$$

**3. 作模糊线性变换 $T_R$**

将评价集中的优秀、良好、中等、合格和较差分别赋予数值 5、4、3、2、1，则评价集中各等级的权重分别为 5/(1+2+3+4+5)=0.03、0.27、0.20、0.13、0.07，得到权重向量为 $A = (a_1, a_2, \cdots, a_6)$。由模糊评价矩阵得到模糊线性变换 $T_R$，对 $s_1$ 公司来说有

$$B_1 = AB =$$

$$(0.33, 0.27, 0.20, 0.13, 0.17) \times \begin{pmatrix} 0.20 & 0.07 & 0.20 & 0.37 & 0.20 & 0.03 \\ 0.23 & 0.10 & 0.37 & 0.43 & 0.47 & 0.00 \\ 0.47 & 0.37 & 0.17 & 0.13 & 0.17 & 0.23 \\ 0.10 & 0.30 & 0.17 & 0.00 & 0.10 & 0.60 \\ 0.00 & 0.17 & 0.10 & 0.07 & 0.17 & 0.13 \end{pmatrix} \times$$

$$(0.24, 0.17, 0.23, 0.27, 0.24, 0.15)$$

采用相同的处理方法可得到对公司 $s_2$ 和 $s_3$ 的人力资源管理评价分别为

$$B_2 = (0.17, 0.28, 0.29, 0.25, 0.26, 0.22)$$
$$B_2 = (0.12, 0.18, 0.20, 0.25, 0.22, 0.16)$$

从而得到 3 家公司模糊线性变换的集合 $B = \begin{pmatrix} 0.24 & 0.17 & 0.12 \\ 0.17 & 0.28 & 0.18 \\ 0.23 & 0.29 & 0.20 \\ 0.27 & 0.29 & 0.25 \\ 0.24 & 0.26 & 0.22 \\ 0.15 & 0.22 & 0.16 \end{pmatrix}$。

**4. 人力资源管理评价指标权重的频数统计**

人力资源管理评价的 6 个指标内容组成因素集为 $U = \{u_1, u_2, \cdots, u_n\}$。本案例组织了 50 名人力资源管理方面的专家，根据权重分配调研表对因素集 $U$ 中的各个元素各自独立地提出自己认为最合适的权重。权重分配调研表格式如表 9-9。

表 9-9　人力资源管理评价各因素权重一览表(标准化并经近似结果)

| 因素 $u_i$ | 人力资源规划 $u_1$ | 招聘与配置 $u_2$ | 培训与开发 $u_3$ | 薪酬福利管理 $u_4$ | 绩效管理 $u_5$ | 其他方面 $u_6$ | 求和 |
|---|---|---|---|---|---|---|---|
| 权重 $w_{ij}$ | 0.25 | 0.10 | 0.20 | 0.10 | 0.20 | 0.15 | 1.00 |

根据收回的 50 份权重分配调查表，对每个因素 $u_i(i=1，2，3，4，5，6)$ 进行单项因素的权重统计试验，步骤如下：

(1)对因素 $u_i(i=1，2，\cdots，n)$ 在它的权重 $w_{ij}$ ($j=1，2，\cdots，50$)中找出最大值 $M_i$ 和最小值 $m_i$，即 $M_i = \max\{a_{ij}\}$；$m_i = \min\{a_{ij}\}$ $j = (1, 2, \cdots, 50)$。

(2)选取整数 $P=5$，利用公式 $\dfrac{M_i - m_i}{p}$ 计算出对权重分组的组距并将其分为 5 组。

(3)计算落在各组内权重的频数与频率。

(4)根据频数与频率的分布情况，将最大频率所在分组的组中值作为因素 $u_i$ 的权重 $w_i$ ($i=1，2，\cdots，6$)，从而得到权重向量 $w_i(w_1, w_2, \cdots, w_6)$。按照这种处理方式得到人力资源管理评价各因素得权重一览表见表 9-9。

**5. 人力资源管理评价的模糊综合评价积分**

确定了各指标因素的权重，便得到三家公司 $s$ 的模糊综合评价计分向量 $W$

$$W = (W_1, W_2, W_3) = wB = (0.25, 0.10, 0.20, 0.10, 0.20, 0.15)\begin{pmatrix} 0.24 & 0.17 & 0.12 \\ 0.17 & 0.28 & 0.18 \\ 0.23 & 0.29 & 0.20 \\ 0.27 & 0.29 & 0.25 \\ 0.24 & 0.26 & 0.22 \\ 0.15 & 0.22 & 0.16 \end{pmatrix}$$

$$= (0.22, 0.24, 0.18)$$

$W_1 = 0.22$，$W_2 = 0.24$，$W_3 = 0.18$，因而 3 家公司的排序是 $s_2$ 高于 $s_1$ 高于 $s_3$。3 家公司人力资源管理各指标单项得分的计算过程为

$$W = B^\mathrm{T}\hat{\omega}$$

$$= \begin{pmatrix} 0.24 & 0.17 & 0.23 & 0.27 & 0.24 & 0.15 \\ 0.17 & 0.28 & 0.29 & 0.25 & 0.26 & 0.22 \\ 0.12 & 0.18 & 0.20 & 0.25 & 0.22 & 0.16 \end{pmatrix} \times$$

$$\begin{pmatrix} 0.25 & 0 & 0 & 0 & 0 & 0 \\ 0 & 0.10 & 0 & 0 & 0 & 0 \\ 0 & 0 & 0.20 & 0 & 0 & 0 \\ 0 & 0 & 0 & 0.10 & 0 & 0 \\ 0 & 0 & 0 & 0 & 0.20 & 0 \\ 0 & 0 & 0 & 0 & 0 & 0.15 \end{pmatrix}$$

$$= \begin{pmatrix} 0.06 & 0.02 & 0.05 & 0.03 & 0.05 & 0.02 \\ 0.04 & 0.03 & 0.06 & 0.03 & 0.05 & 0.03 \\ 0.03 & 0.02 & 0.04 & 0.02 & 0.04 & 0.02 \end{pmatrix}$$

3 家公司人力资源管理各指标单项得分计算结果详见表 9-10。

**表 9-10　三家公司人力资源管理各指标单项得分表**

| 因素公司 | 人力资源规划 $u_1$ | 招聘与配置 $u_2$ | 培训与开发 $u_3$ | 薪酬福利管理 $u_4$ | 绩效管理 $u_5$ | 其他方面 $u_6$ | 求和 |
|---|---|---|---|---|---|---|---|
| 权重 | 0.25 | 0.10 | 0.20 | 0.10 | 0.20 | 0.15 | 1.00 |
| $s_1$ | 0.06 | 0.02 | 0.05 | 0.03 | 0.05 | 0.02 | 0.23 |
| $s_2$ | 0.04 | 0.03 | 0.06 | 0.03 | 0.05 | 0.03 | 0.24 |
| $s_3$ | 0.03 | 0.02 | 0.04 | 0.02 | 0.04 | 0.02 | 0.17 |

通过表 9-10 可以看出，公司 $s_3$ 在各方面都处于最低水平，因而是最差的；公司 $s_2$ 虽然在人力资源规划方面低于公司 $s_1$ 的分值为 0.02，但在招聘与配置、培训与开发、其他方面都优于公司 $s_1$，其他方面都与公司 $s_1$ 持平，从而在人力资源管理方面是最好的。

## 三、小结

模糊综合评价法是一种基于模糊数学的综合评价方法。该综合评价法是根据模糊数学的隶属度理论把定性评价转化为定量评价，即用模糊数学对受到多种目标（因素）制约的事物或对象做出一个整体（总体）的评价，具有结果清晰、系统性强的特点，能较好地解决模糊的、难以量化的问题，适合各种非确定性问题的解决。

由于人力资源管理评价是难以量化的，通过精确数学统计的知识，对此事物做出确切的判断是不现实的。本案例通过模糊综合评价模型较好的解决了人力资源管理的评价问题，给出了人力资源管理水平的高低排序，为加强人力资源开发与管理提供的依据。

# 第 10 章　科技进步测定案例

　　科学技术是第一生产力，通过统计分析，具体测度技术进步在企业经济增长中的作用，量化科学技术的力量，可使我们认识到提高技术进步的重要意义，促进走内涵扩大再生产的道路。企业要想在市场竞争中站稳脚跟，求得发展，必须有质量安全可靠的工程，市场的竞争根本上是科学技术的竞争。企业科技进步是国家科技进步的基础，对企业科技进步状况做出正确的评价是企业统计分析的重要内容。

　　科技进步测定法是运用专门的方法，对企业科技进步的水平、状况及其在生产发展中的作用进行综合评价的方法，可以为企业制定技术措施，促进企业科技进步提供依据。

　　科技进步测定法主要有两种，一种是编制科技进步综合指数，另一种是生产函数法。本章主要运用生产函数法测定技术进步。

## (一)生产函数数学模型

　　生产函数是反映生产过程中生产要素投入量的组合与实际产出量之间依存关系的数学表达式。生产函数法是借助生产函数数学模型综合评价技术进步效果的方法，不仅可以直接表示技术进步率，而且可以反映技术进步与经济增长的数量关系及其作用程度。

　　如果用 $X_1, X_2, \cdots, X_n$ 表示 $n$ 个生产要素，用 $Y$ 表示产出，则生产函数的一般形式为

$$Y = f(X_1, X_2, \cdots, X_n; t) \tag{10-1}$$

其中，$t$ 为时间变量。对上述生产函数进行分析，需要收集产出和 $n$ 个生产要素投入量的数据，工作量很大，因此有必要进行简化。试验证明，企业生产主要的投入要素是资金、劳动和科技进步。扣除资金、劳动的增加，在影响企业生产增长的诸要素中，把能够促进企业生产要素优化组合、提高企业生产要素使用效率、使一定量的投入生产出更多成果的因素，全部纳入科技进步，则式(10-1)可写成

$$Y = A_t f(K, L) \tag{10-2}$$

其中，$A_t$ 表示随时间变化的科技进步率；$K$ 表示资金投入量；$L$ 表示劳动投入量。

　　这就是科技进步测定使用的生产函数的一般形式。在此基础上，用于实际计算的生产函数的数学模型主要有以下几种。

**1. 索洛增长速度方程**

这类模型的最初创始人是美国经济学家索洛，是从各个经济量相对变化的角度来研究经济增长与技术进步的关系，它是描述投入要素增长速度、产出增长速度与技术进步速度之间关系的数学模型。在式(10-2)两端求全导数，并用差分方程近似代替微分方程得

$$\frac{\Delta Y}{Y} = \frac{\Delta A}{A} + \alpha \frac{\Delta K}{K} + \beta \frac{\Delta L}{L} \tag{10-3}$$

式中，$\alpha = \frac{\partial Y}{Y} / \frac{\partial K}{K}$ 为资金的产出弹性；$\beta = \frac{\partial Y}{Y} / \frac{\partial L}{L}$ 为劳动的产出弹性。令 $y = \frac{\Delta Y}{Y}, a = \frac{\Delta A}{A}, k = \frac{\Delta K}{K}, l = \frac{\Delta L}{L}$，则式(10-3)化为

$$y = a + \alpha k + \beta l \tag{10-4}$$

式(10-3)、式(10-4)的意义是：产出的增长是由生产要素资金和劳动投入量的增加以及技术进步带来的。用适当的方法估计出参数 $\alpha$ 和 $\beta$ 后，便可以把技术进步速度计算出来，即

$$a = y - \alpha k - \beta l$$

由以上可知，索洛增长速度方程的导出，全部依赖生产函数的一般形式，没有对函数 $f(K, L)$ 的具体形式作任何假设。因此，它在应用中更具有一般性。

**2. 柯布–道格拉斯生产函数**

该函数是由美国数学家柯布(C.W.Cobb)和经济学家道格拉斯(PaulH.Douglas)于20世纪30年代提出的。柯布–道格拉斯生产函数被认为是一种很有用的生产函数，因为该函数以其简单的形式具备了经济学家所关心一些性质，它在经济理论的分析和应用中都具有一定意义。经过改进的柯布–道格拉斯函数形式为

$$Y = A_t K^\alpha L^\beta$$

该函数是把式(10-2)中的函数 $f(K, L)$ 的形式加以具体化而建立的一种生产函数数学模型。

**(二) 参数 $\alpha$、$\beta$ 的估计**

在索洛增长速度方程和柯布–道格拉斯生产函数中,都会遇到资金和劳动的产出弹性 $\alpha$、$\beta$ 的估计问题。它们的经济意义分别是：$\alpha$ 表示在其他条件不变的情况下，由资金带来的产值与全部产值之比，就是资金的产出弹性；$\beta$ 表示在其他条件不变的情况下，由劳动带来的产值与全部产值之比，就是劳动的产出弹性。换句话说，资金的产出弹性 $\alpha$ 是在其他条件不变的情况下，资金增加 1%时，产出增加 $\alpha$%；劳动的产出弹性 $\beta$ 是指在其他条件不变的情况下，劳动增加 1%时，产出增加 $\beta$%。因

为假定某要素投入量的变化是在其他条件不变的情况下发生，所以上面阐述的弹性 $\alpha$、$\beta$ 只具有理论上的意义。

多年来，国内外学者通过对实际数据做分析，提出了多种估计资金和劳动产出弹性的方法，下面介绍国内常用的 3 种方法。

1. 经验确定法

该方法是参考国外的经验，并结合我国实际情况确定资金和劳动产出弹性的方法。我国部分学者认为 $\alpha$ 的取值范围为 0.2～0.3，$\beta$ 的取值范围为 0.8～0.7。也有部分专家认为应取 $\alpha=0.4, \beta=0.6$。

2. 正则化法

$$\alpha = \frac{\alpha'}{\alpha' + \beta'}, \quad \beta = 1 - \alpha$$

其中，$\alpha' = \dfrac{y}{k}$；$\beta' = \dfrac{y}{l}$；$y, k, l$ 分别是产出、资金、劳动力的年均增长率。

3. 回归法

索洛增长速度方程 $y = a + \alpha k + \beta l$ 中的三个参数可用多元回归法估计得出。将柯布-道格拉斯函数

$$Y = AK^\alpha L^\beta$$

两边取对数得

$$\ln Y = \ln A + \alpha \ln K + \beta \ln L$$

用多元回归法可求得 $\alpha$、$\beta$、$\ln A$ 的值，但用多元回归法求出的 $\alpha + \beta$ 不一定等于 1。

# 案例 1 中铁五局集团六公司科技进步测定的统计分析

## 一、案例背景

中铁五局集团第六工程有限责任公司，是世界 500 强企业之一中国中铁股份有限公司旗下的国有大型综合一级施工企业，主要从事高速铁路、铁路客运专线和普通铁路的铺轨架桥、新线铁路临管运输，城市轻轨、地铁建设，铁路大型箱梁和各类 T 形桥梁的预制，各型号钢梁桥的拼装架设，以及公路、水利、市政、机场工程施工。

中铁五局集团六公司原是单一的以铁路铺架为主的施工企业，近年来，该公司深化改革，开拓经营，生产范围不断扩大，技术装备日益提高，主营业务由单一的以铁路铺架为主的施工企业向综合工程施工拓展，使公司的生存能力和空间得到扩

大，建筑业增加值由基期的 1359 万元增长到报告期的 5389 万元，增长了近 3 倍，平均增长率为 17%。为定量分析技术进步对经济增长的作用，必须在影响经济增长的诸多因素中分离出技术进步的作用。本案例以最具典型的柯布-道格拉斯生产函数来定量估算该公司近十年来经济增长中技术进步因素的作用。

## 二、分析过程

运用柯布-道格拉斯生产函数对企业技术进步进行测度，主要搜集整理资料见表 10-1。

表 10-1　中铁五局集团六公司经济资料

| 指标 | 单位 | 符号 | 基期年度 | 报告年度 | 总增长率(%) | 年均增长率(%) |
|------|------|------|----------|----------|-------------|---------------|
| 建筑业增加值 | 万元 | Y | 1359 | 5389 | 297 | 17 |
| 固定资产净值 | 万元 | K | 853 | 8616 | 910 | 29 |
| 劳动力 | 人 | L | 1667 | 1030 | −38 | −5 |

表 10-1 中的年平均增长率采用几何平均法计算，即

建筑业增加值年平均增长率为

$$y = \sqrt[t]{\frac{Y_t}{Y_0}} - 1 = \sqrt[9]{\frac{5389}{1359}} - 1 = 17\%$$

固定资产净值年平均增长率为

$$k = \sqrt[t]{\frac{K_t}{K_0}} - 1 = \sqrt[9]{\frac{8616}{853}} - 1 = 29\%$$

劳动力年平均增长率为

$$l = \sqrt[t]{\frac{L_t}{L_0}} - 1 = \sqrt[9]{\frac{1030}{1667}} - 1 = -5\%$$

柯布-道格拉斯生产函数的公式如下：

$$Y = AK^{\alpha}L^{\beta}$$

$\alpha$、$\beta$ 两个经济参数，采用经验判定法，$\alpha$ 取 0.3，$\beta$ 取 0.7，$\alpha + \beta = 1$。由柯布-道格拉斯生产函数可得出技术水平计算公式

$$A = \frac{Y}{K^{\alpha}L^{\beta}}$$

### 1. 计算基期报告期的技术水平

基期技术水平为

$$A_0 = \frac{Y_0}{K_0^{\alpha}L_0^{\beta}} = \frac{1359}{(853)^{0.3}(1667)^{0.7}} = 1$$

报告期技术水平为

$$A_t = \frac{Y_t}{K_t^{\alpha}L_t^{\beta}} = \frac{5389}{(8616)^{0.3}(1030)^{0.7}} = 2.77$$

2. 计算年均技术进步、年均资金增长、年均劳动力增长对产出增长率的贡献

年均技术进步对产出增长率的贡献为

$$a = \sqrt[t]{\frac{A_t}{A_0}} - 1 = \sqrt[9]{\frac{2.77}{1}} - 1 = 12\%$$

年均资金增长对产出增长率的贡献

$$\alpha k = 0.3 \times 29\% = 9\%$$

年均劳动力增长对产出增长率的贡献为

$$\beta l = 0.7 \times (-5\%) = -4\%$$

3. 计算年均技术进步、年均资金投入、年均劳动力投入对产出增长贡献的比重

年均技术进步对产出增长贡献的比重为

$$E_a = \frac{a}{y} = \frac{12\%}{17\%} = 70.59\%$$

年均资金投入对产出增长贡献的比重为

$$E_k = \frac{\alpha k}{y} = \frac{9\%}{17\%} = 52.94\%$$

年均劳动力投入对产出增长贡献的比重为

$$E_l = \frac{\beta l}{y} = \frac{-4\%}{17\%} = -23.53\%$$

4. 计算产出年平均增长量

产出年平均增长量

$$\frac{Y_t - Y_0}{n} = \frac{5389 - 1359}{9} = 448(\text{万元})$$

其中，由于技术进步对年平均增长量的贡献为

$$a = \frac{\sum Y}{n} = \frac{2593}{5} = 518.6$$

$$b = \frac{\sum XY}{\sum X^2} = \frac{1675}{10} = 167.5$$

$$Y = 518.6 + 167.5X$$

由于资金投入对年平均增长量的贡献为

$$448 \times 52.94\% = 237(万元)$$

由于劳动力投入对年平均增长量的贡献为

$$448 \times (-23.53\%) = -105(万元)$$

技术进步贡献状况见表 10-2。

**表 10-2　中铁五局集团六公司九年技术进步贡献状况**

| 项　　目 | 增加值 y | 资金 k | 劳动力 l | 技术进步 a |
|---|---|---|---|---|
| 平均增长速度(%) | 17 | 29 | −5 | — |
| 各因素对产出增长率的贡献(%) | 17 | 9 | −4 | 12 |
| 各因素对产出增长贡献的比重(%) | 100 | 52.94 | −23.53 | 70.59 |
| 各因素对年平均产出增长量的贡献(万元) | 448 | 237 | −105 | 316 |

## 三、分析结论

通过以上因素分析可以得出结论，该公司生产的发展靠的是技术进步，近 10 年生产有了很大发展，建筑业增加值由基期的 1359 万元发展到报告期的 5389 万元，增长近 3 倍，年平均增长 17%，增加的绝对额平均每年增长 448 万元，这主要是科技进步这个因素的作用，它对产出增长贡献的比重高达 70.59%，对产出增长量的贡献平均每年为 316 万元。而资金因素的影响是第二位的，所占比重为 52.94%，对产出增长量的贡献平均每年为 237 万元。由此可以清楚地看出是技术进步推动了经济的增长，为提高企业的经济效益做出了举足轻重的贡献。

从以上分析可以看出，劳动量对产出增长贡献的比重为−23.53%，影响产出的绝对额平均每年为−105 万元。从劳动力数量上看，10 年来职工人数减少了 513 人，总减少率 38%，平均每年减少 5%。虽然劳动力的投入逐年减少，但年产值却逐年增加，这说明劳动投入量的质量和劳动效率在不断提高。劳动质量的变化主要体现在积极引入了竞争机制，加强员工培训，对公司本部进行机构改革，机关编制部门缩减，定员缩减，通过考试竞争上岗，员工在性别、年龄、文化程度的构成上起了很大的变化，专业技术人员比例增加；劳动效率的变化主要体现在个人的平均熟练程度有了很大的提高，打破了原来的"处-指挥部-段-作业队"的三级管理模式，构建了"公司-项目部"的二级管理模式，压缩非生产人员，提高了运行效率。这其中都隐含了科技进步的作用。

近年来该公司领导始终把坚持技术进步作为公司经济增长的决定性因素，这个指导思想是符合目前我国国情的，也是符合世界经济发展趋势的。目前国外发达工业国家，依靠技术进步促进经济增长的比重都在 50% 以上，有的高达 80%～90%。该公司实施综合施工生产经营转型战略，坚持依靠科技进步和深化施工技术管理，形成以铁路铺轨架桥为主，具备铁路钢筋混凝土桥梁制作、隧道、桥梁涵渠、土石方施工、线路维护、地下轨道铺设以及长轨焊接铺设施工能力的综合企业。依靠技术进步，生产的增长与先进技术设备的投入和固定资产的增长密切相关，近年来，该公司引进了大批科技含量高、附加值高的先进设备，有线下施工的挖掘机、推土机、汽车起重机、牵引机；劳动的技术装备程度和劳动的机械化、自动化程度日益提高。技术水平的不断提高，势必对该公司经济的发展产生深远的影响，在确保工程质量的前提下，降低成本，提高效率，为公司的进一步发展打下坚实的基础。

# 案例 2  玉成电气厂经济增长方式转变的统计分析

## 一、案例背景

近 4 年来，玉成电气厂的工业总产值高速增长，报告期工业总产值 2300 万元，比 4 年前的 510 万元增长 3.5 倍，平均每年递增 45.73%。在此期间投入了大量的资金和劳动力，同时注意科技进步，加强企业管理。这 4 年是粗放经营，还是集约经营？技术进步对经济增长的贡献率有多大？今年应该沿着什么道路发展？要正确回答这些问题，需要通过技术进步贡献率的分析，研究经济增长方式转变的进程。

## 二、分析过程

本案例采用索洛增长速度方程法测定技术进步，经济参数 $\alpha$、$\beta$ 采用正则化法。搜集整理的数据资料见表 10-3。

表 10-3  玉成电气厂产值、资金、劳动力资料

| 项目 | 单位 | 符号 | 基期年度 | 报告年度 | 总增长率(%) | 年均增长率(%) |
|------|------|------|----------|----------|-------------|---------------|
| 工业总产值 | 万元 | Y | 510 | 2300 | 351.0 | 45.73 |
| 资金 | 万元 | K | 450 | 961 | 113.5 | 20.88 |
| 劳动力 | 人 | L | 68 | 179 | 163.2 | 27.37 |

表 10-3 中的年平均增长率采用几何平均法计算，即

工业总产值年平均增长率为

$$y = \sqrt[t]{\frac{Y_t}{Y_0}} - 1 = \sqrt[4]{\frac{2300}{510}} - 1 = 45.73\%$$

资金年平均增长率为

$$k = \sqrt[t]{\frac{K_t}{K_0}} - 1 = \sqrt[4]{\frac{961}{450}} - 1 = 20.88\%$$

劳动力年平均增长率为

$$l = \sqrt[t]{\frac{L_t}{L_0}} - 1 = \sqrt[4]{\frac{179}{68}} - 1 = 27.37\%$$

经济参数 $\alpha$、$\beta$ 的算式如下:

$$\alpha' = \frac{y}{k} = \frac{45.73}{20.88} = 2.19$$

$$\beta' = \frac{y}{l} = \frac{45.73}{27.37} = 1.67$$

$$\alpha = \frac{\alpha'}{\alpha' + \beta'} = \frac{2.19}{2.19 + 1.67} = 0.57$$

$$\beta = 1 - \alpha = 1 - 0.57 = 0.43$$

年均资金增长对产出增长的贡献为

$$\alpha k = 0.57 \times 20.88\% = 11.90\%$$

年均劳动力增长对产出增长的贡献为

$$\beta l = 0.43 \times 27.37\% = 11.77\%$$

根据索洛增长速度方程 $y = a + \alpha k + \beta l$,技术进步对产出增长的贡献为

$$a = y - \alpha k - \beta l = 45.73\% - 11.90\% - 11.77\% = 22.06\%$$

年均技术进步对产出增长贡献的比重为

$$E_a = \frac{a}{y} = \frac{22.06\%}{45.73\%} = 48.24\%$$

年均资金投入对产出增长贡献的比重为

$$E_k = \frac{\alpha k}{y} = \frac{11.09\%}{45.73\%} = 26.02\%$$

年均劳动力投入对产出增长贡献的比重为

$$E_l = \frac{\beta l}{y} = \frac{11.77\%}{45.73\%} = 25.74\%$$

## 三、分析结论

　　玉成电气厂工业总产值高速增长,一方面是生产要素的投入增大。4 年来,劳动力从基期的 68 人增加到报告期的 179 人,增长 1.63 倍,每年平均递增 27.37%,对总产值增长的贡献率为 11.77%;资金从基期的 450 万元增加到报告期的 961 万元,增长 1.13 倍,每年平均递增 20.88%,对总产值增长的贡献率为 11.9%。另一方面是科技进步,对总产值增长的贡献率为 22.06%。

资金占总产值增长速度的比重为 26.02%，使总产值绝对额增加(2300–510)×26.02%=453(万元)；劳动力占 25.74%，使总产值绝对额增加(2300–510)×25.74%=448(万元)；技术进步占 48.24%，使总产值绝对额增加(2300–510)×48.24%=839(万元)。技术进步贡献率的大小，是判断企业经营形式的一个重要指标，粗放经营的特点是单纯靠生产要素的投入，技术进步贡献率小；集约经营则是主要靠技术进步。本案例技术进步贡献率为 22.06%，占总产值增长速度的 48.24%，技术进步对总产值增长的贡献率占到了一定比重，说明玉成电气厂是在向内涵扩大再生产的方向前进。但是，技术进步对产值的贡献率还不够大。发达国家一般在 50% 以上，高的达到 80% 左右，按这个标准，玉成电气厂的技术进步贡献率还有差距。同时，在产品开发、技术改造和企业管理现代化方面，还有许多工作要做。为了尽快实现集约经营，坚持走内涵扩大再生产的道路，必须注意如下 3 个方面：

(1)进一步提高对集约经营重要性的认识。集约经营是相对于粗放经营而言的，粗放经营是一种依靠大量的资源和能力投入，追求低水平的总量扩张，以量取胜的外延扩大再生产经营形式，是速度性的发展，而集约经营是效益性的发展。因此，要加速从粗放经营向集约经营转变。

(2)进一步推动技术进步。根据市场需求，不断开发新产品，继续进行技术改造，努力完善企业管理，大力提高企业的市场竞争能力，提高技术进步对生产增长的贡献率。

(3)正确掌握资金、劳动力等生产要素的投入。职工人数的增长速度应低于产值的增长速度，以保证劳动生产率的不断提高。资金投入要有合理的回报率，以保证合理的投入产出比率。开发新市场，建设新的工厂，要经过充分论证。

## 四、小结

这里运用生产函数分析技术进步对经济增长速度的贡献有一定的局限性，影响经济增长的原因很复杂，并非 3 个因素就能概括，除了生产资金和劳动力人数外，诸如生产关系的变革、政策、产业结构的调整、自然条件的变化等，对经济增长也有一定的影响。由于模型法把经济增长因素简单划分为生产要素的增加和技术进步，所以将一些非生产投入要素的影响也归并到技术进步的作用中了，这就不可避免地会影响到分析结论的准确性，需要研究改进。

另外，经济参数 $\alpha$、$\beta$ 的求解方法有回归法、正则化法和经验判定法，3 种方法得到的 $\alpha$、$\beta$ 值是不一样的，因此，计算出来的技术进步贡献率也不一样，究竟哪种方法的计算结果更接近实际，需要在实践中检验。

# 参 考 文 献

[1]   冯士雍，倪加勋，邹国华. 抽样调查理论与方法[M]. 北京：中国统计出版社，1998.

[2]   振龙.时间序列分析[M]. 北京：中国统计出版社，2000.

[3]   易丹辉.统计预测——方法与应用[M]. 北京：中国统计出版社，2001.

[4]   王庆石、卢兴普.统计学案例教材[M]. 大连：东北财经大学出版社，1999.

[5]   夏荣坡.企业统计分析方法及案例[M]. 北京：中国统计出版社，2006.

[6]   董逢谷，朱荣明，等. 统计学案例集[M]. 上海：上海财经大学出版社，2002.

[7]   袁卫，庞皓，曾五一.统计学[M]. 北京：高等教育出版社，2003.

[8]   张建林.MATLAB & Excel 定量预测与决策——运作案例精编[M]. 北京：电子工业出版社，2012.

[9]   李百吉，王君. 模糊综合评价方法在市场营销效果评价中的应用[J]. 消费导刊，2008（1）:53-54.

[10]  Excel Home.Excel 数据处理与分析——实战技巧精粹[M]. 北京：人民邮电出版社，2008.

[11]  贾俊平，何晓群，金勇进.统计学[M]. 北京：中国人民大学出版社，2015.